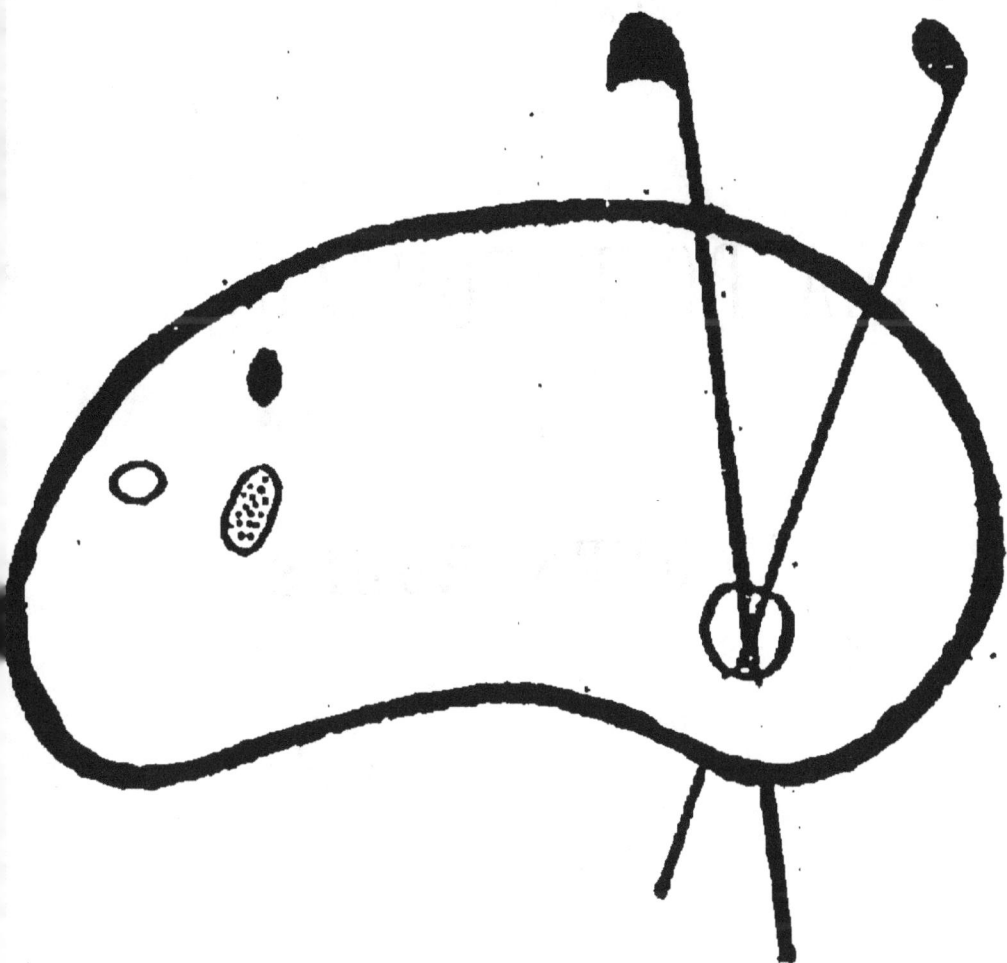

DEBUT D'UNE SERIE DE DOCUMENTS
EN COULEUR

DEUX MORALISTES

LA ROCHEFOUCAULD

ET

VAUVENARGUES

BAR-LE-DUC

CONTANT-LAGUERRE, ÉDITEUR

1878

BIBLIOTHÈQUE DES CHEFS-D'ŒUVRE

Formats in-8° et grand in-12.

~~~~~~~~~

Ouvrages parus :

Bossuet. Discours sur l'Histoire universelle, 1 vol.

Buffon. Les Quadrupèdes. Animaux domestiques et Animaux sauvages en France, 1 vol.

— Les Animaux carnassiers, nouvelle édition revue et annotée, 1 vol.

— Les Oiseaux de proie et les Oiseaux qui ne peuvent voler, 1 vol.

Buffon & Lacépède. Les Amphibies et les Cétacés, 1 vol.

Châteaubriand. Génie du Christianisme, nouvelle édition, avec une Notice préliminaire et des Notes 2 vol.

— Itinéraire de Paris a Jérusalem, nouvelle édition revue et annotée, 2 vol.

Corneille. Œuvres choisies, comprenant : une Notice; — le Cid, — les Horaces; — Cinna, ou la clémence d'Auguste; — Polyeucte, martyr; — Pompée; — Rodogune; — Sertorius, 1 vol.

Fénelon. Aventures de Télémaque, précédées d'un Avant-Propos, 1 vol.

— Traité de l'existence et des Attributs de Dieu, suivi de Lettres sur divers sujets de métaphysique et de religion, 1 vol.

La Bruyère. Œuvres, comprenant : les Caractères de Théophraste; — les Caractères, ou les Mœurs du siècle; — le Discours prononcé dans l'Académie françoise le lundi 15 juin 1693, précédé d'une Préface, 1 vol.

Lacépède. Les Quadrupèdes ovipares; précédés d'une Notice, 1 vol.

— Les Serpents, 1 vol.

La Rochefoucauld. Réflexions ou Sentences et Maximes morales. — **Vauvenargues.** Œuvres choisies; — avec des Notices sur leur vie et leurs ouvrages, 1 vol.

Molière. Œuvres choisies, comprenant : une Notice; — le Misanthrope (fragments); — le Médecin malgré lui; — l'Avare (fragments); — Monsieur de Pourceaugnac; — le Bourgeois gentilhomme; — les Femmes savantes; — le Malade imaginaire; 1 vol.

Racine (Jean). Œuvres choisies, comprenant : Andromaque (fragments); — les Plaideurs; — Britannicus; — Mithridate; — Iphigénie; — la Mort d'Hippolyte (extrait de *Phèdre*); — Esther; — Athalie, 1 vol.

Sévigné (Mⁿᵉ de). Lettres a Madame de Grignan, précédées d'une Notice, 2 vol.

Un grand nombre d'autres ouvrages
sont en préparation.

BAR-LE-DUC, IMPRIMERIE CONTANT-LAGUERRE.

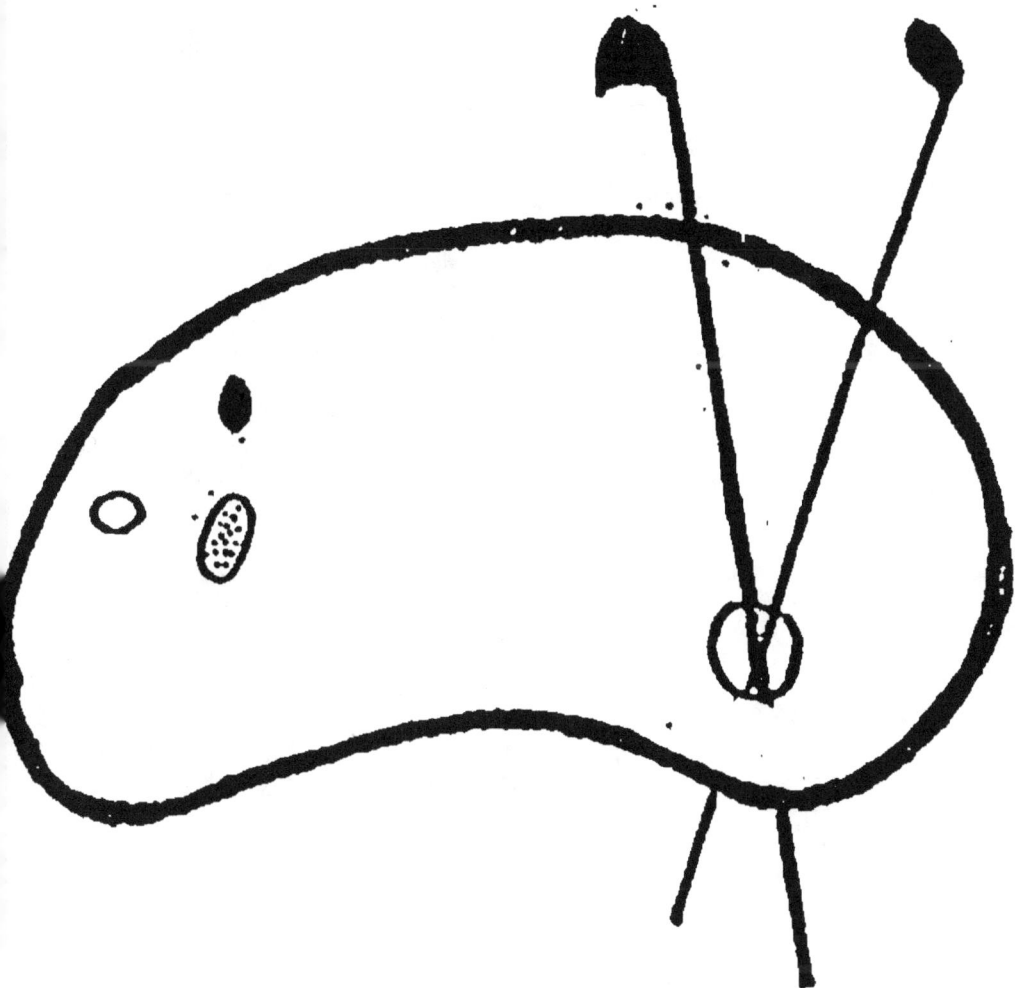

FIN D'UNE SERIE DE DOCUMENTS
EN COULEUR

BIBLIOTHÈQUE

DES

CHEFS-D'ŒUVRE

IMPRIMERIE
CONTANT-LAGUERRE

BAR-LE-DUC

DEUX MORALISTES

LA ROCHEFOUCAULD

ET

VAUVENARGUES

BAR-LE-DUC

CONTANT-LAGUERRE, ÉDITEUR

1878

PRÉFACE GÉNÉRALE

DE

LA BIBLIOTHÈQUE DES CHEFS-D'OEUVRE.

NOTRE siècle a ses partisans et ses détracteurs. Les uns l'exaltent outre mesure, les autres le dépriment avec excès. La vérité ne se trouvant jamais dans l'exagération, il ne convient de se laisser entraîner par aucun de ces deux partis. Ce dix-neuvième siècle, si intéressant et si tourmenté, montre des gloires et des hontes, des grandeurs et des faiblesses, de la vitalité et des plaies. Cela peut se dire, il est vrai, de toutes les époques dont l'histoire nous entretient.

Aussi avouons-nous que ce mélange d'éléments opposés se présente aujourd'hui avec un caractère particulier qui distingue notre temps et qui justifie les préoccupations passionnées dont il est l'objet. Décadence ou transition, voilà le mot de cette énigme, l'explication de ce chaos.

Mais décadence ou transition n'autorisent ni un pessimisme oisif ni un aveugle optimisme : *Les nations sont guérissables;*

si l'homme ne peut arrêter brusquement le cours d'un torrent,
il lui est possible de créer des canaux de dérivation qui en
amortissent la fougue et le transforment en courant paisible
et bienfaisant. Quand les murs craquent de toutes parts,
quand les pierres sont disjointes, le ciment tombé, les fondements ébranlés, c'est une insigne folie de vouloir empêcher la
ruine imminente ; ce serait sagesse de prévenir cette disloca-
tion, tandis qu'il en est temps, et d'opposer un travail oppor-
tun d'entretien et de réparation aux ravages de la vétusté.
Alors l'édifice, en se revêtant des signes augustes de la durée,
garderait la beauté et la solidité de sa jeunesse.

Supposé que le mot de l'énigme contemporaine soit décadence, il n'en faut pas conclure que nous sommes en présence
d'une fatalité inexorable et que, sous sa main de fer, le seul
parti à prendre soit de courber silencieusement la tête.

Supposez, au contraire, que le monde est emporté dans
une voie de transition qui va le conduire à de nouvelles et brillantes destinées, ce n'est pas une raison d'assister dans l'i-
nertie à ce mouvement universel. N'y a-t-il pas là des ardeurs
et des élans pour lesquels une direction est nécessaire, trop
susceptibles par eux-mêmes de s'égarer dans une fausse route
et de se porter au mal et à l'abîme ?

Voilà les pensées qui ont inspiré le dessein de la *Bibliothèque des Chefs-d'œuvre* et qui présideront à sa composition.

Notre siècle aime l'instruction et la lecture : c'est une de
ses gloires ; il se laisse servir l'élément intellectuel par une
littérature avilie et sceptique, c'est-à-dire, en d'autres termes,
qu'il livre son intelligence et son cœur au plus funeste des
poisons : c'est son malheur et sa honte.

A cette société malade, mais aussi, nous persistons à le
croire, pourvue des ressources d'une abondante vitalité, nous
osons apporter notre modeste contingent d'efforts, pour sub-
stituer la nourriture saine, vigoureuse, aux substances véné-
neuses ou frelatées.

Pendant les trois derniers siècles et au commencement de
celui-ci, la France a produit d'innombrables chefs-d'œuvre,
dignes de captiver les générations présentes, de leur offrir
un idéal, de les éclairer dans le chemin de la vérité et du
bonheur. Il faut y ajouter ces grandes œuvres enfantées chez
d'autres peuples, mais regardées à bon droit comme le patri-

moine de toutes les époques et de tous les pays, parce qu'elles honorent et représentent l'esprit humain dans ce qu'il a de meilleur. Telle est la source où nous puiserons.

Un jour on découvrit à Herculanum, dans cette ville ensevelie par une éruption du Vésuve en l'an 79 de l'ère chrétienne, des espèces de rouleaux noirs rangés avec symétrie. C'était une bibliothèque antique, composée de dix-huit cents volumes. Le P. Antonio Pioggi imagina une machine pour dérouler et fixer sur des membranes transparentes ces rouleaux calcinés et friables que le moindre contact réduisait en poudre. Admirable invention, malheureusement suivie d'une déception amère! On s'attendait à retrouver quelques monuments perdus des illustres génies de Rome et de la Grèce; on ne déchiffra que des œuvres médiocres, productions d'auteurs justement oubliés. La bibliothèque d'Herculanum avait été composée à la triste image de la société romaine du moment : c'était une bibliothèque de la décadence. On peut en dire autant de beaucoup de bibliothèques de nos jours, où vous chercheriez inutilement les noms de Bossuet, de Fénelon, de Corneille, de Racine, de La Bruyère, de Buffon, de Châteaubriand. Les livres alignés sur leurs rayons doivent un retentissement de quelques semaines aux caprices d'un goût affaibli qu'ils ont contribué à corrompre et que leurs successeurs achèveront de gâter.

Notre *Bibliothèque* sera tout à fait le contraire de celles-là : le remède en face du mal.

Nous attribuerons le premier rang aux écrivains qui se sont faits, pendant toute leur carrière, les serviteurs de la foi religieuse, de la vertu et du patriotisme. Des autres nous prendrons seulement les pages où resplendissent ces grandes choses et qui peuvent réparer, dans une certaine mesure, la déplorable influence d'autres écrits.

Il est des œuvres qui, sous un air léger et badin, entretiennent le ressort délié de l'esprit français, et perpétuent ses bonnes traditions, heureux mélange de sel gaulois, d'urbanité et d'atticisme. Nous ne les exclurons pas.

Religion, philosophie, morale, histoire, éloquence, poésie, gaieté saine et charmante, ces richesses variées se trouvent dans le trésor de notre littérature. A quoi notre siècle s'est-il avisé de donner la préférence?

Tout ce qui pourrait troubler le cœur ou blesser la délicatesse des âmes sera impitoyablement effacé. On doit cette marque de respect à tous les lecteurs, mais surtout à la jeunesse.

L'intégrité des principes, la fermeté des convictions, la rectitude des idées sont aussi des biens également nécessaires et délicats. Nous avons la résolution de ne pas laisser passer une ligne qui puisse y porter atteinte. Plus on affecte aujourd'hui d'en faire bon marché, plus nous voulons montrer combien il importe de les sauvegarder.

Cette œuvre, pour atteindre son but, réclame le concours de ceux qui lisent et de ceux qui dirigent les autres dans leurs études ou leurs lectures.

Nous espérons que notre appel sera entendu des pères et mères de famille; des supérieurs de communautés, de colléges, de pensionnats; des instituteurs, des directeurs de bibliothèques paroissiales ou communales, de cercles, d'associations.

Notre programme, relativement au choix des ouvrages, se résume dans ce mot spirituel et sensé : *Ne lisez pas de bons livres, n'en lisez que..... d'excellents.* Mais cela ne suffit point. Aujourd'hui on veut de beaux livres. Nous nous efforcerons de donner satisfaction à ce noble goût : le plus grand soin présidera à l'exécution typographique de nos volumes, et nous voulons qu'ils méritent, par leur élégance, d'être donnés en cadeaux dans les familles et distribués en prix dans toutes les écoles.

AVIS AU LECTEUR.

Nous réunissons dans ce volume les *Pensées* de LA ROCHEFOUCAULD et celles de VAUVENARGUES. Elles aideront à étudier l'homme sous tous les aspects. Elles apprendront l'art d'observer ce qui échappe le plus facilement, c'est-à-dire l'esprit humain, et à rendre finement compte de ces observations.

Les deux moralistes ont vécu dans des siècles bien différents : ne dissimulons pas que celui du XVIIIᵉ siècle nous plaît davantage et a écrit des choses plus utiles. C'est que LA RO-

CHEFOUCAULD n'est réellement pas entré dans le mouvement du grand siècle. Malgré toutes ses qualités et aussi à cause d'elles, il n'a été que l'homme de la Fronde et de quelques petits cercles. Il n'a entendu en politique que le bruit des intrigues et en religion que celui du Jansénisme. Aussi ses *Maximes* fausseraient le jugement si on voulait avec lui les généraliser et les prendre vraiment pour des *Maximes*. Elles ne représentent en réalité que le monde des factions, des coteries, et encore aurait-il fallu admettre, là même, quelques inspirations généreuses, plus d'un élan exempt de calcul. Il y a conflit dans notre nature, et c'est à la fois erreur et injustice de n'y voir que le mal.

VAUVENARGUES sait aussi voir le bien, et plus grand que LA ROCHEFOUCAULD, il ne craint pas de louer les grandes choses; il sait, en véritable héritier du XVIIe siècle, parler de la foi chrétienne comme La Bruyère et comme Pascal.

Dans la prose de Voltaire, VAUVENARGUES incruste des pensées auxquelles Fénelon et Bossuet auraient applaudi. La Rochefoucauld, n'a qu'un mot qui effaroucherait les déistes : ce mot est inspiré par l'hérésie de Jansénius; il n'est pas plus chrétien que philosophique.

Nous devions établir ce contraste pour avertir de l'utilité que les jeunes lecteurs auront à recueillir de ce volume.

Dans l'arrangement des *Maximes* et dans les *Variantes,* on trouvera la trace des éditions successives qui en furent publiées du vivant de l'auteur et après sa mort. Le texte avait été falsifié par Suard, sous prétexte de correction grammaticale, mais il a été rétabli. En revanche, le même critique nous a fourni une Notice biographique, pleine d'intérêt, sur chacun des deux moralistes. Nous lui devons de plus, ainsi qu'à Voltaire et à Morellet, des notes grammaticales et littéraires sur le texte de Vauvenargues.

REFLEXIONS

OU

SENTENCES ET MAXIMES MORALES

DU DUC

DE LA ROCHEFOUCAULD

NOTICE

SUR LE CARACTÈRE ET LES ÉCRITS

DU DUC

DE LA ROCHEFOUCAULD.

RANÇOIS, duc DE LA ROCHEFOUCAULD, auteur des *Réflexions morales*, naquit en 1613.

Son éducation fut négligée; mais la nature suppléa à l'instruction.

Il avait, dit madame de Maintenon, une physionomie heureuse, l'air grand, beaucoup d'esprit et peu de savoir.

Le moment où il entra dans le monde était un temps de crise pour les mœurs nationales : la puissance des grands, abaissée et contenue par l'administration despotique et vigoureuse du cardinal de Richelieu, cherchait encore à lutter contre l'autorité; mais à l'esprit de faction on avait substitué l'esprit d'intrigue.

L'esprit de faction se ranima à la mort de Richelieu. La minorité de Louis XIV parut aux grands un moment favorable pour reprendre quelque influence sur les affaires publiques. M. de La Rochefoucauld fut entraîné par le mouvement géné-

ral; et son attachement pour la duchesse de Longueville con-
courut à l'engager dans la guerre de la Fronde : guerre ridicule, parce qu'elle se faisait sans objet, sans plan, et sans
chef, et qu'elle n'avait pour mobile que l'inquiétude de quelques hommes, plus intrigants qu'ambitieux, fatigués seulement de l'inaction et de l'obéissance.

On voit par la vie du duc de La Rochefoucauld qu'il s'enga-
geait aisément dans une intrigue, mais que bientôt il montrait
pour en sortir autant d'impatience qu'il en avait mis à y entrer. C'est ce que lui reproche le cardinal de Retz, et ce qu'il
attribue à une irrésolution naturelle qu'il ne sait comment
expliquer.

Il est aisé, ce me semble, de trouver dans le caractère de
M. de La Rochefoucauld une cause plus vraisemblable de
cette conduite. Avec sa douceur naturelle, sa facilité de
mœurs, il lui était difficile de ne pas entrer dans quelque
parti au milieu d'une cour où tout était parti, et où l'on ne
pouvait rester neutre sans être au moins accusé de faiblesse.
Mais avec cette raison supérieure, cette probité sévère, cet
esprit juste, conciliant et observateur, que ses contemporains
ont reconnus en lui, comment eût-il pu s'accommoder longtemps de ces intrigues, où le bien public n'était tout au plus
qu'un prétexte; où chaque individu ne portait que ses passions et ses vues particulières, sans aucun but d'utilité générale; où les affaires les plus graves se traitaient sans décence
et sans principes; où les plus grands intérêts étaient sans
cesse sacrifiés aux plus petits motifs, qui étaient enfin le
scandale de la raison comme du gouvernement?

L'esprit de parti tient à la nature des gouvernements libres :
il peut s'y concilier avec la vertu et le véritable patriotisme (1).
Dans une monarchie il ne peut être suscité que par un sentiment d'indépendance ou par des vues d'ambition personnelle,
également incompatibles avec un bon gouvernement; il y

---

(1) Suard entend donc par gouvernements libres ceux qui laissent discuter
les plus grandes mesures et disputer le pouvoir par les différents partis : un
pareil gouvernement peut-il assurer la stabilité et la prospérité du pays? Le
gouvernement libre est celui à qui les mœurs, les traditions et les institu-
tions ne permettent pas de violer le droit.   (N. E.)

corrompt le germe de toutes les vertus, quoiqu'il puisse y mettre en activité des qualités brillantes qui ressemblent à des vertus.

C'est ce que M. de La Rochefoucauld ne pouvait manquer de sentir. Ainsi, quoiqu'il eût été une partie de sa vie engagé dans des intrigues de parti, où sa facilité et ses liaisons semblaient l'entretenir malgré lui, on voit que son caractère le ramenait à la vie privée, où il se fixa enfin, et où il sut jouir des charmes de l'amitié et des plaisirs de l'esprit.

On connaît la tendre amitié qui l'unit jusqu'à la fin de sa vie à madame de La Fayette. Les lettres de madame de Sévigné nous apprennent que sa maison était le rendez-vous de ce qu'il y avait de plus distingué à la cour et à la ville par le nom, l'esprit, les talents, et la politesse. C'est au milieu de cette société choisie qu'il composa ses *Mémoires* et ses *Réflexions morales*.

Ses *Mémoires* sont écrits avec une élégance noble et un grand air de sincérité; mais les événements qui en font le sujet ont beaucoup perdu de l'intérêt qu'ils avaient alors. On ne peut trop s'étonner que Bayle (1) ait donné la préférence à ces *Mémoires* sur les *Commentaires* de César; la postérité en a jugé bien autrement. Nous   us en tiendrons à ce mot de M. de Voltaire, dans la notice des écrivains du siècle de Louis XIV : « Les *Mémoires* du duc de La Rochefoucauld » sont lus, et l'on sait par cœur ses *Pensées*. » C'est en effet le livre des *Pensées* qui a fait la réputation de M. de La Rochefoucauld. Nous ne le louerons qu'en citant encore M. de Voltaire : quels éloges pourraient avoir plus de grâce et d'autorité (2)? « Un des ouvrages, dit ce grand homme (3), » qui contribuèrent le plus à former le goût de la nation, et » à lui donner un esprit de justesse et de précision, fut le » recueil des *Maximes* de François duc de La Rochefoucauld. » Quoiqu'il n'y ait presque qu'une vérité dans ce livre, qui

(1) *Dictionnaire critique*, article César.
(2) C'est un partisan des idées voltairiennes qui parle; mais il a raison de voir dans Voltaire le meilleur juge littéraire de son temps.   (N. E.)
(3) *Siècle de Louis XIV*, chapitre XXXII, DES BEAUX-ARTS.

» est que *l'amour-propre est le mobile de tout*, cependant cette
» pensée se présente sous tant d'aspects variés, qu'elle est
» presque toujours piquante : c'est moins un livre que des
» matériaux pour orner un livre. On lut avidement ce petit
» recueil : il accoutuma à penser, et à renfermer ses pensées
» dans un tour vif, précis et délicat. C'était un mérite que
» personne n'avait eu avant lui en Europe depuis la renais-
» sance des lettres. » Cet ouvrage parut d'abord anonyme. Il
excita une grande curiosité : on le lut avec avidité, et on
l'attaqua avec acharnement. On l'a réimprimé souvent, et on
l'a traduit dans toutes les langues. Il a fait faire beaucoup
d'autres livres; partout enfin, et dans tous les temps, il a
trouvé des admirateurs et des censeurs. C'est là, ce me semble, le sceau du plus grand succès pour les productions de
l'esprit humain.

On a accusé M. de La Rochefoucauld de calomnier la nature humaine : le cardinal de Retz lui-même lui reproche de
ne pas croire assez à la vertu. Cette imputation peut avoir
quelque fondement; mais il nous semble qu'on l'a poussée
trop loin.

M. de La Rochefoucauld a peint les hommes comme il les
a vus. C'est dans les temps de factions et d'intrigues politiques qu'on a plus d'occasions de connaître les hommes et
plus de motifs pour les observer : c'est dans ce jeu continuel
de toutes les passions humaines que les caractères se dévelop-
pent, que les faiblesses échappent, que l'hypocrisie se trahit,
que l'intérêt personnel se mêle à tout, gouverne et corrompt
tout.

En regardant l'amour-propre comme le mobile de toutes les
actions, M. de La Rochefoucauld ne prétendait pas énoncer
un axiome rigoureux de métaphysique. Il n'exprimait qu'une
vérité d'observation, assez générale pour être présentée sous
cette forme absolue et tranchante qui convient à des pensées
détachées, et qu'on emploie tous les jours dans la conversation et dans les livres, en généralisant des observations particulières.

Il n'appartenait qu'à un homme d'une réputation bien pure
et bien reconnue d'oser flétrir ainsi le principe de toutes les

actions humaines. Mais il donnait l'exemple de toutes les vertus dont il paraissait contester même l'existence. Il semblait
réduire l'amitié à un échange de bons offices, et jamais il n'y
eut d'ami plus tendre, plus fidèle, et plus désintéressé. « La
» bravoure personnelle, dit madame de Maintenon, lui pa-
» raissait une folie, et à peine s'en cachait-il ; il était cepen-
» dant fort brave. » Il donna des preuves de la plus grande
valeur au siége de Bordeaux et au combat de Saint-Antoine.

Sa vieillesse fut éprouvée par les douleurs les plus cruelles
de l'âme et du corps. Il montra dans les unes la sensibilité la
plus touchante, et dans les autres une fermeté extraordinaire.
Son courage ne l'abandonna jamais que dans la perte des
personnes qui lui étaient chères. Un de ses fils fut tué au
passage du Rhin, et l'autre y fut blessé. « J'ai vu, dit ma-
» dame de Sévigné, son cœur à découvert dans cette cruelle
» aventure ; il est au premier rang de tout ce que je connais
» de courage, de mérite, de tendresse, et de raison : je
» compte pour rien son esprit et ses agréments. »

La goutte le tourmenta pendant les dernières années de sa
vie, et le fit périr dans des douleurs intolérables. Madame
de Sévigné, qu'on ne peut se lasser de relire et de citer,
peint d'une manière touchante les derniers moments de cet
homme célèbre. « Son état, dit-elle, est une chose digne
» d'admiration. Il est fort bien disposé pour sa conscience :
» voilà qui est fait ; mais du reste, c'est la maladie et la mort
» de son voisin dont il est question ; il n'en est pas effleuré...
» Ce n'est pas inutilement qu'il a fait des réflexions toute sa
» vie ; il s'est approché de telle sorte de ses derniers mo-
» ments, qu'ils n'ont rien de nouveau ni d'étrange pour lui. »

Il mourut en 1680, laissant une famille désolée et des amis
inconsolables.

Il avait reçu de ses ancêtres un nom illustre ; il l'a transmis
avec un nouvel éclat à des descendants dignes d'en accroître
l'honneur. Il y a des qualités héréditaires dans certaines familles. Le goût des lettres semble s'être perpétué dans la
maison de La Rochefoucauld avec toutes les vertus des
mœurs anciennes, unies à celles des temps plus éclairés.

Charles-Quint, à son voyage en France, fut reçu, en 1539,

dans le château de Verteuil, par l'aïeule du duc de La Rochefoucauld. En quittant ce château l'empereur déclara, suivant
les paroles d'un historien contemporain, « n'avoir jamais
» entré en maison qui mieux sentit sa grande vertu, honnê-
» teté, et seigneurie que celle-là. » Un successeur de Charles-
Quint aurait pu faire la même observation chez les descendants de l'auteur des *Maximes*.

Le dernier des descendants du duc de La Rochefoucauld
qui ait porté le titre de duc l'a honoré par ses vertus, et y a
ajouté une triste illustration, par sa fin à jamais déplorable.
Député de l'ordre de la noblesse aux Etats généraux, en 1789,
il s'y montra ce qu'il avait été à la cour du monarque, l'ami
sincère de la liberté et le zélé défenseur des droits du peuple;
il y donna sans efforts l'exemple de tous les sacrifices de fortune et de distinction que lui parut exiger l'intérêt public;
mais il eut bientôt à gémir de l'inutilité de ses sacrifices, en
voyant l'intrigue et l'esprit de faction déshonorer la plus belle
des causes et tourner à la désorganisation de la société tout
entière une révolution dont le but n'avait été d'abord que
l'amélioration de l'état social (1).

Après la dissolution de l'Assemblée constituante, il fut
nommé à la présidence du département de Paris. La considération personnelle dont il était environné et son inébranlable
fermeté dans tout ce qui était bon et juste ne pouvaient manquer de le rendre très-odieux aux vils brigands qui commen-
çaient à s'emparer de la domination. « C'est une vertu trop
» incommode; » disait l'un d'eux avec une féroce naïveté. Sa
mort fut résolue.

Il était allé à Forges, joindre sa mère et sa femme, deux
personnes que l'union des plus rares vertus met au-dessus de
tout éloge; il revenait avec elles par Gisors : c'est là qu'après
avoir été arrêté par une troupe de sicaires envoyés de Paris,
il fut massacré avec une cruauté sans exemple, publiquement,
en plein jour, presque sous les yeux de sa mère, de sa femme,

(1) Suard, qui écrit ceci, avait lui-même salué avec transport la révolution
de 1789; il en déplora plus tard les excès. Il eût mieux valu n'être pas, dès
l'origine, dupe ou complice, et ne pas acclamer des principes qui contenaient
en germe les plus fatales conséquences.　　　　　　　　　　(N. E.)

et d'un ami, sans qu'aucune puissance humaine pût venir à son secours.

Cet ami qui eut le malheur d'être témoin de cet horrible meurtre a rendu à M. de La Rochefoucauld un hommage qui mérite d'être recueilli ici.

« Une perte qui intéresse les sciences et les lettres, et qui
» surtout a dû porter une sombre affliction dans le cœur de
» tous ceux qui cultivent les vertus morales, ranime toute ma
» sensibilité. Comment arracher de mon souvenir un assas-
» sinat commis sous mes yeux, et presque dans mes bras,
» sous les yeux et presque dans les bras de sa mère et de sa
» femme?... Je m'acquitterai envers sa mémoire de ce tribut
» d'estime et de vénération que réclament ses vertus; je dirai
» que sa conduite fut toujours d'accord avec les principes
» qu'il avait puisés dans une saine philosophie; car il n'eut
» pas une pensée qui ne fût avouée par la raison et la jus-
» tice; il n'eut pas un désir qui ne fût dirigé vers l'utilité
» publique; il n'eut pas une intention qui ne fût pure, qui ne
» fût exempte de toute tache d'intérêt personnel; il ne se per-
» mit pas une action, il ne hasarda pas une démarche, qui
» n'eût pour objet le plus grand avantage de son pays. Je
» pourrais me dispenser de le nommer : il n'est personne qui
» se méprenne sur cet homme qui porta sans orgueil un nom
» illustre, qui renonça sans regret et sans ostentation aux dis-
» tinctions les plus flatteuses, et qui força l'envie à lui par-
» donner une grande fortune, parce qu'il en jouissait avec
» simplicité et bienfaisance : il n'est personne qui ne recon-
» naisse M. de La Rochefoucauld lorsque je parle de celui
» dont la vie privée fut une leçon de morale, comme sa vie
» politique fut une leçon de patriotisme éclairé... Son amitié
» m'honorait depuis vingt ans; depuis vingt ans je m'enor-
» gueillissais de mes liaisons avec lui. Ses dernières paroles
» me furent adressées : il recommandait à mes soins sa mère
» et sa femme, présentes à cet affreux spectacle, et menacées
» de partager son sort. Elles étaient les seuls objets de ses
» sollicitudes au moment où des hurlements de cannibales
» préparaient le crime dont il allait être la victime, et encou-
» rageaient sa consommation... Sous le fer des assassins il a

» conservé ce courage tranquille qui n'appartient qu'à une
» vie irréprochable. Et qui plus que lui a jamais mérité de
» jouir de cet avantage d'une bonne conscience? »

Celui qui a écrit le touchant éloge qu'on vient de lire est le
célèbre Dolomieu, commandeur de l'ordre de Malte, mais
dont le nom, illustré dans les sciences, ne réclame pas d'autre
illustration. Il a enrichi l'histoire naturelle du globe par des
observations neuves et lumineuses. L'amour des sciences et
l'attrait réciproque des vertus simples et pures l'avaient uni
intimement à M. de La Rochefoucauld. Si l'on se rappelle
que le moment où la vertu, les talents, l'amitié des hommes
proscrits étaient des titres de proscription fut celui où Dolomieu osa imprimer un tel éloge de son ami, on honorera son
courage autant qu'on estimera ses talents.

Je terminerai cette notice par une réflexion. L'auteur des
Maximes s'était engagé dans une guerre civile et avait pris les
armes contre son souverain par un pur esprit d'intrigue, sans
aucune vue grande ni utile : il vécut tranquille et honoré, et
emporta en mourant la réputation d'un des plus honnêtes
hommes de son siècle. L'héritier de son nom, avec plus de
vertu que lui, prit une part très-active à la révolution de
1789, dans la seule vue de servir la cause de la liberté et de
l'humanité : il périt sous les glaives des assassins, victime de
cette révolution, comme l'ont été la plupart de ses principaux
chefs, qui n'ont eu ni assez d'habileté pour en diriger le cours
ni assez de lumière pour en prévoir les effets.

SUARD.

PORTRAIT

DU DUC DE LA ROCHEFOUCAULD,

FAIT PAR LUI-MÊME, IMPRIMÉ EN 1658.

JE suis d'une taille médiocre, libre et bien proportionnée. J'ai le teint brun, mais assez uni; le front
élevé, et d'une raisonnable grandeur; les yeux noirs,
petits et enfoncés; et les sourcils noirs et épais, mais
bien tournés. Je serais fort empêché de dire de quelle sorte
j'ai le nez fait; car il n'est ni camus, ni aquilin, ni gros, ni
pointu, au moins à ce que je crois : tout ce que je sais, c'est
qu'il est plutôt grand que petit, et qu'il descend un peu trop
bas. J'ai la bouche grande, et les lèvres assez rouges d'ordinaire, et ni bien ni mal taillées. J'ai les dents blanches, et
passablement bien rangées. On m'a dit autrefois que j'avais
un peu trop de menton : je viens de me regarder dans le
miroir pour savoir ce qui en est; et je ne sais pas trop bien
qu'en juger. Pour le tour du visage, je l'ai ou carré, ou en
ovale; lequel des deux, il me serait fort difficile de le dire.
J'ai les cheveux noirs, naturellement frisés, et avec cela assez
épais et assez longs pour pouvoir prétendre en belle tête.

J'ai quelque chose de chagrin et de fier dans la mine : cela
fait croire à la plupart des gens que je suis méprisant, quoique je ne le sois point du tout. J'ai l'action fort aisée, et
même un peu trop, et jusqu'à faire beaucoup de gestes en
parlant. Voilà naïvement comme je pense que je suis fait

au-dehors, et l'on trouvera, je crois, que ce que je pense
de moi là-dessus n'est pas fort éloigné de ce qui en est. J'en
userai avec la même fidélité dans ce qui me reste à faire de
mon portrait; car je me suis assez étudié pour me bien
connaître, et je ne manquerai ni d'assurance pour dire libre-
ment ce que je puis avoir de bonnes qualités, ni de sincérité
pour avouer franchement ce que j'ai de défauts.

Premièrement, pour parler de mon humeur, je suis mélan-
colique, et je le suis à un point que depuis trois ou quatre ans
à peine m'a-t-on vu rire trois ou quatre fois. J'aurais pourtant,
ce me semble, une mélancolie assez supportable et assez
douce, si je n'en avais point d'autre que celle qui me vient
de mon tempérament; mais il m'en vient tant d'ailleurs, et ce
qui m'en vient me remplit de telle sorte l'imagination, et
m'occupe si fort l'esprit, que la plupart du temps, ou je rêve
sans dire mot, ou je n'ai presque point d'attache à ce que je
dis. Je suis fort resserré avec ceux que je ne connais pas,
et je ne suis pas même extrêmement ouvert avec la plupart
de ceux que je connais. C'est un défaut, je le sais bien, et je
ne négligerai rien pour m'en corriger; mais comme un certain
air sombre que j'ai dans le visage contribue à me faire
paraître encore plus réservé que je ne le suis, et qu'il n'est
pas en notre pouvoir de nous défaire d'un méchant air qui
nous vient de la disposition naturelle des traits, je pense
qu'après m'être corrigé au-dedans, il ne laissera pas de me
demeurer toujours de mauvaises marques au-dehors.

J'ai de l'esprit, et je ne fais point difficulté de le dire; car
à quoi bon façonner là-dessus? Tant biaiser et tant apporter
d'adoucissement pour dire les avantages que l'on a, c'est, ce
me semble, cacher un peu de vanité sous une modestie
apparente, et se servir d'une manière bien adroite pour
faire croire de soi beaucoup plus de bien que l'on n'en dit.
Pour moi, je suis content qu'on ne me croie ni plus beau
que je me fais, ni de meilleure humeur que je me dépeins,
ni plus spirituel et plus raisonnable que je le suis. J'ai donc
de l'esprit, encore une fois, mais un esprit que la mélancolie
gâte; car, encore que je possède assez bien ma langue, que
j'aie la mémoire heureuse, et que je ne pense pas les choses

fort confusément, j'ai pourtant une si forte application à mon chagrin, que souvent j'exprime assez mal ce que je veux dire.

La conversation des honnêtes gens est un des plaisirs qui me touchent le plus. J'aime qu'elle soit sérieuse, et que la morale en fasse la plus grande partie. Cependant je sais la goûter aussi lorsqu'elle est enjouée; et si je ne dis pas beaucoup de petites choses pour rire, ce n'est pas du moins que je ne connaisse pas ce que valent les bagatelles bien dites, et que je ne trouve fort divertissante cette manière de badiner, où il y a certains esprits prompts et aisés qui réussissent si bien. J'écris bien en prose, je fais bien en vers; et si j'étais sensible à la gloire qui vient de ce côté-là, je pense qu'avec peu de travail je pourrais m'acquérir assez de réputation.

J'aime la lecture, en général; celle où il se trouve quelque chose qui peut façonner l'esprit et fortifier l'âme est celle que j'aime le plus. Surtout j'ai une extrême satisfaction à lire avec une personne d'esprit : car de cette sorte on réfléchit à tout moment sur ce qu'on lit; et des réflexions que l'on fait il se forme une conversation la plus agréable du monde et la plus utile.

Je juge assez bien des ouvrages de vers et de prose que l'on me montre; mais j'en dis peut-être mon sentiment avec un peu trop de liberté. Ce qu'il y a encore de mal en moi, c'est que j'ai quelquefois une délicatesse trop scrupuleuse et une critique trop sévère. Je ne hais pas entendre disputer, et souvent aussi je me mêle assez volontiers dans la dispute : mais je soutiens d'ordinaire mon opinion avec trop de chaleur; et lorsqu'on défend un parti injuste contre moi, quelquefois, à force de me passionner pour la raison, je deviens moi-même fort peu raisonnable.

J'ai les sentiments vertueux, les inclinations belles, et une si forte envie d'être tout à fait honnête homme, que mes amis ne me sauraient faire un plus grand plaisir que de m'avertir sincèrement de mes défauts. Ceux qui me connaissent un peu particulièrement, et qui ont eu la bonté de me donner quelquefois des avis là-dessus, savent que je les ai toujours reçus avec toute la joie imaginable et toute la soumission d'esprit que l'on saurait désirer.

J'ai toutes les passions assez douces et assez réglées ; on ne m'a presque jamais vu en colère, et je n'ai jamais eu de haine pour personne. Je ne suis pas pourtant incapable de me venger, si l'on m'avait offensé, et qu'il y allât de mon honneur à me ressentir de l'injure qu'on m'aurait faite. Au contraire, je suis assuré que le devoir ferait si bien en moi l'office de la haine, que je poursuivrais ma vengeance avec encore plus de vigueur qu'un autre.

L'ambition ne me travaille point. Je ne crains guère de choses, et ne crains aucunement la mort. Je suis peu sensible à la pitié, et je voudrais ne l'y être point du tout. Cependant il n'est rien que je ne fisse pour le soulagement d'une personne affligée ; et je crois effectivement que l'on doit tout faire, jusqu'à lui témoigner même beaucoup de compassion de son mal : car les misérables sont si sots, que cela leur fait le plus grand bien du monde ; mais je tiens aussi qu'il faut se contenter d'en témoigner, et se garder soigneusement d'en avoir. C'est une passion qui n'est bonne à rien au-dedans d'une âme bien faite, qui ne sert qu'à affaiblir le cœur, et qu'on doit laisser au peuple, qui, n'exécutant jamais rien par la raison, a besoin de passions pour le porter à faire les choses (1).

J'aime mes amis ; et je les aime d'une façon que je ne balancerais pas un moment à sacrifier mes intérêts aux leurs. J'ai de la condescendance pour eux ; je souffre patiemment leurs mauvaises humeurs : seulement je ne leur fais pas beaucoup de caresses, et je n'ai pas non plus de grandes inquiétudes en leur absence.

J'ai naturellement fort peu de curiosité pour la plus grande partie de tout ce qui en donne aux autres gens. Je suis fort secret, et j'ai moins de difficulté que personne à taire ce qu'on m'a dit en confidence. Je suis extrêmement régulier à ma parole ; je n'y manque jamais, de quelque conséquence que puisse être ce que j'ai promis, et je m'en suis fait toute ma vie une loi indispensable.

(1) Tout cela est bien dur, contraire au sentiment chrétien et à la nature.
(N. E.)

PORTRAIT

DU DUC DE LA ROCHEFOUCAULD,

PAR LE CARDINAL DE RETZ.

L y a toujours eu du *je ne sais quoi* en M. de La Rochefoucauld. Il a voulu se mêler d'intrigues dès son enfance, et en un temps où il ne sentait pas les petits intérêts, qui n'ont jamais été son faible, et où il ne connaissait pas les grands, qui, d'un autre sens, n'ont pas été son fort. Il n'a jamais été capable d'aucunes affaires, et je ne sais pourquoi; car il avait des qualités qui eussent suppléé en tout autre celles qu'il n'avait pas. Sa vue n'était pas assez étendue, il ne voyait pas même tout ensemble ce qui était à sa portée; mais son bon sens, très-bon dans la spéculation, joint à sa douceur, à son insinuation et à sa facilité de mœurs, qui est admirable, devait récompenser plus qu'il n'a fait le défaut de sa pénétration. Il a toujours eu une irrésolution habituelle; mais je ne sais même à quoi attribuer cette irrésolution. Elle n'a pu venir en lui de la fécondité de son imagination, qui n'est rien moins que vive. Je ne la puis donner à la stérilité de son jugement; car, quoiqu'il ne l'ait pas exquis dans l'action, il a un bon fonds de raison.

Nous voyons les effets de cette irrésolution, quoique nous n'en connaissions pas la cause. Il n'a jamais été guerrier, quoiqu'il fût très-soldat. Il n'a jamais été par lui-même bon courtisan, quoiqu'il ait eu toujours bonne intention de l'être. Il n'a jamais été bon homme de parti, quoique toute sa vie il y ait été engagé. Cet air de honte et de timidité que vous lui voyez dans la vie civile s'était tourné dans les affaires en air d'apologie. Il croyait toujours en avoir besoin ; ce qui, joint à ses Maximes, qui ne marquent pas assez de foi à la vertu, et à sa pratique, qui a toujours été à sortir des affaires avec autant d'impatience qu'il y était entré, me fait conclure qu'il eût beaucoup mieux fait de se connaître et de se réduire à passer, comme il eût pu, pour le courtisan le plus poli, et le plus honnête homme, à l'égard de la vie commune, qui eût paru dans son siècle.

JUGEMENT

LES SENTENCES ET MAXIMES MORALES,

PAR MADAME DE LA FAYETTE.

A MADAME DE SABLE.

Voila un billet que je vous supplie de vouloir lire, il vous instruira de ce que l'on demande de vous. Je n'ai rien à y adjouster, sinon que l'homme qui l'escrit est un des hommes du monde que j'ayme autant, et qu'ainsi c'est une des plus grandes obligations que je vous puisse avoir, que de luy accorder ce qu'il souhaite pour son amy. Je viens d'arriver de Fresne, où j'ay esté deux jours en solitude avec madame du Plessis; en ces deux jours-là nous avons parlé de vous deux ou trois mille fois; il est inutile de vous dire comment nous en avons parlé, vous le devinés aisément. Nous y avons leu les *Maximes* de M. de La Rochefoucauld : ha madame! quelle corruption il faut avoir dans l'esprit et dans le cœur pour estre capable d'imaginer tout cela! j'en suis si espouvantée, que je vous asseure que si les plaisanteries estoient des choses sérieuses, de telles maximes gasteroient plus ses affaires que touts les potages qu'il mangea l'autre jour chez vous.

DE LA FAYETTE.

AVIS AU LECTEUR

DE L'ÉDITION DE 1665.

OICI un portrait du cœur de l'homme, que je donne au public, sous le nom de *Réflexions* ou *Maximes morales*. Il court fortune de ne plaire pas à tout le monde, parce qu'on trouvera peut-être qu'il ressemble trop, et qu'il ne flatte pas assez. Il y a apparence que l'intention du peintre n'a jamais été de faire paraître cet ouvrage, et qu'il serait encore renfermé dans son cabinet, si une méchante copie, qui en a couru, et qui a passé même depuis quelque temps en Hollande, n'avait obligé un de ses amis de m'en donner une autre, qu'il dit être tout à fait conforme à l'original; mais, toute correcte qu'elle est, possible n'évitera-t-elle pas la censure de certaines personnes, qui ne peuvent souffrir que l'on se mêle de pénétrer dans le fond de leur cœur, et qui croient être en droit d'empêcher que les autres les connaissent, parce qu'elles ne veulent pas se connaître elles-mêmes. Il est vrai que, comme ces *Maximes* sont remplies de ces sortes de vérités dont l'orgueil humain ne se peut accommoder, il est presque impossible qu'il ne se soulève contre elles, et qu'elles ne s'attirent des censeurs. Aussi est-ce pour eux que je mets ici une *Lettre* que l'on m'a donnée (1), et qui a été faite depuis que le manuscrit a paru,

---

(1) Nous ne donnons pas cette *Lettre* : il suffit d'observer que les Pères de l'Église n'ont jamais décrié la nature humaine, au point de n'y voir qu'un principe de mal; ils ont condamné le vice et loué la vertu.   (N. E.)

et dans le temps que chacun se mêlait d'en dire son avis ;
elle m'a semblé assez propre pour répondre aux principales
difficultés que l'on peut opposer aux *Réflexions*, et pour expliquer les sentiments de leur auteur. Elle suffit pour faire
voir que ce qu'elles contiennent n'est autre chose que l'abrégé
d'une morale conforme aux pensées de plusieurs Pères de
l'Eglise, et que celui qui les a écrites a eu beaucoup de raison
de croire qu'il ne pouvait s'égarer en suivant de si bons
guides, et qu'il lui était permis de parler de l'homme comme
les Pères en ont parlé ; mais si le respect qui leur est dû n'est
pas capable de retenir le chagrin des critiques, s'ils ne font
point de scrupule de condamner l'opinion de ces grands
hommes en condamnant ce livre, je prie le lecteur de ne les
pas imiter, de ne laisser point entraîner son esprit au premier
mouvement de son cœur, et de donner ordre, s'il est possible,
que l'amour-propre ne se mêle point dans le jugement qu'il
en fera : car s'il le consulte, il ne faut pas s'attendre qu'il
puisse être favorable à ces *Maximes ;* comme elles traitent
l'amour-propre de corrupteur de la raison, il ne manquera
pas de prévenir l'esprit contre elles. Il faut donc prendre
garde que cette prévention ne les justifie, et se persuader
qu'il n'y a rien de plus propre à établir la vérité de ces
Réflexions que la chaleur et la subtilité que l'on témoignera
pour les combattre. En effet, il sera difficile de faire croire à
tout homme de bon sens, que l'on les condamne par d'autre
motif que par celui de l'intérêt caché, de l'orgueil et de
l'amour-propre. En un mot, le meilleur parti que le lecteur
ait à prendre est de se mettre d'abord dans l'esprit qu'il n'y
a aucune de ces Maximes qui le regarde en particulier, et
qu'il en est seul excepté, bien qu'elles paraissent générales.
Après cela, je lui réponds qu'il sera le premier à y souscrire,
et qu'il croira qu'elles font encore grâce au cœur humain.
Voilà ce que j'avais à dire sur cet écrit en général : pour ce
qui est de la méthode que l'on y eût pu observer, je crois
qu'il eût été à désirer que chaque Maxime eût eu un titre du
sujet qu'elle traite, et qu'elles eussent été mises dans un
plus grand ordre ; mais je ne l'ai pu faire sans renverser
entièrement celui de la copie qu'on m'a donnée ; et comme
il y a plusieurs Maximes sur une même matière, ceux à qui
j'en ai demandé avis ont jugé qu'il était plus expédient de
faire une Table à laquelle on aura recours pour trouver celles
qui traitent d'une même chose.

AVIS AU LECTEUR

DE L'ÉDITION DE 1666.

Mon cher Lecteur,

Voici une seconde édition des *Réflexions morales*, que vous trouverez sans doute plus correcte et plus exacte en toutes façons que n'a été la première. Ainsi, vous pouvez maintenant en faire tel jugement que vous voudrez, sans que je me mette en peine de tâcher à vous prévenir en leur faveur, puisque si elles sont telles que je le crois, on ne pourrait leur faire plus de tort que de se persuader qu'elles eussent besoin d'apologie. Je me contenterai de vous avertir de deux choses : l'une, que par le mot d'intérêt on n'entend pas toujours un intérêt de bien, mais le plus souvent un intérêt d'honneur ou de gloire, et l'autre, qui est la principale et comme le fondement de toutes ces *Réflexions*, est que celui qui les a faites n'a considéré les hommes que dans cet état déplorable de la nature corrompue par le péché; et qu'ainsi la manière dont il parle de ce nombre infini de défauts qui se rencontrent dans leurs vertus apparentes ne regarde point ceux que Dieu en préserve par une grâce particulière (1).

Pour ce qui est de l'ordre de ces *Réflexions*, vous n'aurez pas de peine à juger, mon cher Lecteur, que comme elles sont toutes sur des matières différentes, il était difficile d'y en observer. Et bien qu'il y en ait plusieurs sur un même sujet, on n'a pas cru devoir les mettre de suite, de crainte d'ennuyer le lecteur; mais on les trouvera dans la Table.

(1) Il fallait avoir subi l'influence du jansénisme pour croire qu'après le péché la nature est incapable de vouloir le bien, d'aimer la vertu. La nature est déchue, elle n'est point viciée dans son essence.   (N. E.)

RÉFLEXIONS

ou

SENTENCES ET MAXIMES MORALES.

Nos vertus ne sont le plus souvent que des vices déguisés (1).

E que nous prenons pour des vertus n'est souvent qu'un assemblage de diverses actions et de divers intérêts, que la fortune ou notre industrie savent arranger; et ce n'est pas toujours par valeur et par chasteté que les hommes sont vaillants et que les femmes sont chastes (2).

(1) Cette pensée, dit M. Aimé Martin, qui peut être considérée comme la base du système de La Rochefoucauld, se trouve dans la première édition, sous la forme suivante : « Ce que le monde nomme vertu n'est d'ordinaire » qu'un fantôme formé par nos passions, à qui on donne un nom honnête pour » faire impunément ce qu'on veut. » (Édition de 1665, n. 179.) Elle ne se retrouve ni dans la seconde ni dans la troisième édition, et ce n'est que dans les deux dernières (1675, 1678) qu'elle reparut comme épigraphe, et sous une autre forme, à la tête des *Réflexions morales.*

(2) *Variante.* « Nous sommes préoccupés de telle sorte en notre faveur, que

L'amour-propre est le plus grand de tous les flatteurs.

Quelque découverte que l'on ait faite dans le pays de l'amour-propre, il y reste encore bien des terres inconnues.

L'amour-propre est plus habile que le plus habile homme du monde.

La durée de nos passions ne dépend pas plus de nous que la durée de notre vie.

La passion fait souvent un fou du plus habile homme, et rend souvent les plus sots habiles.

Ces grandes et éclatantes actions qui éblouissent les yeux sont représentées par les politiques comme les effets des grands desseins, au lieu que ce sont d'ordinaire les effets de l'humeur et des passions. Ainsi la guerre d'Auguste et d'Antoine, qu'on rapporte à l'ambition qu'ils avaient de se rendre maîtres du monde, n'était peut-être qu'un effet de jalousie.

Les passions sont les seuls orateurs qui persuadent toujours. Elles ont comme un art de la nature dont les règles sont infaillibles; et l'homme le plus simple qui a de la passion persuade mieux que le plus éloquent qui n'en a point (1).

Les passions ont une injustice et un propre intérêt, qui fait qu'il est dangereux de les suivre, et qu'on s'en doit défier, lors même qu'elles paraissent les plus raisonnables.

---

ce que nous prenons souvent pour des vertus n'est en effet qu'un nombre de vices qui leur ressemblent, et que l'orgueil et l'amour-propre nous ont déguisés. » (Édition de 1665, n. 181.)

« De plusieurs actions différentes que la fortune arrange comme il lui plaît, il s'en fait plusieurs vertus. » (1665, n. 293.)

(1) Var. « .... et l'homme le plus simple que la passion fait parler persuade mieux que celui qui n'a que la seule éloquence. » (1665, n. 8.)

Il y a dans le cœur humain une génération perpétuelle de passions ; en sorte que la ruine de l'une est presque toujours l'établissement d'une autre.

Les passions en engendrent souvent qui leur sont contraires : l'avarice produit quelquefois la prodigalité, et la prodigalité l'avarice ; on est souvent ferme par faiblesse, et audacieux par timidité.

Quelque soin que l'on prenne de couvrir ses passions par des apparences de piété et d'honneur, elles paraissent toujours au travers de ces voiles (1).

Notre amour-propre souffre plus impatiemment la condamnation de nos goûts que de nos opinions.

Les hommes ne sont pas seulement sujets à perdre le souvenir des bienfaits et des injures ; ils haïssent même ceux qui les ont obligés, et cessent de haïr ceux qui leur ont fait des outrages. L'application à récompenser le bien et à se venger du mal leur paraît une servitude, à laquelle ils ont peine de se soumettre.

La clémence des princes n'est souvent qu'une politique pour gagner l'affection des peuples.

Cette clémence, dont on fait une vertu, se pratique, tantôt par vanité, quelquefois par paresse, souvent par crainte, et presque toujours par tous les trois ensemble.

La modération des personnes heureuses vient du calme que la bonne fortune donne à leur humeur.

La modération est une crainte de tomber dans l'envie et

---

(1) *Var.* « Quelque industrie que l'on ait à cacher ses passions sous le voile de la piété et de l'honneur, il y en a toujours quelque endroit qui se montre. » (1665, n. 12.)

dans le mépris que méritent ceux qui s'enivrent de leur bonheur : c'est une vaine ostentation de la force de notre esprit ;
et enfin la modération des hommes dans leur plus haute élévation est un désir de paraître plus grands que leur fortune.

⁕

Nous avons tous assez de force pour supporter les maux
d'autrui.

⁕

La constance des sages n'est que l'art de renfermer leur
agitation dans leur cœur.

⁕

Notre humeur met le prix à tout ce qui nous vient de la
fortune.

⁕

La félicité est dans le goût, et non pas dans les choses ; et
c'est par avoir ce qu'on aime qu'on est heureux, et non pour
avoir ce que les autres trouvent aimable.

⁕

On n'est jamais si heureux ni si malheureux qu'on s'imagine.

⁕

Ceux qui croient avoir du mérite se font un honneur d'être
malheureux, pour persuader aux autres et à eux-mêmes qu'ils
sont dignes d'être en butte à la fortune (1).

⁕

Rien ne doit tant diminuer la satisfaction que nous avons
de nous-mêmes, que de voir que nous désapprouvons dans
un temps ce que nous approuvions dans un autre.

⁕

Quelque différence qui paraisse entre les fortunes, il y a
néanmoins une certaine compensation de biens et de maux
qui les rend égales (2).

_____

(1) Dans la même édition (1665, n. 60), la même pensée est ainsi rédigée :
« On se console souvent d'être malheureux par un certain plaisir qu'on trouve
à le paraître. »

(2) « Var. Quelque différence qu'il y ait entre les fortunes, il y a pourtant
une certaine proportion de biens et de maux qui les rendent égales. » (1665,
n. 61.)

Quelques grands avantages que la nature donne, ce n'est pas elle seule, mais la fortune avec elle qui fait les héros.

Le mépris des richesses était dans les philosophes un désir caché de venger leur mérite de l'injustice de la fortune, par le mépris des mêmes biens dont elle les privait; c'était un secret pour se garantir de l'avilissement de la pauvreté; c'était un chemin détourné pour aller à la considération qu'ils ne pouvaient·avoir par les richesses.

La haine pour les favoris n'est autre chose que l'amour de la faveur. Le dépit de ne la pas posséder se console et s'adoucit par le mépris que l'on témoigne de ceux qui la possèdent; et nous leur refusons nos hommages, ne pouvant pas leur ôter ce qui leur attire ceux de tout le monde.

Pour s'établir dans le monde on fait tout ce que l'on peut pour y paraître établi.

Quoique les hommes se flattent de leurs grandes actions, elles ne sont pas souvent les effets d'un grand dessein, mais des effets du hasard.

Ceux qu'on condamne au supplice affectent quelquefois une constance et un mépris de la mort, qui n'est en effet que la crainte de l'envisager; de sorte qu'on peut dire que cette constance et ce mépris sont à leur esprit ce que le bandeau est à leurs yeux (1).

La philosophie triomphe aisément des maux passés et des maux à venir; mais les maux présents triomphent d'elle.

Peu de gens connaissent la mort; on ne la souffre pas ordi-

(1) *l'ar.* « Ceux qu'on fait mourir affectent quelquefois des constances, des froideurs, et des mépris de la mort, pour ne p   penser à elle; de sorte qu'on peut dire que ces froideurs et ce⁵ mépris fᵒ   leur esprit ce que le bandeau fait à leurs yeux. » (1665, n. 2

nairement par résolution, mais par stupidité et par coutume; et la plupart des hommes meurent parce qu'on ne peut s'empêcher de mourir.

❦

Lorsque les grands hommes se laissent abattre par la longueur de leurs infortunes, ils font voir qu'ils ne les soutenaient que par la force de leur ambition, et non par celle de leur âme; et qu'à une grande vanité près, les héros sont faits comme les autres hommes (1).

❦

Il faut de plus grandes vertus pour soutenir la bonne fortune que la mauvaise.

❦

Le soleil ni la mort ne se peuvent regarder fixement.

❦

On fait souvent vanité des passions, même les plus criminelles; mais l'envie est une passion timide et honteuse, que l'on n'ose jamais avouer.

❦

La jalousie est, en quelque manière, juste et raisonnable, puisqu'elle ne tend qu'à conserver un bien qui nous appartient ou que nous croyons nous appartenir : au lieu que l'envie est une fureur qui ne peut souffrir le bien des autres.

❦

Le mal que nous faisons ne nous attire pas tant de persécution et de haine que nos bonnes qualités.

❦

Nous avons plus de force que de volonté; et c'est souvent pour nous excuser à nous-mêmes que nous nous imaginons que les choses sont impossibles.

❦

_____

(1) Var. « Les grands hommes s'abattent et se démontent à la fin par la longueur de leurs infortunes; cela fait bien voir qu'ils n'étaient pas forts quand ils les supportaient, mais seulement qu'ils se donnaient la gêne pour le paraître, et qu'ils soutenaient leurs malheurs par la force de leur ambition, et non pas par celle de leur âme; enfin, à une grande vanité près, les héros sont faits comme les autres hommes. » (1665, n. 27.)

Si nous n'avions point de défauts, nous ne prendrions pas tant de plaisir à en remarquer dans les autres.

⦁⊱⊰⦁

La jalousie se nourrit dans les doutes; et elle devient fureur, ou elle finit, sitôt qu'on passe du doute à la certitude (1).

⦁⊱⊰⦁

L'orgueil se dédommage toujours et ne perd rien, lors même qu'il renonce à la vanité.

⦁⊱⊰⦁

Si nous n'avions point d'orgueil, nous ne nous plaindrions pas de celui des autres.

⦁⊱⊰⦁

L'orgueil est égal dans tous les hommes, et il n'y a de différence qu'aux moyens et à la manière de le mettre à jour.

⦁⊱⊰⦁

Il semble que la nature, qui a si sagement disposé les organes de notre corps pour nous rendre heureux, nous ait aussi donné l'orgueil pour nous épargner la douleur de connaître nos imperfections (2).

⦁⊱⊰⦁

L'orgueil a plus de part que la bonté aux remontrances que nous faisons à ceux qui commettent des fautes, et nous ne les reprenons pas tant pour les en corriger, que pour leur persuader que nous en sommes exempts.

⦁⊱⊰⦁

Nous promettons selon nos espérances, et nous tenons selon nos craintes.

⦁⊱⊰⦁

(1) *Var.* « La jalousie ne subsiste que dans les doutes : l'incertitude est sa matière, c'est une passion qui cherche tous les jours de nouveaux sujets d'inquiétude et de nouveaux tourments. On cesse d'être jaloux dès que l'on est éclairci de ce qui causait la jalousie. » (1665, n. 35.) — « La jalousie se nourrit dans les doutes. C'est une passion qui cherche toujours de nouveaux sujets d'inquiétude et de nouveaux tourments, et elle devient fureur sitôt qu'on passe du doute à la certitude. » (1666, n. 32.)

(2) *Var.* « La nature, qui a si sagement pourvu à la vie de l'homme par la disposition admirable des organes du corps, lui a sans doute donné l'orgueil pour lui épargner la douleur de connaître ses imperfections et ses misères. » (1665, n. 40.)

L'intérêt parle toutes sortes de langues, et joue toutes sortes de personnages, même celui de désintéressé.

L'intérêt qui aveugle les uns fait la lumière des autres.

Ceux qui s'appliquent trop aux petites choses deviennent ordinairement incapables des grandes.

Nous n'avons pas assez de force pour suivre toute notre raison.

L'homme croit souvent se conduire lorsqu'il est conduit; et pendant que par son esprit il tend à un but, son cœur l'entraîne insensiblement à un autre.

La force et la faiblesse de l'esprit sont mal nommées; elles ne sont en effet que la bonne ou la mauvaise disposition des organes du corps.

Le caprice de notre humeur est encore plus bizarre que celui de la fortune.

L'attachement ou l'indifférence que les philosophes avaient pour la vie n'étaient qu'un goût de leur amour-propre, dont on ne doit non plus disputer que du goût de la langue ou du choix des couleurs.

Il semble que nos actions aient des étoiles heureuses ou malheureuses, à qui elles doivent une grande partie de la louange et du blâme qu'on leur donne.

Il n'y a point d'accidents si malheureux dont les habiles gens ne tirent quelque avantage, ni de si heureux que les imprudents ne puissent tourner à leur préjudice.

La fortune tourne tout à l'avantage de ceux qu'elle favorise.

Le bonheur et le malheur des hommes ne dépend pas moins de leur humeur que de la fortune.

※

La sincérité est une ouverture de cœur. On la trouve en fort peu de gens ; et celle que l'on voit d'ordinaire n'est qu'une fine dissimulation pour attirer la confiance des autres.

※

L'aversion du mensonge est souvent une imperceptible ambition de rendre nos témoignages considérables, et d'attirer à nos paroles un respect de religion.

※

La vérité ne fait pas tant de bien dans le monde que ses apparences y font de mal.

※

Il n'y a point d'éloges qu'on ne donne à la prudence ; cependant elle ne saurait nous assurer du moindre événement (1).

※

Un habile homme doit régler le rang de ses intérêts, et les conduire chacun dans son ordre. Notre avidité le trouble souvent, en nous faisant courir à tant de choses à la fois, que, pour désirer trop les moins importantes, on manque les plus considérables.

---

(1) *Var.* « On élève la prudence jusqu'au ciel, et il n'est sorte d'éloges qu'on ne lui donne ; elle est la règle de nos actions et de notre conduite, elle est la maîtresse de la fortune, elle fait le destin des empires ; sans elle on a tous les maux, avec elle on a tous les biens ; et, comme disait autrefois un poëte, quand nous avons la prudence il ne nous manque aucune divinité : *Nullum numen abest, si sit prudentia* (Juvénal, Sat. X), pour dire que nous trouvons dans la prudence tout le secours que nous demandons aux dieux. Cependant la prudence la plus consommée ne saurait nous assurer du plus petit effet du monde, parce que, travaillant sur une matière aussi changeante et aussi inconnue qu'est l'homme, elle ne peut exécuter sûrement aucun de ses projets : d'où il faut conclure que toutes les louanges dont nous flattons notre prudence ne sont que des effets de notre amour-propre, qui s'applaudit en toutes choses et en toutes rencontres. » (1665, n. 75.) « Il n'y a point d'éloges qu'on ne donne à la prudence. Cependant, quelque grande qu'elle soit, elle ne saurait nous assurer du moindre événement, parce qu'elle travaille sur l'homme, qui est le sujet du monde le plus changeant. » (1666, n. 66 ; 1671, 1675, n. 65.)

La bonne grâce est au corps ce que le bon sens est à l'esprit.

L'amour de la justice n'est en la plupart des hommes que la crainte de souffrir l'injustice (1).

Le silence est le parti le plus sûr pour celui qui se défie de soi-même.

Ce qui nous rend si changeants dans nos amitiés, c'est qu'il est difficile de connaître les qualités de l'âme, et facile de connaître celles de l'esprit.

Nous ne pouvons rien aimer que par rapport à nous, et nous ne faisons que suivre notre goût et notre plaisir quand nous préférons nos amis à nous-mêmes ; c'est néanmoins par cette préférence seule que l'amitié peut être vraie et parfaite.

La réconciliation avec nos ennemis n'est qu'un désir de rendre notre condition meilleure, une lassitude de la guerre, et une crainte de quelque mauvais événement.

Ce que les hommes ont nommé amitié n'est qu'une société, qu'un ménagement réciproque d'intérêts, et qu'un échange de bons offices ; ce n'est enfin qu'un commerce où l'amour-propre se propose toujours quelque chose à gagner.

Il est plus honteux de se défier de ses amis que d'en être trompé.

---

(1) *Var.* « La justice n'est qu'une vive appréhension qu'on ne nous ôte ce qui nous appartient : de là vient cette considération et ce respect pour tous les intérêts du prochain, et cette scrupuleuse application à ne lui faire aucun préjudice : cette crainte retient l'homme dans les bornes des biens que la naissance ou la fortune lui ont donnés ; et sans cette crainte il ferait des courses continuelles sur les autres. » (1665, n. 88.) — « On blâme l'injustice, non pas pour l'aversion que l'on a pour elle, mais pour le préjudice que l'on en reçoit. » (1665, n. 90.)

Nous nous persuadons souvent d'aimer les gens plus puissants que nous, et néanmoins c'est l'intérêt seul qui produit notre amitié; nous ne nous donnons pas à eux pour le bien que nous leur voulons faire, mais pour celui que nous en voulons recevoir.

Notre défiance justifie la tromperie d'autrui.

Les hommes ne vivraient pas longtemps en société s'ils n'étaient les dupes les uns des autres.

L'amour-propre nous augmente ou nous diminue les bonnes qualités de nos amis, à proportion de la satisfaction que nous avons d'eux, et nous jugeons de leur mérite par la manière dont ils vivent avec nous.

Tout le monde se plaint de sa mémoire, et personne ne se plaint de son jugement.

Nous plaisons plus souvent dans le commerce de la vie par nos défauts que par nos bonnes qualités.

La plus grande ambition n'en a pas la moindre apparence, lorsqu'elle se rencontre dans une impossibilité absolue d'arriver où elle aspire.

Détromper un homme préoccupé de son mérite est lui rendre un aussi mauvais office que celui que l'on rendit à ce fou d'Athènes qui croyait que tous les vaisseaux qui arrivaient dans le port étaient à lui.

Les vieillards aiment à donner de bons préceptes, pour se consoler de n'être plus en état de donner de mauvais exemples.

Les grands noms abaissent au lieu d'élever ceux qui ne les savent pas soutenir.

La marque d'un mérite extraordinaire est de voir que ceux qui l'envient le plus sont contraints de le louer.

La marque d'un mérite extraordinaire est de voir que ceux qui l'envient le plus sont contraints de le louer.

Tel homme est ingrat qui est moins coupable de son ingratitude que celui qui lui a fait du bien.

On s'est trompé lorsqu'on a cru que l'esprit et le jugement étaient deux choses différentes : le jugement n'est que la grandeur de la lumière de l'esprit. Cette lumière pénètre le fond des choses ; elle y remarque tout ce qu'il faut remarquer, et aperçoit celles qui semblent imperceptibles. Ainsi il faut demeurer d'accord que c'est l'étendue de la lumière de l'esprit qui produit tous les effets qu'on attribue au jugement.

Chacun dit du bien de son cœur, et personne n'en ose dire de son esprit.

La politesse de l'esprit consiste à penser des choses honnêtes et délicates.

La galanterie de l'esprit est de dire des choses flatteuses d'une manière agréable.

Il arrive souvent que des choses se présentent plus achevées à notre esprit, qu'il ne les pourrait faire avec beaucoup d'art (1).

L'esprit est toujours la dupe du cœur.

Tous ceux qui connaissent leur esprit ne connaissent pas leur cœur.

Les hommes et les affaires ont leur point de perspective. Il y en a qu'il faut voir de près pour en bien juger, et d'au-

---

(1) Var. « Il y a des jolies choses que l'esprit ne cherche point, et qu'il trouve toutes achevées en lui-même : il semble qu'elles y soient cachées, comme l'or et les diamants dans le sein de la terre. » (1665, n. 111.)

tres dont on ne juge jamais si bien que quand on en est éloigné.

Celui-là n'est pas raisonnable à qui le hasard fait trouver la raison ; mais celui qui la connaît, qui la discerne, et qui la goûte.

Pour bien savoir les choses il en faut savoir le détail, et comme il est presque infini, nos connaissances sont toujours superficielles et imparfaites.

C'est une espèce de coquetterie, de faire remarquer qu'on n'en fait jamais.

L'esprit ne saurait jouer longtemps le personnage du cœur.

La jeunesse change ses goûts par l'ardeur du sang, et la vieillesse conserve les siens par l'accoutumance.

On ne donne rien si libéralement que ses conseils.

Les défauts de l'esprit augmentent en vieillissant, comme ceux du visage.

Il y a de bons mariages ; mais il n'y en a point de délicieux.

On ne se peut consoler d'être trompé par ses ennemis et trahi par ses amis, et l'on est souvent satisfait de l'être par soi-même.

Il est aussi facile de se tromper soi-même sans s'en apercevoir, qu'il est difficile de tromper les autres sans qu'ils s'en aperçoivent.

Rien n'est moins sincère que la manière de demander et de donner des conseils. Celui qui en demande paraît avoir une déférence respectueuse pour les sentiments de son ami, bien qu'il ne pense qu'à lui faire approuver les siens, et à le rendre garant de sa conduite; et celui qui conseille paye la confiance qu'on lui témoigne d'un zèle ardent et désintéressé, quoiqu'il ne cherche le plus souvent, dans les conseils qu'il donne, que son propre intérêt ou sa gloire.

La plus subtile de toutes les finesses est de savoir bien feindre de tomber dans les piéges qu'on nous tend; et l'on n'est jamais si aisément trompé que quand on songe à tromper les autres.

L'intention de ne jamais tromper nous expose à être souvent trompés.

Nous sommes si accoutumés à nous déguiser aux autres, qu'enfin nous nous déguisons à nous-mêmes (1).

L'on fait plus souvent des trahisons par faiblesse que par un dessein formé de trahir.

On fait souvent du bien pour pouvoir impunément faire du mal.

Si nous résistons à nos passions, c'est plus par leur faiblesse que par notre force.

On n'aurait guère de plaisir si on ne se flattait jamais.

Les plus habiles affectent toute leur vie de blâmer les finesses, pour s'en servir en quelque grande occasion et pour quelque grand intérêt.

---

(1) *Var.* « La coutume que nous avons de nous déguiser aux autres, pour acquérir leur estime, fait qu'enfin nous nous déguisons à nous-mêmes. » (1665, n. 123.)

L'usage ordinaire de la finesse est la marque d'un petit esprit, et il arrive presque toujours que celui qui s'en sert pour se couvrir en un endroit se découvre en un autre.

Les finesses et les trahisons ne viennent que du manque d'habileté (1).

Le vrai moyen d'être trompé, c'est de se croire plus fin que les autres.

La trop grande subtilité est une fausse délicatesse; et la véritable délicatesse est une solide subtilité.

Il suffit quelquefois d'être grossier pour n'être pas trompé par un habile homme.

La faiblesse est le seul défaut que l'on ne saurait corriger.

Il est plus aisé d'être sage pour les autres que de l'être pour soi-même.

Les seules bonnes copies sont celles qui nous font voir le ridicule des méchants originaux (2).

On n'est jamais si ridicule par les qualités que l'on a que par celles que l'on affecte d'avoir.

On est quelquefois aussi différent de soi-même que des autres.

(1) *Var.* « Si on était toujours assez habile, on ne ferait jamais de finesse ni de trahisons. » (1665, n. 128.)

(2) *Var.* Dans l'édition de 1665, où cette réflexion a paru pour la première fois, on lit *des excellents originaux*, au lieu de *des méchants originaux*.

On parle peu quand la vanité ne fait pas parler (1).

On aime mieux dire du mal de soi-même que de n'en point parler.

Une des choses qui fait que l'on trouve si peu de gens qui paraissent raisonnables et agréables dans la conversation, c'est qu'il n'y a presque personne qui ne pense plutôt à ce qu'il veut dire qu'à répondre précisément à ce qu'on lui dit. Les plus habiles et les plus complaisants se contentent de montrer seulement une mine attentive, au même temps que que l'on voit dans leurs yeux et dans leur esprit un égarement pour ce qu'on leur dit, et une précipitation pour retourner à ce qu'ils veulent dire; au lieu de considérer que c'est un mauvais moyen de plaire aux autres ou de les persuader, que de chercher si fort à se plaire à soi-même, et que bien écouter et bien répondre est une des plus grandes perfections qu'on puisse avoir dans la conversation.

Un homme d'esprit serait souvent bien embarrassé sans la compagnie des sots.

Nous nous vantons souvent de ne nous point ennuyer, et nous sommes si glorieux, que nous ne voulons pas nous trouver de mauvaise compagnie (2).

Comme c'est le caractère des grands esprits de faire entendre en peu de paroles beaucoup de choses, les petits esprits, au contraire, ont le don de beaucoup parler et de ne rien dire.

C'est plutôt par l'estime de nos propres sentiments que

---

(1) *Var.* « Quand la vanité ne fait point parler, on n'a pas envie de dire grand'chose. » (1665, n. 139.)

(2) *Var.* « On se vante souvent mal à propos de ne se point ennuyer; et l'homme est si glorieux, qu'il ne veut pas se trouver de mauvaise compagnie. » (1665, n. 143.)

nous exagérons les bonnes qualités des autres, que par l'estime de leur mérite ; et nous voulons nous attirer des louanges lorsqu'il semble que nous leur en donnons.

On n'aime point à louer, et on ne loue jamais personne sans intérêt. La louange est une flatterie habile, cachée et délicate, qui satisfait différemment celui qui la donne et celui qui la reçoit : l'un la prend comme une récompense de son mérite ; l'autre la donne pour faire remarquer son équité et son discernement.

Nous choisissons souvent des louanges empoisonnées, qui font voir par contre-coup en ceux que nous louons des défauts que nous n'osons découvrir d'une autre sorte.

On ne loue d'ordinaire que pour être loué.

Peu de gens sont assez sages pour préférer le blâme qui leur est utile à la louange qui les trahit.

Il y a des reproches qui louent, et des louanges qui médisent.

Le refus des louanges est un désir d'être loué deux fois (1).

Le désir de mériter les louanges qu'on nous donne fortifie notre vertu ; et celles que l'on donne à l'esprit, à la valeur et à la beauté, contribuent à les augmenter (2).

Il est plus difficile de s'empêcher d'être gouverné que de gouverner les autres.

(1) *Var.* « La modestie, qui semble refuser les louanges, n'est en effet qu'un désir d'en avoir de plus délicates. » (1665, n. 147.)

(2) *Var.* « L'approbation que l'on donne à l'esprit, à la beauté et à la valeur, les augmente, les perfectionne, et leur fait faire de plus grands effets qu'ils n'auraient été capables de faire d'eux-mêmes. » (1665, n. 156.)

Si nous ne nous flattions pas nous-mêmes, la flatterie des autres ne nous pourrait nuire.

❧

La nature fait le mérite, et la fortune la met en œuvre.

❧

La fortune nous corrige de plusieurs défauts que la raison ne saurait corriger.

❧

Il y a des gens dégoûtants avec du mérite, et d'autres qui plaisent avec des défauts (1).

❧

Il y a des gens dont tout le mérite consiste à dire et à faire des sottises utilement, et qui gâteraient tout s'ils changeaient de conduite.

❧

La gloire des grands hommes se doit toujours mesurer aux moyens dont ils se sont servis pour l'acquérir.

❧

La flatterie est une fausse monnaie qui n'a de cours que par notre vanité.

❧

Ce n'est pas assez d'avoir des grandes qualités, il en faut avoir l'économie.

❧

Quelque éclatante que soit une action, elle ne doit pas passer pour grande lorsqu'elle n'est pas l'effet d'un grand dessein.

❧

Il doit y avoir une certaine proportion entre les actions et les desseins, si on en veut tirer tous les effets qu'elles peuvent produire.

❧

L'art de savoir bien mettre en œuvre de médiocres qualités

(1) *Var.* « Comme il y a de bonnes viandes qui affadissent le cœur, il y a un mérite fade, et des personnes qui dégoûtent avec des qualités bonnes et estimables. » (1665, n. 162.)

dérobe l'estime, et donne souvent plus de réputation que le véritable mérite.

⟐

Il y a une infinité de conduites qui paraissent ridicules, et dont les raisons cachées sont très-sages et très-solides.

⟐

Il est plus facile de paraître digne des emplois qu'on n'a pas que de ceux que l'on exerce.

⟐

Notre mérite nous attire l'estime des honnêtes gens, et notre étoile celle du public.

⟐

Le monde récompense plus souvent les apparences du mérite que le mérite même.

⟐

L'avarice est plus opposée à l'économie que la libéralité.

⟐

L'espérance, toute trompeuse qu'elle est, sert au moins à nous mener à la fin de la vie par un chemin agréable.

⟐

Pendant que la paresse et la timidité nous retiennent dans notre devoir, notre vertu en a souvent tout l'honneur (1).

⟐

Il est difficile de juger si un procédé net, sincère et honnête, est un effet de probité ou d'habileté.

⟐

Les vertus se perdent dans l'intérêt, comme les fleuves se perdent dans la mer.

⟐

Si on examine bien les divers effets de l'ennui, on trouvera qu'il fait manquer à plus de devoirs que l'intérêt.

⟐

Il y a diverses sortes de curiosités : l'une d'intérêt, qui nous porte à désirer d'apprendre ce qui nous peut être utile,

---

(1) *Var.* « Pendant que la paresse et la timidité ont seules le mérite de nous tenir dans notre devoir, notre vertu en a tout l'honneur. » (1665; n. 177.)

et l'autre d'orgueil, qui vient du désir de savoir ce que les autres ignorent (1).

❦

Il vaut mieux employer notre esprit à supporter les infortunes qui nous arrivent, qu'à prévoir celles qui nous peuvent arriver.

❦

La persévérance n'est digne ni de blâme ni de louange, parce qu'elle n'est que la durée des goûts et des sentiments, qu'on ne s'ôte et qu'on ne se donne point.

❦

Ce qui nous fait aimer les nouvelles connaissances n'est pas tant la lassitude que nous avons des vieilles, ou le plaisir de changer, que le dégoût de n'être pas assez admirés de ceux qui nous connaissent trop, et l'espérance de l'être davantage de ceux qui ne nous connaissent pas tant.

❦

Nous nous plaignons quelquefois légèrement de nos amis, pour justifier par avance notre légèreté.

❦

Notre repentir n'est pas tant un regret du mal que nous avons fait, qu'une crainte de celui qui nous en peut arriver.

❦

Il y a une inconstance qui vient de la légèreté de l'esprit, ou de sa faiblesse, qui lui fait recevoir toutes les opinions d'autrui; et il y en a une autre, qui est plus excusable, qui vient du dégoût des choses.

❦

Les vices entrent dans la composition des vertus, comme les poisons entrent dans la composition des remèdes. La prudence les assemble et les tempère, et elle s'en sert utilement contre les maux de la vie.

❦

(1) Var. « La curiosité n'est pas, comme l'on croit, un simple amour de la nouveauté; il y en a une d'intérêt, qui fait que nous voulons savoir les choses pour nous en prévaloir; il y en a une autre d'orgueil, qui nous donne envie d'être au-dessus de ceux qui ignorent les choses, et de n'être pas au-dessous de ceux qui les savent. » (1665, n. 182.)

Il faut demeurer d'accord, à l'honneur de la vertu, que les plus grands malheurs des hommes sont ceux où ils tombent par les crimes.

❦

Nous avouons nos défauts, pour réparer par notre sincérité le tort qu'ils nous font dans l'esprit des autres (1).

❦

Il y a des héros en mal comme en bien.

❦

On ne méprise pas tous ceux qui ont des vices; mais on méprise tous ceux qui n'ont aucune vertu (2).

❦

Le nom de la vertu sert à l'intérêt aussi utilement que les vices.

❦

La santé de l'âme n'est pas plus assurée que celle du corps; et quoique l'on paraisse éloigné des passions, on n'est pas moins en danger de s'y laisser emporter que de tomber malade quand on se porte bien.

❦

Il semble que la nature ait prescrit à chaque homme, dès sa naissance, des bornes pour les vertus et pour les vices.

❦

Il n'appartient qu'aux grands hommes d'avoir de grands défauts.

❦

On peut dire que les vices nous attendent dans le cours de la vie, comme des hôtes chez qui il faut successivement loger; et je doute que l'expérience nous les fît éviter, s'il nous était permis de faire deux fois le chemin.

❦

(1) *Var.* « Nous avouons nos défauts, afin qu'en donnant bonne opinion de la justice de notre esprit, nous réparions le tort qu'il nous ont fait dans l'esprit des autres. » (1665, n. 193.) « Nous n'avouons jamais nos défauts que par vanité. » (1665, n. 200.)

(2) *Var.* « On peut haïr et mépriser les vices, sans haïr et mépriser les vicieux; mais on a toujours du mépris pour ceux qui manquent de vertu. » (1665, n. 195.)

Quand les vices nous quittent, nous nous flattons de la créance que c'est nous qui les quittons.

※

Il y a des rechutes dans les maladies de l'âme comme dans celles du corps. Ce que nous prenons pour notre guérison n'est le plus souvent qu'un relâche ou un changement de mal.

※

Les défauts de l'âme sont comme les blessures du corps : quelque soin qu'on prenne de les guérir, la cicatrice paraît toujours, et elles sont à tout moment en danger de se rouvrir.

※

Ce qui nous empêche souvent de nous abandonner à un seul vice est que nous en avons plusieurs.

※

Nous oublions aisément nos fautes lorsqu'elles ne sont sues que de nous (1).

※

Il y a des gens de qui l'on peut ne jamais croire du mal sans l'avoir vu ; mais il n'y en a point en qui il nous doive surprendre en le voyant.

※

Nous élevons la gloire des uns pour abaisser celle des autres ; et quelquefois on louerait moins monsieur le Prince et monsieur de Turenne si on ne les voulait point blâmer tous deux.

※

Le désir de paraître habile empêche souvent de le devenir.

※

La vertu n'irait pas si loin si la vanité ne lui tenait compagnie.

※

Celui qui croit pouvoir trouver en soi-même de quoi se

---

(1) *Var.* « Quand il n'y a que nous qui savons nos crimes, ils sont bientôt oubliés. » (1665, n. 207.)

passer de tout le monde se trompe fort; mais celui qui croit qu'on ne peut se passer de lui se trompe encore davantage.

❦

Les faux honnêtes gens sont ceux qui déguisent leurs défauts aux autres et à eux-mêmes; les vrais honnêtes gens sont ceux qui les connaissent parfaitement et les confessent.

❦

Le vrai honnête homme est celui qui ne se pique de rien.

❦

C'est être véritablement honnête homme que de vouloir être toujours exposé à la vue des honnêtes gens.

❦

La folie nous suit dans tous les temps de la vie. Si quelqu'un paraît sage, c'est seulement parce que ses folies sont proportionnées à son âge et à sa fortune.

❦

Il y a des gens niais qui se connaissent et qui emploient habilement leur niaiserie.

❦

Qui vit sans folie n'est pas si sage qu'il croit.

❦

En vieillissant on devient plus fou et plus sage.

❦

Il y a des gens qui ressemblent aux vaudevilles, qu'on ne chante qu'un certain temps (1).

❦

La plupart des gens ne jugent des hommes que par la vogue qu'ils ont ou par leur fortune.

❦

L'amour de la gloire, la crainte de la honte, le dessein de faire fortune, le désir de rendre notre vie commode et agréable, et l'envie d'abaisser les autres, sont souvent les causes de cette valeur si célèbre parmi les hommes.

❦

---

(1) *Var.* « Il y a des gens qui ressemblent aux vaudevilles, que tout le monde chante un certain temps, quelque fades et dégoûtants qu'ils soient. » (1665, n. 223.)

La valeur est dans les simples soldats un métier périlleux qu'ils ont pris pour gagner leur vie.

❧

La parfaite valeur et la poltronnerie complète sont deux extrémités où l'on arrive rarement. L'espace qui est entre elle deux est vaste, et contient toutes les autres espèces de courage. Il n'y a pas moins de différence entre elles qu'entre les visages et les humeurs. Il y a des hommes qui s'exposent volontiers au commencement d'une action et qui se relâchent et se rebutent aisément par sa durée. Il y en a qui sont contents quand ils ont satisfait à l'honneur du monde, et qui font fort peu de chose au-delà. On en voit qui ne sont pas toujours également maîtres de leur peur. D'autres se laissent quelquefois entraîner à des terreurs générales; d'autres vont à la charge parce qu'ils n'osent demeurer dans leurs postes. Il s'en trouve à qui l'habitude des moindres périls affermit le courage et les prépare à s'exposer à de plus grands. Il y en a qui sont braves à coups d'épée et qui craignent les coups de mousquet; d'autres sont assurés aux coups de mousquet et appréhendent de se battre à coups d'épée. Tous ces courages de différentes espèces conviennent en ce que la nuit augmentant la crainte et cachant les bonnes et les mauvaises actions, elle donne la liberté de se ménager. Il y a encore un autre ménagement plus général : car on ne voit point d'homme qui fasse tout ce qu'il serait capable de faire dans une occasion s'il était assuré d'en revenir; de sorte qu'il est visible que la crainte de la mort ôte quelque chose de la valeur.

❧

La parfaite valeur est de faire sans témoins ce qu'on serait capable de faire devant tout le monde.

❧

L'intrépidité est une force extraordinaire de l'âme, qui l'élève au-dessus des troubles, des désordres et des émotions que la vue des grands périls pourrait exciter en elle; et c'est par cette force que les héros se maintiennent en un état paisible, et conservent l'usage libre de leur raison dans les accidents les plus surprenants et les plus terribles.

❧

L'hypocrisie est un hommage que le vice rend à la vertu.

❦

La plupart des hommes s'exposent assez dans la guerre pour sauver leur honneur; mais peu se veulent toujours exposer autant qu'il est nécessaire pour faire réussir le dessein pour lequel ils s'exposent.

❦

On ne veut point perdre la vie, et on veut acquérir de la gloire : ce qui fait que les braves ont plus d'adresse et d'esprit pour éviter la mort que les gens de chicane n'en ont pour conserver leur bien.

❦

Il n'y a guère de personnes qui dans le premier penchant de l'âge ne fassent connaître par où leur corps et leur esprit doivent défaillir.

❦

Il est de la reconnaissance comme de la bonne foi des marchands : elle entretient le commerce; et nous ne payons pas parce qu'il est juste de nous acquitter, mais pour trouver plus facilement des gens qui nous prêtent.

❦

Tous ceux qui s'acquittent des devoirs de la reconnaissance ne peuvent pas pour cela se flatter d'être reconnaissants.

❦

Ce qui fait le mécompte dans la reconnaissance qu'on attend des grâces que l'on a faites, c'est que l'orgueil de celui qui donne et l'orgueil de celui qui reçoit ne peuvent convenir du bienfait.

❦

Le trop grand empressement qu'on a de s'acquitter d'une obligation est une espèce d'ingratitude.

❦

Les gens heureux ne se corrigent guère; ils croient toujours avoir raison quand la fortune soutient leur mauvaise conduite.

❦

L'orgueil ne veut pas devoir, et l'amour-propre ne veut pas payer.

Le bien que nous avons reçu de quelqu'un veut que nous
respections le mal qu'il nous fait (1).

Rien n'est si contagieux que l'exemple, et nous ne faisons
jamais de grands biens ni de grands maux qui n'en produisent
de semblables. Nous imitons les bonnes actions par émulation, et les mauvaises par la malignité de notre nature, que
la honte retenait prisonnière et que l'exemple met en liberté.

C'est une grande folie de vouloir être sage tout seul.

Quelque prétexte que nous donnions à nos affections, ce
n'est souvent que l'intérêt et la vanité qui les causent.

Il y a dans les afflictions diverses sortes d'hypocrisies.
Dans l'une, sous prétexte de pleurer la perte d'une personne
qui nous est chère, nous nous pleurons nous-même; nous regrettons la bonne opinion qu'elle avait de nous; nous pleurons la diminution de notre bien, de notre plaisir, de notre
considération. Ainsi les morts ont l'honneur des larmes qui
ne coulent que pour les vivants. Je dis que c'est une espèce
d'hypocrisie, à cause que dans ces sortes d'afflictions on se
trompe soi-même. Il y a une autre hypocrisie qui n'est pas si
innocente, parce qu'elle impose à tout le monde : c'est l'affliction de certaines personnes qui aspirent à la gloire d'une
belle et immortelle douleur. Après que le temps, qui consume
tout, a fait cesser celles qu'elles avaient en effet, elles ne
laissent pas d'opiniâtrer leurs pleurs, leurs plaintes et leurs
soupirs; elles prennent un personnage lugubre, et travaillent
à persuader, par toutes leurs actions, que leur déplaisir ne
finira qu'avec leur vie. Cette triste et fatigante vanité se
trouve d'ordinaire dans les femmes ambitieuses. Comme leur
sexe leur ferme tous les chemins qui mènent à la gloire, elles
s'efforcent de se rendre célèbres par la montre d'une inconso-

(1) *Var.* « Le bien qu'on nous a fait veut que nous respections le mal que
l'on nous fait après. » (1665, n. 243.)

lable affliction. Il y a encore une autre espèce de larmes qui n'ont que de petites sources, qui coulent et se tarissent facilement. On pleure pour avoir la réputation d'être tendre, on pleure pour être plaint, on pleure pour être pleuré, enfin on pleure pour éviter la honte de ne pleurer pas.

C'est plus souvent par orgueil que par défaut de lumières qu'on s'oppose avec tant d'opiniâtreté aux opinions les plus suivies : on trouve les premières places prises dans le bon parti, et on ne veut point des dernières.

Nous nous consolons aisément des disgrâces de nos amis lorsqu'elles servent à signaler notre tendresse pour eux.

Il semble que l'amour-propre soit la dupe de la bonté, et qu'il s'oublie lui-même lorsque nous travaillons pour l'avantage des autres. Cependant c'est prendre le chemin le plus assuré pour arriver à ses fins; c'est prêter à usure, sous prétexte de donner; c'est enfin s'acquérir tout le monde par un moyen subtil et délicat (1).

Nul ne mérite d'être loué de sa bonté s'il n'a pas la force d'être méchant. Toute autre bonté n'est le plus souvent qu'une paresse ou une impuissance de la volonté.

Il n'est pas si dangereux de faire du mal à la plupart des hommes que de leur faire trop de bien.

---

(1) *Var.* « Qui considérera superficiellement tous les effets de la bonté qui nous fait sortir hors de nous-même, et qui nous immole continuellement à l'avantage de tout le monde, sera tenté de croire que lorsqu'elle agit l'amour-propre s'oublie et s'abandonne lui-même, ou se laisse dépouiller et appauvrir sans s'en apercevoir. De sorte qu'il semble que l'amour-propre soit la dupe de la bonté : cependant c'est le plus utile de tous les moyens dont l'amour-propre se sert pour arriver à ses fins; c'est un chemin dérobé par où il revient à lui-même plus riche et plus abondant, c'est un désintéressement qu'il met à une furieuse usure, c'est enfin un ressort délicat avec lequel il réunit, il dispose et tourne tous les hommes en sa faveur. » (1665, n. 250.)

Rien ne flatte plus notre orgueil que la confiance des grands, parce que nous la regardons comme un effet de notre mérite, sans considérer qu'elle ne vient le plus souvent que de vanité ou d'impuissance de garder le secret.

On peut dire de l'agrément séparé de la beauté, que c'est une symétrie dont on ne sait point les règles, et un rapport secret des traits ensemble et des traits avec les couleurs et avec l'air de la personne.

On incommode souvent les autres quand on croit ne les pouvoir jamais incommoder.

Il y a peu de choses impossibles d'elles-mêmes; et l'application pour les faire réussir nous manque plus que les moyens.

La souveraine habileté consiste à bien connaître le prix des choses.

C'est une grande habileté que de savoir cacher son habileté.

Ce qui paraît générosité n'est souvent qu'une ambition déguisée, qui méprise de petits intérêts pour aller à de plus grands.

La fidélité qui paraît en la plupart des hommes n'est qu'une invention de l'amour-propre pour attirer la confiance; c'est un moyen de nous élever au-dessus des autres, et de nous rendre dépositaires des choses les plus importantes (1).

La magnanimité méprise tout pour avoir tout.

---

(1) *Var.* « La fidélité est une invention rare de l'amour-propre, par laquelle l'homme, s'érigeant en dépositaire des choses précieuses, se rend lui-même infiniment précieux; de tous les trafics de l'amour-propre, c'est celui où il fait le moins d'avances et de plus grands profits, c'est un raffinement de sa politique avec lequel il engage les hommes par leurs biens, par leur honneur, par leur liberté et par leur vie, qu'ils sont forcés de confier en quelques occasions, à élever l'homme fidèle au-dessus de tout le monde. » (1665, n. 269).

Il n'y a pas moins d'éloquence dans le ton de la voix, dans les yeux et dans l'air de la personne, que dans le choix des paroles.

La véritable éloquence consiste à dire tout ce qu'il faut, et à ne dire que ce qu'il faut.

Il y a des personnes à qui les défauts siéent bien, et d'autres qui sont disgraciées avec leurs bonnes qualités.

Il est aussi ordinaire de voir changer les goûts qu'il est extraordinaire de voir changer les inclinations.

L'intérêt met en œuvre toutes sortes de vertus et de vices.

L'humilité n'est souvent qu'une feinte soumission dont on se sert pour soumettre les autres. C'est un artifice de l'orgueil, qui s'abaisse pour s'élever; et bien qu'il se transforme en mille manières, il n'est jamais mieux déguisé et plus capable de tromper que lorsqu'il se cache sous la figure de l'humilité.

Tous les sentiments ont chacun un ton de voix, des gestes et des mines qui leur sont propres; et ce rapport, bon ou mauvais, agréable ou désagréable, est ce qui fait que les personnes plaisent ou déplaisent.

Dans toutes les professions, chacun affecte une mine et un extérieur pour paraître ce qu'il veut qu'on le croie. Ainsi on peut dire que le monde n'est composé que de mines.

La gravité est un mystère du corps, inventé pour cacher les défauts de l'esprit.

Le bon goût vient plus du jugement que de l'esprit.

La civilité est un désir d'en recevoir et d'être estimé poli.

❦

L'éducation que l'on donne d'ordinaire aux jeunes gens, est un second amour-propre qu'on leur inspire.

❦

Ce qu'on nomme libéralité n'est le plus souvent que la vanité de donner, que nous aimons mieux que ce que nous donnons.

❦

La pitié est souvent un sentiment de nos propres maux dans les maux d'autrui. C'est une habile prévoyance des malheurs où nous pouvons tomber. Nous donnons du secours aux autres, pour les engager à nous en donner en de semblables occasions; et ces services que nous leur rendons sont, à proprement parler, des biens que nous nous faisons à nous-même par avance.

❦

La petitesse de l'esprit fait l'opiniâtreté, et nous ne croyons pas aisément ce qui est au-delà de ce que nous voyons.

❦

C'est se tromper que de croire qu'il n'y ait que les violentes passions, comme l'ambition, qui puissent triompher des autres. La paresse, toute languissante qu'elle est, ne laisse pas d'en être souvent la maîtresse; elle usurpe sur tous les desseins et sur toutes les actions de la vie; elle y détruit et y consume insensiblement les passions et les vertus.

❦

La promptitude à croire le mal sans l'avoir assez examiné est un effet de l'orgueil et de la paresse. On veut trouver des coupables, et on ne veut pas se donner la peine d'examiner les crimes.

❦

Nous récusons des juges pour les plus petits intérêts, et nous voulons bien que notre réputation et notre gloire dépendent du jugement des hommes, qui nous sont tous contraires, ou par leur jalousie ou par leur préoccupation, ou par leur peu de lumières; et ce n'est que pour les faire prononcer en notre faveur que nous exposons en tant de manières notre repos et notre vie.

Il n'y a guère d'homme assez habile pour connaître tout le mal qu'il fait.

L'honneur acquis est caution de celui qu'on doit acquérir.

La jeunesse est une ivresse continuelle; c'est la fièvre de la raison (1).

Rien ne devrait plus humilier les hommes qui ont mérité de grandes louanges, que le soin qu'ils prennent encore de se faire valoir par de petites choses.

Il y a des gens qu'on approuve dans le monde, qui n'ont pour tout mérite que les vices qui servent au commerce de la vie.

Le bon naturel, qui se vante d'être si sensible, est souvent étouffé par le moindre intérêt.

Ce qui fait que l'on est souvent mécontent de ceux qui négocient est qu'ils abandonnent presque toujours l'intérêt de leurs amis pour l'intérêt du succès de la négociation, qui devient le leur par l'honneur d'avoir réussi à ce qu'ils avaient entrepris.

Quand nous exagérons la tendresse que nos amis ont pour nous, c'est souvent moins par reconnaissance que par le désir de faire juger de notre mérite.

L'approbation que l'on donne à ceux qui entrent dans le monde vient souvent de l'envie secrète que l'on porte à ceux qui y sont établis.

---

(1) Var. « La jeunesse est une ivresse continuelle : c'est la fièvre de la santé, c'est la folie de la raison. » (1665, n. 295.)

L'orgueil, qui nous inspire tant d'envie, nous sert souvent aussi à la modérer.

Il y a des faussetés déguisées qui représentent si bien la vérité, que ce serait mal juger que de ne s'y pas laisser tromper.

Il n'y a pas quelquefois moins d'habileté à savoir profiter d'un bon conseil qu'à se bien conseiller soi-même.

Il y a des méchants qui seraient moins dangereux s'ils n'avaient aucune bonté.

La magnanimité est assez définie par son nom ; néanmoins on pourrait dire que c'est le bon sens de l'orgueil et la voie la plus noble pour recevoir des louanges.

Il est impossible d'aimer une seconde fois ce qu'on a véritablement cessé d'aimer.

Ce n'est pas tant la fertilité de l'esprit qui nous fait trouver plusieurs expédients sur une même affaire, que c'est le défaut de lumières qui nous fait arrêter à tout ce qui se présente à notre imagination, et qui nous empêche de discerner d'abord ce qui est le meilleur.

Il y a des affaires et des maladies que les remèdes aigrissent en certains temps ; et la grande habileté consiste à connaître quand il est dangereux d'en user.

La simplicité affectée est une imposture délicate.

Il y a plus de défauts dans l'humeur que dans l'esprit.

Le mérite des hommes a sa saison aussi bien que les fruits.

On peut dire de l'humeur des hommes comme de la plupart

des bâtiments, qu'elle a diverses faces : les unes agréables et les autres désagréables.

❦

La modération ne peut avoir le mérite de combattre l'ambition et de la soumettre : elles ne se trouvent jamais ensemble. La modération est la langueur et la paresse de l'âme, comme l'ambition en est l'activité et l'ardeur (1).

❦

Nous aimons toujours ceux qui nous admirent, et nous n'aimons pas toujours ceux que nous admirons.

❦

Il s'en faut bien que nous connaissions toutes nos volontés (2).

❦

Il est difficile d'aimer ceux que nous n'estimons point, mais il ne l'est pas moins d'aimer ceux que nous estimons beaucoup plus que nous.

❦

Les humeurs du corps ont un cours ordinaire et réglé, qui meut et qui tourne imperceptiblement notre volonté. Elles roulent ensemble, et exercent successivement un empire secret en nous : de sorte qu'elles ont une part considérable à toutes nos actions, sans que nous le puissions connaître.

❦

La reconnaissance de la plupart des hommes n'est qu'une secrète envie de recevoir de plus grands bienfaits.

❦

Presque tout le monde prend plaisir à s'acquitter des petites obligations : beaucoup de gens ont de la reconnais-

(1) *Var.* « La modération dans la plupart des hommes n'a garde de combattre et de soumettre l'ambition, puisqu'elles ne se peuvent trouver ensemble; la modération n'étant d'ordinaire qu'une paresse, une langueur, et un manque de courage : de manière qu'on peut justement dire, à leur égard, que la modération est une bassesse de l'âme, comme l'ambition en est l'élévation. » (1665, n. 17.)

(2) *Var.* « Comment peut-on répondre de ce qu'on voudra à l'avenir, puisque l'on ne sait pas précisément ce que l'on veut dans le temps présent? » (1665, n. 74.)

sance pour les médiocres; mais il n'y a quasi personne qui n'ait de l'ingratitude pour les grandes.

***

Il y a des folies qui se prennent comme les maladies contagieuses.

***

Assez de gens méprisent le bien, mais peu savent le donner.

***

Ce n'est d'ordinaire que dans de petits intérêts où nous prenons le hasard de ne pas croire aux apparences.

***

Quelque bien qu'on nous dise de nous, on ne nous apprend rien de nouveau.

***

Nous pardonnons souvent à ceux qui nous ennuient; mais nous ne pouvons pardonner à ceux que nous ennuyons.

***

L'intérêt, que l'on accuse de tous nos crimes, mérite souvent d'être loué de nos bonnes actions.

***

On ne trouve guère d'ingrats tant qu'on est en état de faire du bien.

***

Il est aussi honnête d'être glorieux avec soi-même qu'il est ridicule de l'être avec les autres.

***

On a fait une vertu de la modération, pour borner l'ambition des grands hommes, et pour consoler les gens médiocres de leur peu de fortune et de leur peu de mérite.

***

Il y a des gens destinés à être sots qui ne font pas seulement des sottises par leur choix, mais que la fortune même contraint d'en faire.

***

Il arrive quelquefois des accidents dans la vie, d'où il faut être un peu fou pour se bien tirer.

S'il y a des hommes dont le ridicule n'ait jamais paru, c'est qu'on ne l'a jamais bien cherché.

Pourquoi faut-il que nous ayons assez de mémoire pour retenir jusqu'aux moindres particularités de ce qui nous est arrivé, et que nous n'en ayons pas assez pour nous souvenir combien de fois nous les avons contées à une même personne?

L'extrême plaisir que nous prenons à parler de nous-même nous doit faire craindre de n'en donner guère à ceux qui nous écoutent.

Ce qui nous empêche d'ordinaire de faire voir le fond de notre cœur à nos amis n'est pas tant la défiance que nous avons d'eux, que celle que nous avons de nous-même.

Les personnes faibles ne peuvent être sincères.

Ce n'est pas un grand malheur d'obliger des ingrats; mais c'en est un insupportable d'être obligé à un malhonnête homme.

On trouve des moyens pour guérir de la folie, mais on n'en trouve point pour redresser un esprit de travers.

On ne saurait conserver longtemps les sentiments qu'on doit avoir pour ses amis et pour ses bienfaiteurs, si on se laisse la liberté de parler souvent de leurs défauts.

Louer les princes des vertus qu'ils n'ont pas, c'est leur dire impunément des injures.

Nous sommes plus près d'aimer ceux qui nous haïssent, que ceux qui nous aiment plus que nous ne voulons.

Il n'y a que ceux qui sont méprisables qui craignent d'être méprisés.

☙❧

Notre sagesse n'est pas moins à la merci de la fortune que nos biens.

☙❧

Nous nous consolons souvent par faiblesse des maux dont la raison n'a pas la force de nous consoler.

☙❧

Le ridicule déshonore plus que le déshonneur.

☙❧

Nous n'avouons de petits défauts que pour persuader que nous n'en avons pas de grands.

☙❧

L'envie est plus irréconciliable que la haine.

☙❧

On croit quelquefois haïr la flatterie ; mais on ne hait que la manière de flatter.

☙❧

On pardonne tant que l'on aime.

☙❧

Il est de certaines bonnes qualités comme des sens : ceux qui en sont entièrement privés ne les peuvent apercevoir ni les comprendre.

☙❧

Lorsque notre haine est trop vive elle nous met au-dessous de ceux que nous haïssons.

☙❧

Nous ne ressentons nos biens et nos maux qu'à proportion de notre amour-propre.

☙❧

L'esprit de la plupart des femmes sert plus à fortifier leur folie que leur raison.

☙❧

Les passions de la jeunesse ne sont guère plus opposées au salut que la tiédeur des vieilles gens.

☙❧

L'accent du pays où l'on est né demeure dans l'esprit et dans le cœur comme dans le langage.

❧

Pour être un grand homme il faut savoir profiter de toute sa fortune.

❧

Là plupart des hommes ont, comme les plantes, des propriétés cachées que le hasard fait découvrir.

❧

Les occasions nous font connaître aux autres, et encore plus à nous-même.

❧

Nous ne trouvons guère de gens de bon sens que ceux qui sont de notre avis.

❧

Ce qui nous donne tant d'aigreur contre ceux qui nous font des finesses, c'est qu'ils croient être plus habiles que nous.

❧

On s'ennuie presque toujours avec les gens avec qui il n'est pas permis de s'ennuyer.

❧

Il y a de certains défauts qui, bien mis en œuvre, brillent plus que la vertu même.

❧

On perd quelquefois des personnes qu'on regrette plus qu'on n'en est affligé, et d'autres dont on est affligé et qu'on ne regrette guère.

❧

Nous ne louons d'ordinaire de bon cœur que ceux qui nous admirent.

❧

Les petits esprits sont trop blessés des petites choses; les grands esprits les voient toutes, et n'en sont point blessés.

❧

L'humilité est la véritable preuve des vertus chrétiennes : sans elle nous conservons tous nos défauts, et ils sont seulement couverts par l'orgueil qui les cache aux autres, et souvent à nous-même.

On se décrie beaucoup plus auprès de nous par les moindres infidélités qu'on nous fait que par les plus grandes qu'on fait aux autres.

Les violences qu'on nous fait nous font souvent moins de peine que celles que nous nous faisons à nous-même.

On sait assez qu'il ne faut guère parler de sa femme ; mais on ne sait pas assez qu'on devrait encore moins parler de soi.

Il y a de bonnes qualités qui dégénèrent en défauts, quand elles sont naturelles, et d'autres qui ne sont jamais parfaites, quand elles sont acquises. Il faut, par exemple, que la raison nous fasse ménager de notre bien et de notre confiance ; et il faut, au contraire, que la nature nous donne la bonté et la valeur.

Quelque défiance que nous ayons de la sincérité de ceux qui nous parlent, nous croyons toujours qu'ils nous disent plus vrai qu'aux autres.

Il n'y a guère de poltrons qui connaissent toujours toute leur peur.

La plupart des jeunes gens croient être naturels, lorsqu'ils ne sont que mal polis et grossiers.

Il y a de certaines larmes qui nous trompent souvent nous-même, après avoir trompé les autres.

Les esprits médiocres condamnent d'ordinaire tout ce qui passe leur portée.

Le plus grand défaut de la pénétration n'est pas de n'aller point jusqu'au but, c'est de le passer.

On donne des conseils, mais on n'inspire point de conduite.

Quand notre mérite baisse notre goût baisse aussi.

La fortune fait paraître nos vertus et nos vices comme la lumière fait paraître les objets.

Nos actions sont comme les bouts-rimés, que chacun fait rapporter à ce qu'il lui plaît.

L'envie de parler de nous, et de faire voir nos défauts du côté que nous voulons bien les montrer, fait une grande partie de notre sincérité.

On ne devrait s'étonner que de pouvoir encore s'étonner.

Il n'y a point de gens qui aient plus souvent tort que ceux qui ne peuvent souffrir d'en avoir.

Un sot n'a pas assez d'étoffe pour être bon.

Si la vanité ne renverse pas entièrement les vertus, du moins elle les ébranle toutes.

Ce qui nous rend la vanité des autres insupportable, c'est qu'elle blesse la nôtre.

On renonce plus aisément à son intérêt qu'à son goût.

La fortune ne paraît jamais si aveugle qu'à ceux à qui elle ne fait pas de bien.

Il faut gouverner la fortune comme la santé : en jouir quand elle est bonne, prendre patience quand elle est mauvaise, et ne faire jamais de grands remèdes sans un extrême besoin.

L'air bourgeois se perd quelquefois à l'armée; mais il ne se perd jamais à la cour.

On peut être plus fin qu'un autre, mais non pas plus fin que tous les autres.

Nous n'avons pas le courage de dire en général que nous n'avons point de défauts, et que nos ennemis n'ont point de bonnes qualités; mais en détail nous ne sommes pas trop éloignés de le croire.

De tous nos défauts celui dont nous demeurons le plus aisément d'accord, c'est de la paresse : nous nous persuadons qu'elle tient à toutes les vertus paisibles, et que, sans détruire entièrement les autres, elle en suspend seulement les fonctions.

Il y a une élévation qui ne dépend point de la fortune : c'est un certain air qui nous distingue, et qui semble nous destiner aux grandes choses; c'est un prix que nous donnons imperceptiblement à nous-même; c'est par cette qualité que nous usurpons les déférences des autres hommes, et c'est elle d'ordinaire qui nous met plus au-dessus d'eux que la naissance, les dignités et le mérite même.

Il y a du mérite sans élévation, mais il n'y a point d'élévation sans quelque mérite.

L'élévation est au mérite ce que la parure est aux belles personnes.

La fortune se sert quelquefois de nos défauts pour nous élever; et il y a des gens incommodes dont le mérite serait mal récompensé si on ne voulait acheter leur absence.

Il semble que la nature ait caché dans le fond de notre esprit des talents et une habileté que nous ne connaissons pas : les passions seules ont le droit de les mettre au jour, et de nous donner quelquefois des vues plus certaines et plus achevées que l'art ne saurait faire.

Nous arrivons tout nouveaux aux divers âges de la vie, et nous y manquons souvent d'expérience, malgré le nombre des années.

Il s'en faut bien que ceux qui s'attrapent à nos finesses ne nous paraissent aussi ridicules que nous nous le paraissons à nous-même quand les finesses des autres nous ont attrapé.

Nous aurions souvent honte de nos plus belles actions si le monde voyait tous les motifs qui les produisent.

Le plus grand effort de l'amitié n'est pas de montrer nos défauts à un ami, c'est de lui faire voir les siens.

On n'a guère de défauts qui ne soient plus pardonnables que les moyens dont on se sert pour les cacher.

Quelque honte que nous ayons méritée, il est presque toujours en notre pouvoir de rétablir notre réputation.

On ne plaît pas longtemps quand on n'a qu'une sorte d'esprit.

Les fous et les sottes gens ne voient que par leur humeur.

L'esprit nous sert quelquefois hardiment à faire des sottises.

La vivacité qui augmente en vieillissant ne va pas loin de la folie.

Nous pouvons paraître grands dans un emploi au-dessous de notre mérite; mais nous paraissons souvent petits dans un emploi plus grand que nous.

Nous croyons souvent avoir de la constance dans les malheurs, lorsque nous n'avons que de l'abattement : et nous les souffrons sans oser les regarder, comme les poltrons se laissent tuer, de peur de se défendre.

La confiance fournit plus à la conversation que l'esprit.

Peu de gens savent être vieux.

Nous nous faisons honneur des défauts opposés à ceux que nous avons; quand nous sommes faibles, nous nous vantons d'être opiniâtres.

La pénétration a un air de deviner, qui flatte plus notre vanité que toutes les autres qualités de l'esprit.

La grâce de la nouveauté et la longue habitude, quelque opposées qu'elles soient, nous empêchent également de sentir les défauts de nos amis.

La plupart des amis dégoûtent de l'amitié, et la plupart des dévots dégoûtent de la dévotion.

Nous pardonnons aisément à nos amis les défauts qui ne nous regardent pas.

Rien n'empêche tant d'être naturel que l'envie de le paraître.

C'est en quelque sorte se donner part aux belles actions que de les louer de bon cœur.

La plus véritable marque d'être né avec de grandes qualités, c'est d'être né sans envie.

Quand nos amis nous ont trompés, on ne doit que l'indifférence aux marques de leur amitié; mais on doit toujours de la sensibilité à leurs malheurs.

La fortune et l'humeur gouvernent le monde.

Il est plus aisé de connaître l'homme en général que de connaître un homme en particulier.

On ne doit pas juger du mérite d'un homme par ses grandes qualités, mais par l'usage qu'il en sait faire.

Il y a une certaine reconnaissance vive qui ne nous acquitte pas seulement des bienfaits que nous avons reçus, mais qui fait même que nos amis nous doivent en leur payant ce que nous leur devons.

Nous ne désirerions guère de choses avec ardeur si nous connaissions parfaitement ce que nous désirons.

Dans l'amitié, on est souvent plus heureux par les choses qu'on ignore, que par celles que l'on sait.

Nous essayons de nous faire honneur des défauts que nous ne voulons pas corriger.

Les passions les plus violentes nous laissent quelquefois du relâche; mais la vanité nous agite toujours.

Les vieux fous sont plus fous que les jeunes.

La faiblesse est plus opposée à la vertu que le vice.

Ce qui rend les douleurs de la honte et de la jalousie si aiguës, c'est que la vanité ne peut servir à les supporter.

La bienséance est la moindre de toutes les lois, et la plus suivie.

Un esprit droit a moins de peine de se soumettre aux esprits de travers que de les conduire.

Lorsque la fortune nous surprend en nous donnant une

grande place, sans nous y avoir conduits par degrés ou sans que nous y soyons élevés par nos espérances, il est presque impossible de s'y bien soutenir et de paraître digne de l'occuper.

❧

Notre orgueil s'augmente souvent de ce que nous retranchons de nos autres défauts.

❧

Il n'y a point de sots si incommodes que ceux qui ont de l'esprit.

❧

Il n'y a point d'homme qui se croie, en chacune de ses qualités, au-dessous de l'homme du monde qu'il estime le plus.

❧

Dans les grandes affaires, on doit moins s'appliquer à faire naître des occasions qu'à profiter de celles qui se présentent.

❧

Il n'y a guère d'occasion où l'on fît un méchant marché de renoncer au bien qu'on dit de nous à condition de n'en dire point de mal.

❧

Quelque disposition qu'ait le monde à mal juger, il fait encore plus souvent grâce au faux mérite qu'il ne fait injustice au véritable.

❧

On est quelquefois un sot avec de l'esprit; mais on ne l'est jamais avec du jugement.

❧

Nous gagnerions plus de nous laisser voir tels que nous sommes, que d'essayer de paraître ce que nous ne sommes pas.

❧

Nos ennemis approchent plus de la vérité dans les jugements qu'ils font de nous, que nous n'en approchons nous-mêmes.

❧

Il s'en faut bien que nous connaissions tout ce que nos passions nous font faire.

La vieillesse est un tyran qui défend, sous peine de la vie, tous les plaisirs de la jeunesse.

Le même orgueil qui nous fait blâmer les défauts dont nous nous croyons exempts nous porte à mépriser les bonnes qualités que nous n'avons pas.

Il y a souvent plus d'orgueil que de bonté à plaindre les malheurs de nos ennemis; c'est pour leur faire sentir que nous sommes au-dessus d'eux, que nous leur donnons des marques de compassion.

Il y a un excès de biens et de maux qui passe notre sensibilité.

Il s'en faut bien que l'innocence trouve autant de protection que le crime.

La vanité nous fait faire plus de choses contre notre goût que la raison.

Il y a des méchantes qualités qui font de grands talents.

On ne souhaite jamais ardemment ce qu'on ne souhaite que par raison.

Toutes nos qualités sont incertaines et douteuses, en bien comme en mal; et elles sont presque toutes à la merci des occasions.

L'orgueil a ses bizarreries comme les autres passions : on a honte d'avouer que l'on ait de la jalousie, et on se fait honneur d'en avoir eu et d'être capable d'en avoir.

L'envie d'être plaint ou d'être admiré fait souvent la plus grande partie de notre confiance.

Notre envie dure toujours plus longtemps que le bonheur de ceux que nous envions.

⟡

L'imagination ne saurait inventer tant de diverses contrariétés qu'il y en a naturellement dans le cœur de chaque personne.

⟡

Il n'y a que les personnes qui ont de la fermeté qui puissent avoir une véritable douceur ; celles qui paraissent douces n'ont ordinairement que de la faiblesse, qui se convertit aisément en aigreur.

⟡

La timidité est un défaut dont il est dangereux de reprendre les personnes qu'on en veut corriger.

⟡

Rien n'est plus rare que la véritable bonté ; ceux même qui croient en avoir n'ont d'ordinaire que de la complaisance ou de la faiblesse.

⟡

L'esprit s'attache par paresse et par constance à ce qui lui est facile ou agréable. Cette habitude met toujours des bornes à nos connaissances ; et jamais personne ne s'est donné la peine d'étendre et de conduire son esprit aussi loin qu'il pourrait aller.

⟡

On est d'ordinaire plus médisant par vanité que par malice.

⟡

Quand on a le cœur encore agité par les restes d'une passion, on est plus près d'en prendre une nouvelle que quand on est entièrement guéri.

⟡

Ceux qui ont eu de grandes passions se trouvent toute leur vie heureux et malheureux d'en être guéris.

⟡

Il y a encore plus de gens sans intérêt que sans envie.

⟡

Nous avons plus de paresse dans l'esprit que dans le corps.

⟡

Le calme ou l'agitation de notre humeur ne dépend pas tant de ce qui nous arrive de plus considérable dans la vie, que d'un arrangement commode ou désagréable de petites choses qui arrivent tous les jours.

⬥⬥⬥

Quelque méchants que soient les hommes, ils n'oseraient paraître ennemis de la vertu; et lorsqu'ils la veulent persécuter, ils feignent de croire qu'elle est fausse ou ils lui supposent des crimes.

⬥⬥⬥

L'extrême avarice se méprend presque toujours; il n'y a point de passion qui s'éloigne plus souvent de son but, ni sur qui le présent ait tant de pouvoir, au préjudice de l'avenir.

⬥⬥⬥

L'avarice produit souvent des effets contraires : il y a un nombre infini de gens qui sacrifient tout leur bien à des espérances douteuses et éloignées ; d'autres méprisent de grands avantages à venir pour de petits intérêts présents.

⬥⬥⬥

Il semble que les hommes ne se trouvent pas assez de défauts : ils en augmentent encore le nombre par de certaines qualités singulières, dont ils affectent de se parer, et ils les cultivent avec tant de soin, qu'elles deviennent à la fin des défauts naturels qu'il ne dépend plus d'eux de corriger.

⬥⬥⬥

Ce qui fait voir que les hommes connaissent mieux leurs fautes qu'on ne pense, c'est qu'il n'ont jamais tort quand on les entend parler de leur conduite : le même amour-propre qui les aveugle d'ordinaire les éclaire alors, et leur donne des vues si justes, qu'il leur fait supprimer ou déguiser les moindres choses qui peuvent être condamnées.

⬥⬥⬥

Il faut que les jeunes gens qui entrent dans le monde soient honteux ou étourdis : un air capable et composé se tourne d'ordinaire en impertinence.

⬥⬥⬥

Les querelles ne dureraient pas longtemps si le tort n'était que d'un côté.

Il y a des personnes si légères et si frivoles, qu'elles sont aussi éloignées d'avoir de véritables défauts que des qualités solides.

Peu d'esprit avec de la droiture ennuie moins, à la longue, que beaucoup d'esprit avec du travers.

Après avoir parlé de la fausseté de tant de vertus apparentes, il est raisonnable de dire quelque chose de la fausseté du mépris de la mort. J'entends parler de ce mépris de la mort que les païens se vantent de tirer de leurs propres forces, sans l'espérance d'une meilleure vie. Il y a différence entre souffrir la mort constamment et la mépriser. Le premier est assez ordinaire ; mais je crois que l'autre n'est jamais sincère. On a écrit néanmoins tout ce qui peut le plus persuader que la mort n'est point un mal ; et les hommes les plus faibles, aussi bien que les héros, ont donné mille exemples célèbres pour établir cette opinion. Cependant je doute que personne de bon sens l'ait jamais cru ; et la peine que l'on prend pour le persuader aux autres et à soi-même fait assez voir que cette entreprise n'est pas aisée. On peut avoir divers sujets de dégoût dans la vie ; mais on n'a jamais raison de mépriser la mort. Ceux même qui se la donnent volontairement ne la comptent pas pour si peu de chose, et ils s'en étonnent et la rejettent comme les autres lorsqu'elle vient à eux par une autre voie que celle qu'ils ont choisie. L'inégalité que l'on remarque dans le courage d'un nombre infini de vaillants hommes vient de ce que la mort se découvre différemment à leur imagination, et y paraît plus présente en un temps qu'en un autre. Ainsi il arrive qu'après avoir méprisé ce qu'ils ne connaissent pas ils craignent enfin ce qu'ils connaissent. Il faut éviter de l'envisager avec toutes ses circonstances, si on ne veut pas croire qu'elle soit le plus grand de tous les maux. Les plus habiles et les plus braves sont ceux qui prennent de plus honnêtes prétextes pour s'empêcher de la considérer ; mais tout homme qui la sait voir telle qu'elle est trouve que c'est une chose épouvantable. La nécessité de

mourir faisait toute la constance des philosophes. Ils croyaient
qu'il fallait aller de bonne grâce où l'on ne saurait s'empêcher
d'aller; et, ne pouvant éterniser leur vie, il n'y avait rien
qu'ils ne fissent pour éterniser leur réputation et sauver du
naufrage ce qui en peut être garanti. Contentons-nous, pour
faire bonne mine, de ne nous pas dire à nous-mêmes tout ce
que nous en pensons, et espérons plus de notre tempérament
que de ces faibles raisonnements qui nous font croire que
nous pouvons approcher de la mort avec indifférence. La
gloire de mourir avec fermeté, l'espérance d'être regretté, le
désir de laisser une belle réputation, l'assurance d'être affran-
chi des misères de la vie, et de ne dépendre plus des caprices
de la fortune, sont des remèdes qu'on ne doit pas rejeter.
Mais on ne doit pas croire aussi qu'ils soient infaillibles. Ils
font pour nous assurer ce qu'une simple haie fait souvent à la
guerre pour assurer ceux qui doivent approcher d'un lieu
d'où l'on tire : quand on en est éloigné, on s'imagine qu'elle
peut mettre à couvert; mais quand on en est proche, on
trouve que c'est un faible secours. C'est nous flatter de croire
que la mort nous paraisse de près ce que nous en avons jugé
de loin, et que nos sentiments, qui ne sont que faiblesse,
soient d'une trempe assez forte pour ne point souffrir d'atteinte par la plus rude de toutes les épreuves. C'est aussi mal
connaître les effets de l'amour-propre, que de penser qu'il
puisse nous aider à compter pour rien ce qui le doit nécessairement détruire; et la raison, dans laquelle on croit trouver
tant de ressources, est trop faible en cette rencontre pour
nous persuader ce que nous voulons. C'est elle, au contraire,
qui nous trahit le plus souvent, et qui, au lieu de nous inspirer le mépris de la mort, sert à nous découvrir ce qu'elle a
d'affreux et de terrible. Tout ce qu'elle peut faire pour nous
est de nous conseiller d'en détourner les yeux pour les arrêter
sur d'autres objets. Caton et Brutus en choisirent d'illustres.
Un laquais se contenta, il y a quelque temps, de danser sur
l'échafaud où il allait être roué. Ainsi, bien que les motifs
soient différents, ils produisent les mêmes effets : de sorte
qu'il est vrai que, quelque disproportion qu'il y ait entre les
grands hommes et les gens du commun, on a vu mille fois les

uns et les autres recevoir la mort d'un même visage ; mais ç'a toujours été avec cette différence, que dans le mépris que les grands hommes font paraître pour la mort, c'est l'amour de la gloire qui leur en ôte la vue, et dans les gens du commun ce n'est qu'un effet de leur peu de lumières, qui les empêche de connaître la grandeur de leur mal, et leur laisse la liberté de penser à autre chose.

PREMIER SUPPLÉMENT [1].

'AMOUR-PROPRE est l'amour de soi-même et de toutes choses pour soi ; il rend les hommes idolâtres d'eux-mêmes, et les rendrait les tyrans des autres si la fortune leur en donnait les moyens : il ne se repose jamais hors de soi, et ne s'arrête dans les sujets étrangers que comme les abeilles sur les fleurs, pour en tirer ce qui lui est propre. Rien n'est si impétueux que ses désirs, rien de si caché que ses desseins, rien de si habile que ses conduites : ses souplesses ne se peuvent représenter, ses transformations passent celles des métamorphoses et ses raffinements ceux de la chimie. On ne peut sonder la profondeur ni percer les ténèbres de ses abîmes. Là il est à couvert des yeux les plus pénétrants ; il y fait mille insensibles tours et retours. Là il est souvent invisible à lui-même : il y conçoit, il y nourrit et il y élève, sans le savoir, un grand nombre d'affections et de haines ; il en forme de si monstrueuses, que lorsqu'il les a mises au jour, il les méconnaît, ou il ne peut se résoudre à les avouer. De cette nuit qui le couvre naissent les ridicules persuasions qu'il a de lui-même ; de là viennent ses erreurs, ses ignorances, ses grossièretés et ses niaiseries sur son sujet ; de là vient qu'il croit que ses sentiments sont morts lorsqu'ils ne sont qu'endormis ; qu'il s'imagine n'avoir plus envie de courir dès qu'il se repose, et qu'il pense avoir perdu tous les goûts qu'il a rassasiés. Mais cette obscurité épaisse qui le cache à lui-même n'empêche pas qu'il ne voie parfaitement ce qui est hors de lui ; en quoi il est semblable à nos

---

[1] Ces pensées, extraites des premières éditions, avaient été supprimées par l'auteur dans les éditions postérieures.

yeux, qui découvrent tout et sont aveugles seulement pour
eux-mêmes. En effet, dans ses plus grands intérêts et dans
ses plus importantes affaires, où la violence de ses souhaits
appelle toute son attention, il voit, il sent, il entend, il imagine, il soupçonne, il pénètre, il devine tout; de sorte qu'on
est tenté de croire que chacune de ses passions a une espèce
de magie qui lui est propre. Rien n'est si intime et si fort que
ses attachements, qu'il essaye de rompre inutilement à la vue
des malheurs extrêmes qui le menacent. Cependant il fait
quelquefois en peu de temps, et sans aucun effort, ce qu'il
n'a pu faire avec tous ceux dont il est capable dans le cours
de plusieurs années : d'où l'on pourrait conclure assez vraisemblablement que c'est par lui-même que ses désirs sont
allumés, plutôt que par la beauté et par le mérite de ses objets; que son goût est le prix qui les relève et le fard qui les
embellit; que c'est après lui-même qu'il court, et qu'il suit
son gré lorsqu'il suit les choses qui sont à son gré. Il est tous
les contraires : il est impérieux et obéissant, sincère et dissimulé, miséricordieux et cruel, timide et audacieux. Il a de
différentes inclinations, selon la diversité des tempéraments,
qui le tournent et le dévouent tantôt à la gloire, tantôt aux
richesses, et tantôt aux plaisirs. Il en change selon le changement de nos âges, de nos fortunes et de nos expériences;
mais il lui est indifférent d'en avoir plusieurs ou de n'en avoir
qu'une, parce qu'il se partage en plusieurs, et se ramasse en
une quand il le faut, et comme il lui plaît. Il est inconstant,
et, outre les changements qui viennent des causes étrangères,
il y en a une infinité qui naissent de lui et de son propre
fonds. Il est inconstant d'inconstance, de légèreté, de nouveauté, de lassitude et de dégoût. Il est capricieux, et on
le voit quelquefois travailler avec le dernier empressement
et avec des travaux incroyables à obtenir des choses qui ne
lui sont point avantageuses, et qui même lui sont nuisibles,
mais qu'il poursuit parce qu'il les veut. Il est bizarre, et met
souvent toute son application dans les emplois les plus frivoles; il trouve tout son plaisir dans les plus fades, et conserve toute sa fierté dans les plus méprisables. Il est dans
tous les états de la vie et dans toutes les conditions : il vit

partout, et il vit de tout; il vit de rien, il s'accommode des
choses et de leur privation; il passe même dans le parti des
gens qui lui font la guerre; il entre dans leurs desseins, et,
ce qui est admirable, il se hait lui-même avec eux; il conjure
sa perte, il travaille lui-même à sa ruine; enfin il ne se soucie
que d'être, et pourvu qu'il soit, il veut bien être son ennemi.
Il ne faut donc pas s'étonner s'il se joint quelquefois à la plus
rude austérité, et s'il entre si hardiment en société avec elle
pour se détruire, parce que dans le même temps qu'il se ruine
en un endroit il se rétablit en un autre. Quand on pense qu'il
quitte son plaisir, il ne fait que le suspendre ou le changer;
et lors même qu'il est vaincu et qu'on croit en être défait,
on le retrouve qui triomphe dans sa propre défaite. Voilà la
peinture de l'amour-propre, dont toute la vie n'est qu'une
grande et longue agitation. La mer en est une image sensible;
et l'amour-propre trouve dans le flux et le reflux de ses
vagues continuelles une fidèle expression de la succession
turbulente de ses pensées et de ses éternels mouvements.
(Édition de 1665, n. 1.)

Toutes les passions ne sont autre chose que les divers degrés de la chaleur et de la froideur du sang. (1665, n. 13.)

La modération dans la bonne fortune n'est que l'appréhension de la honte qui suit l'emportement, ou la peur de
perdre ce que l'on a. (1665, n. 18.)

La modération est comme la sobriété; on voudrait bien
manger davantage, mais on craint de se faire mal. (1665,
n. 21.)

Tout le monde trouve à redire en autrui ce qu'on trouve à
redire en lui. (1665, n. 33.)

L'orgueil, comme lassé de ses artifices et de ses différentes
métamorphoses, après avoir joué tout seul les personnages
de la comédie humaine, se montre avec un visage naturel,

et se découvre par la fierté; de sorte qu'à proprement parler la fierté est l'éclat et la déclaration de l'orgueil. (1665, n. 37.)

C'est une espèce de bonheur de connaître jusques à quel point on doit être malheureux. (1665, n. 53.)

Quand on ne trouve pas son repos en soi-même, il est inutile de le chercher ailleurs. (1665, n. 55.)

Il faudrait pouvoir répondre de sa fortune, pour pouvoir répondre de ce que l'on fera. (1665, n. 70.)

La justice dans les juges qui sont modérés n'est que l'amour de leur élévation. (1665, n° 89.)

Le premier mouvement de joie que nous avons du bonheur de nos amis ne vient ni de la bonté de notre naturel, ni de l'amitié que nous avons pour eux; c'est un effet de l'amour-propre, qui nous flatte de l'espérance d'être heureux à notre tour, ou de retirer quelque utilité de leur bonne fortune. (1665, n. 97.)

Dans l'adversité de nos meilleurs amis nous trouvons toujours quelque chose qui ne nous déplaît pas. (1665, n. 99.)

Comment prétendons-nous qu'un autre garde notre secret, si nous n'avons pas pu le garder nous-même? (1665, n. 100.)

Comme si ce n'était pas assez à l'amour-propre d'avoir la vertu de se transformer lui-même, il a encore celle de transformer les objets, ce qu'il fait d'une manière fort étonnante; car non-seulement il les déguise si bien qu'il y est lui-même trompé, mais il change aussi l'état et la nature des choses. En effet, lorsqu'une personne nous est contraire, et qu'elle tourne sa haine et sa persécution contre nous, c'est avec toute la sévérité de la justice que l'amour-propre juge de ses actions : il donne à ses défauts une étendue qui les rend énormes, et il met ses bonnes qualités dans un jour si désavantageux, qu'elles deviennent plus dégoûtantes que ses défauts. Cependant dès que cette même personne nous devient favorable, ou que quelqu'un de nos intérêts la réconcilie avec nous, notre seule satisfaction rend aussitôt à son mérite le lustre que notre aversion venait de lui ôter. Les mauvaises qualités s'effacent, et les bonnes paraissent avec plus d'avantage qu'auparavant; nous rappelons même toute notre indulgence pour la forcer à justifier la guerre qu'elle nous a faite.

Il n'y en a point qui pressent tant les autres que les paresseux lorsqu'ils ont satisfait à leur paresse, afin de paraître diligents. (1666, n. 91.)

L'aveuglement des hommes est le plus dangereux effet de leur orgueil : il sert à le nourrir et à l'augmenter, et nous ôte la connaissance des remèdes qui pourraient soulager nos misères et nous guérir de nos défauts. (1665, n. 102.)

On n'a plus de raison quand on n'espère plus d'en trouver aux autres. (1665, n. 103.)

Les philosophes, et Sénèque sur tous, n'ont point ôté les crimes par leurs préceptes : ils n'ont fait que les employer au bâtiment de l'orgueil. (1665, n. 105.)

C'est une preuve de peu d'amitié de ne s'apercevoir pas du refroidissement de celle de nos amis. (1666, n. 97.)

Les plus sages le sont dans les choses indifférentes, mais ils ne le sont presque jamais dans leurs plus sérieuses affaires. (1665, n. 132.)

La plus subtile folie se fait de la plus subtile sagesse. (1665, n. 134.)

La sobriété est l'amour de la santé ou l'impuissance de manger beaucoup. (1665, n. 135.)

On n'oublie jamais mieux les choses que quand on s'est lassé d'en parler. (1665, n. 144.)

La louange qu'on nous donne sert au moins à nous fixer dans la pratique des vertus. (1665, n. 155.)

L'amour-propre empêche bien que celui qui nous flatte ne soit jamais celui qui nous flatte le plus. (1665, n. 157.)

On ne blâme le vice et on ne loue la vertu que par intérêt. (1665, n. 151.)

On ne fait point de distinction dans les espèces de colère, bien qu'il y en ait une légère et quasi innocente, qui vient de l'ardeur de la complexion, et une autre très-criminelle, qui est à proprement parler la fureur de l'orgueil. (1665, n. 159.)

Les grandes âmes ne sont pas celles qui ont moins de passions et plus de vertus que les âmes communes, mais celles seulement qui ont de plus grands desseins. (1665, n. 161.)

Les rois font des hommes comme des pièces de monnaie; ils les font valoir ce qu'ils veulent, et l'on est forcé de les recevoir selon leur cours, et non pas selon leur véritable prix. (1665, n. 165.)

La férocité naturelle fait moins de cruels que l'amour-propre. (1665, n. 174.)

Il y a des crimes qui deviennent innocents et même glorieux par leur éclat, leur nombre et leur excès : de là vient que les voleries publiques sont des habiletés, et que prendre des provinces injustement s'appelle faire des conquêtes. (1665, n. 192.)

On ne trouve point dans l'homme le bien ni le mal dans l'excès. (1665, n. 201.)

Ceux qui sont incapables de commettre de grands crimes n'en soupçonnent pas facilement les autres. (1665, n. 508.)

La pompe des enterrements regarde plus la vanité des vivants que l'honneur des morts. (1665, n. 213.)

Quelque incertitude et quelque variété qui paraisse dans le monde, on y remarque néanmoins un certain enchaînement secret, et un ordre réglé de tous temps par la Providence, qui fait que chaque chose marche en son rang, et suit le cours de sa destinée. (1665, n. 225.)

L'intrépidité doit soutenir le cœur dans les conjurations, au lieu que la seule valeur lui fournit toute la fermeté qui lui est nécessaire dans les périls de la guerre. (1665, n. 231.)

Ceux qui voudraient définir la victoire par sa naissance seraient tentés, comme les poëtes, de l'appeler la fille du ciel, puisqu'on ne trouve point son origine sur la terre. En effet, elle est produite par une infinité d'actions, qui au lieu de l'avoir pour but, regardent seulement les intérêts particuliers de ceux qui les font ; puisque tous ceux qui composent une armée, allant à leur propre gloire et à leur élévation, procurent un bien si grand et si général. (1665, n. 232.)

On ne peut répondre de son courage quand on n'a jamais été dans le péril. (1665, n. 236.)

On donne plus souvent des bornes à sa reconnaissance qu'à ses désirs et à ses espérances. (1665, n. 241.)

L'imitation est toujours malheureuse, et tout ce qui est contrefait déplaît avec les mêmes choses qui charment lorsqu'elles sont naturelles. (1665, n. 245.)

Nous ne regrettons pas la perte de nos amis selon leur mérite, mais selon nos besoins, et selon l'opinion que nous croyons leur avoir donnée de ce que nous valons. (1665, n. 248.)

※

Il est bien malaisé de distinguer la bonté générale et répandue sur tout le monde, de la grande habileté. (1665, n. 252.)

※

Pour pouvoir être toujours bon, il faut que les autres croient qu'ils ne peuvent jamais nous être impunément méchants. (1665, n. 254.

※

La confiance de plaire est souvent un moyen de déplaire infailliblement. (1665, n. 256.)

※

La confiance que l'on a en soi fait naître la plus grande partie de celle que l'on a aux autres. (1665, n. 258.)

※

Il y a une révolution générale qui change le goût des esprits aussi bien que les fortunes du monde. (1665, n. 259.)

※

La vérité est le fondement et la raison de la perfection et de la beauté; une chose, de quelque nature qu'elle soit, ne saurait être belle et parfaite si elle n'est véritablement tout ce qu'elle doit être et si elle n'a tout ce qu'elle doit avoir. (1665, n. 260.)

※

Il y a de belles choses qui ont plus d'éclat quand elles demeurent imparfaites que quand elles sont trop achevées. (1665, n. 262.)

※

La magnanimité est un noble effort de l'orgueil par lequel il rend l'homme maître de lui-même, pour le rendre maître de toutes choses. (1665, n. 271.)

※

Le luxe et la trop grande politesse dans les États sont le présage assuré de leur décadence, parce que tous les particuliers s'attachant à leurs intérêts propres, ils se détournent du bien public. (1665, n. 282.)

※

De toutes les passions celle qui est la plus inconnue à nous-mêmes, c'est la paresse; elle est la plus ardente et la plus maligne de toutes, quoique sa violence soit insensible, et que les dommages qu'elle cause soient très-cachés : si nous considérons attentivement son pouvoir, nous verrons qu'elle se rend en toutes rencontres maîtresse de nos sentiments, de nos intérêts et de nos plaisirs : c'est la rémore qui a la force d'arrêter les plus grands vaisseaux, c'est une bonace plus dangereuse aux plus importantes affaires que les écueils et que les plus grandes tempêtes. Le repos de la paresse est un charme secret de l'âme qui suspend soudainement les plus ardentes poursuites et les plus opiniâtres résolutions. Pour donner enfin la véritable idée de cette passion, il faut dire que la paresse est comme une béatitude de l'âme, qui la console de toutes ses pertes, et qui lui tient lieu de tous les biens. (1665, n. 290.)

On aime bien à deviner les autres, mais l'on n'aime pas à être deviné. (1665, n. 296.)

C'est une ennuyeuse maladie que de conserver sa santé par un trop grand régime. (1665, n. 298.)

La plus grande habileté des moins habiles est de savoir se soumettre à la bonne conduite d'autrui. (1665, n. 309.)

On doit se consoler de ses fautes quand on a la force de les avouer. (1675, n. 375.)

SECOND SUPPLÉMENT.

---

*Pensées tirées des lettres manuscrites qui se trouvent
à la bibliothèque nationale.*

L'intérêt est l'âme de l'amour-propre : de sorte que comme
le corps privé de son âme est sans vue, sans ouïe, sans connaissance, sans sentiment et sans mouvement, de même
l'amour-propre séparé, s'il le faut dire ainsi, de son intérêt,
ne voit, n'entend, ne sent et ne se remue plus : de là vient
qu'un même homme qui court la terre et les mers pour son
intérêt devient soudainement paralytique pour l'intérêt des
autres ; de là vient le soudain assoupissement et cette mort
que nous causons à tous ceux à qui nous contons nos affaires ;
de là vient leur prompte résurrection lorsque dans notre
narration nous y mêlons quelque chose qui les regarde : de
sorte que nous voyons, dans nos conversations et dans nos
traités, que dans un même moment un homme perd connaissance et revient à soi, selon que son propre intérêt s'approche
de lui ou qu'il s'en retire. (*Lettre à madame de Sablé, manusc., folio* 211.)

◈

Ce qui fait tant crier contre les maximes qui découvrent le
cœur de l'homme est que l'on craint d'y être découvert.
(Maxime 103.) (*Manusc., folio* 310.)

◈

L'espérance et la crainte sont inséparables. (*Lettre à madame de Sablé, manusc., folio* 222.)

◈

Il est assez ordinaire de hasarder sa vie pour empêcher
d'être déshonoré ; mais quand cela est fait, on en est assez
content pour ne se mettre pas d'ordinaire fort en peine du

succès de l'entreprise que l'on veut faire réusir; et il est certain que ceux qui s'exposent et font autant qu'il est nécessaire pour prendre une place que l'on attaque, ou pour conquérir une province, ont plus de mérite, sont meilleurs officiers, et ont de plus grandes et de plus utiles vues que ceux qui s'exposent seulement pour mettre leur honneur à couvert; il est fort commun de trouver des gens de la dernière espèce et fort rare d'en trouver de l'autre. (*Lettre à M. Esprit, manusc., folio* 173.)

⋇

Le goût change, mais l'inclination ne change point. (*Lettre à madame de Sablé, manusc., folio* 223.)

⋇

Le pouvoir que des personnes que nous aimons ont sur nous est presque toujours plus grand que celui que nous avons nous-mêmes. (*Idem, manusc., folio* 211.)

⋇

Ce qui fait croire si facilement que les autres ont des défauts, c'est la facilité que l'on a de croire ce que l'on souhaite. (*Idem, manusc., folio* 223.)

⋇

Je sais bien que le bon sens et le bon esprit ennuient à tous les âges, mais les goûts n'y mènent pas toujours, et ce qui serait bien en un temps ne serait pas bien en un autre. Ce qui me fait croire que peu de gens savent être vieux. (*Idem, manusc., folio* 202.)

⋇

Dieu a permis, pour punir l'homme du péché originel, qu'il se fît un bien de son amour-propre pour en être tourmenté dans toutes les actions de sa vie (1). (*Manusc., folio* 310.)

⋇

Il me semble que voilà jusqu'où la philosophie d'un laquais

(1) Cette pensée montre bien que La Rochefoucauld avait puisé le fonds de ses tristes et fausses maximes dans le jansénisme, autant que dans le spectacle des intrigues de la Fronde.   (N. E.)

méritait d'aller ; je crois que toute gaîté en cet état-là est bien suspecte (1). (*Lettre à madame de Sablé, manusc., folio* 161.)

TROISIÈME SUPPLÉMENT.

Force gens veulent être dévots ; mais personne ne veut être humble.

Le travail du corps délivre des peines de l'esprit, et c'est ce qui rend les pauvres heureux.

Les véritables mortifications sont celles qui ne sont point connues ; la vanité rend les autres faciles.

L'humilité est l'autel sur lequel Dieu veut qu'on lui offre des sacrifices.

Il faut peu de choses pour rendre le sage heureux ; rien ne peut rendre un fol content ; c'est pourquoi presque tous les hommes sont misérables.

Nous nous tourmentons moins pour devenir heureux que pour faire croire que nous le sommes.

Il est bien plus aisé d'éteindre un premier désir que de satisfaire tous ceux qui le suivent.

(1) Ces maximes sont tirées de la sixième édition des *Pensées de La Roche-foucauld,* publiée chez Claude Barbin, en 1693, plus de douze ans après la mort de l'auteur, arrivée le 17 mai 1680.

La sagesse est à l'âme ce que la santé est pour le corps.

Les grands de la terre ne pouvant donner la santé du corps ni le repos d'esprit, on achète toujours trop cher tous les biens qu'ils peuvent faire.

Avant que de désirer fortement une chose, il faut examiner quel est le bonheur de celui qui la possède.

Un véritable ami est le plus grand de tous les biens, et celui de tous qu'on songe le moins à acquérir.

Le sage trouve mieux son compte à ne point s'engager qu'à vaincre.

Il est plus nécessaire d'étudier les hommes que les livres.

Le bonheur ou le malheur vont d'ordinaire à ceux qui ont le plus de l'un ou de l'autre.

L'accent et le caractère du pays où l'on est né demeurent dans l'esprit et dans le cœur comme dans le langage.

La plupart des hommes ont, comme les plantes, des propriétés que le hasard fait découvrir.

On sait assez qu'on ne doit guère parler de sa femme; mais on ne sait pas assez qu'on ne doit guère parler de soi.

Les occasions nous font connaître aux autres et à nous-même.

Nous ne trouvons guère de gens de bon sens que ceux qui sont de notre avis.

Nous ne louons d'ordinaire de bon cœur que ceux qui nous admirent.

On ne se blâme que pour être loué.

Les petits esprits sont blessés des plus petites choses.

Il y a de certains défauts, qui, étant bien mis dans un certain jour, plaisent plus que la perfection même.

Ce qui nous donne tant d'aigreur contre ceux qui nous font des finesses, c'est qu'ils croient être plus habiles que nous.

On s'ennuie presque toujours avec ceux que l'on ennuie.

Les violences qu'on nous fait nous font quelquefois moins de peine que celles que nous nous faisons à nous-même.

Il n'est jamais plus difficile de bien parler que quand on a honte de se taire.

Les fautes sont toujours pardonnables quand on a la force de les avouer.

Le plus grand défaut de la pénétration n'est pas de ne pas aller au but, c'est de le passer.

On donne des conseils, mais on ne donne point la sagesse d'en profiter.

Quand notre mérite baisse, notre goût diminue aussi.

La fortune fait paraître nos vertus et nos vices, comme la lumière fait paraître les objets.

Nos actions sont comme des bouts-rimés, que chacun tourne comme il lui plaît.

Il n'est rien de plus naturel ni de plus trompeur que de croire qu'on est aimé.

Nous aimons mieux voir ceux à qui nous faisons du bien que ceux qui nous en font.

Il est plus difficile de dissimuler les sentiments que l'on a que de feindre ceux que l'on n'a pas.

Les amitiés renouées demandent plus de soins que celles qui n'ont jamais été rompues.

Un homme à qui personne ne plaît est bien plus malheureux que celui qui ne plaît à personne.

RÉFLEXIONS

DIVERSES

DU DUC DE LA ROCHEFOUCAULT (1).

~~~~~~~~~~~~~~~~~~~~~~~~~~~~

I.

De la confiance.

IEN que la sincérité et la confiance aient du rapport, elles sont néanmoins différentes en plusieurs choses.

✳ La sincérité est une ouverture de cœur qui nous montre tels que nous sommes; c'est un amour de la vérité, une répugnance à se déguiser, un désir de se dédommager de ses défauts, et de les diminuer même par le mérite de les avouer.

✳ La confiance ne nous laisse pas tant de liberté : ses règles sont plus étroites; elle demande plus de prudence et de retenue, et nous ne sommes pas toujours libres d'en disposer. Il ne s'agit pas de nous uniquement, et nos intérêts sont mêlés d'ordinaire avec les intérêts des autres : elle a

---

(1) Ces réflexions sont tirées d'un *Recueil de pièces d'histoire et de littérature*, Paris, 1731, tome I, page 32. Gabriel Brotier est le premier qui les ait insérées dans son édition, à la suite des *Maximes*.

besoin d'une grande justesse pour ne pas livrer nos amis en nous livrant nous-même et pour ne pas faire des présents de leur bien, dans la vue d'augmenter le prix de ce que nous donnons.

✳ La confiance plaît toujours à celui qui la reçoit : c'est un tribut que nous payons à son mérite, c'est un dépôt que l'on commet à sa foi; ce sont des gages qui lui donnent un droit sur nous, et une sorte de dépendance où nous nous assujettissons volontairement.

✳ Je ne prétends pas détruire, par ce que je dis, la confiance si nécessaire entre les hommes, puisqu'elle est le lien de la société et de l'amitié. Je prétends seulement y mettre des bornes, et la rendre honnête et fidèle. Je veux qu'elle soit toujours vraie et toujours prudente, et qu'elle n'ait ni faiblesse ni intérêt. Je sais bien qu'il est malaisé de donner de justes limites à la manière de recevoir toute sorte de confiance de nos amis, et de leur faire part de la nôtre.

✳ On se confie le plus souvent par vanité, par envie de parler, par le désir de s'attirer la confiance des autres, et pour faire un échange de secrets.

✳ Il y a des personnes qui peuvent avoir raison de se fier en nous, vers qui nous n'aurions pas raison d'avoir la même conduite; et on s'acquitte avec ceux-ci en leur gardant le secret et en les payant de légères confidences.

✳ Il y en a d'autres dont la fidélité nous est connue, qui ne ménagent rien avec nous, et à qui on peut se confier par choix et par estime.

✳ On doit ne leur rien cacher de ce qui ne regarde que nous; se montrer à eux toujours vrai dans nos bonnes qualités et dans nos défauts même, sans exagérer les unes et sans diminuer les autres; se faire une loi de ne leur faire jamais des demi-confidences : elles embarrassent toujours ceux qui les font, et ne contentent jamais ceux qui les reçoivent. On leur donne des lumières confuses de ce qu'on veut cacher, on augmente leur curiosité, on les met en droit de vouloir en savoir davantage, et ils se croient en liberté de disposer de ce qu'ils ont pénétré. Il est plus sûr et plus honnête de ne leur rien dire, que de se taire quand on a commencé à parler. Il y a d'autres règles à suivre pour les choses qui nous ont été confiées : plus elles sont importantes, et plus la prudence et la fidélité y sont nécessaires.

✻ Tout le monde convient que le secret doit être inviolable; mais on ne convient pas toujours de la nature et de l'importance du secret. Nous ne consultons le plus souvent que nous-même sur ce que nous devons dire et sur ce que nous devons taire. Il y a peu de secrets de tous les temps, et le scrupule de les révéler ne dure pas toujours.

✻ On a des liaisons étroites avec des amis dont on connaît la fidélité; ils nous ont toujours parlé sans réserve, et nous avons toujours gardé les mêmes mesures avec eux. Ils savent nos habitudes et nos commerces, et ils nous voient de trop près pour ne pas s'apercevoir du moindre changement. Ils peuvent savoir par ailleurs ce que nous sommes engagé de ne dire jamais à personne. Il n'a pas été en notre pouvoir de les faire entrer dans ce qu'on nous a confié; ils ont peut-être même quelque intérêt de le savoir; on est assuré d'eux comme de soi, et on se voit réduit à la cruelle nécessité de perdre leur amitié, qui nous est précieuse, ou de manquer à la foi du secret. Cet état est sans doute la plus rude épreuve de la fidélité, mais il ne doit pas ébranler un honnête homme : c'est alors qu'il lui est permis de se préférer aux autres. Son premier devoir est de conserver indispensablement ce dépôt en son entier. Il doit non-seulement ménager ses paroles et ses tons, il doit encore ménager ses conjectures, et ne laisser rien voir, dans ses discours ni dans son air, qui puisse tourner l'esprit des autres vers ce qu'il ne veut pas dire.

✻ On a souvent besoin de force et de prudence pour les opposer à la tyrannie de la plupart de nos amis, qui se font un droit sur notre confiance, et qui veulent tout savoir de nous : on ne doit jamais leur laisser établir ce droit sans exception. Il y a des rencontres et des circonstances qui ne sont pas de leur juridiction : s'ils s'en plaignent, on doit souffrir leurs plaintes, et s'en justifier avec douceur; mais s'ils demeurent injustes, on doit sacrifier leur amitié à son devoir; et choisir entre deux maux inévitables, dont l'un se peut réparer, et l'autre est sans remède.

II.

De la différence des esprits.

Bien que toutes les qualités de l'esprit se puissent rencontrer dans un grand génie, il y en a néanmoins qui lui sont propres et particulières ; ses lumières n'ont point de bornes, il agit toujours également et avec la même activité ; il discerne les objets éloignés comme s'ils étaient présents ; il comprend, il imagine les plus grandes choses ; il voit et connaît les plus petites ; ses pensées sont relevées, étendues, justes et intelligibles : rien n'échappe à sa pénétration, et elle lui fait souvent découvrir la vérité au travers des obscurités qui la cachent aux autres.

✳ Un bel esprit pense toujours noblement ; il produit avec facilité des choses claires, agréables et naturelles ; il les fait voir dans leur plus beau jour, et il les pare de tous les ornements qui leur conviennent ; il entre dans le goût des autres, et retranche de ses pensées ce qui est inutile, ou ce qui peut déplaire.

✳ Un esprit adroit, facile, insinuant, sait éviter et surmonter les difficultés. Il se plie aisément à ce qu'il veut, il sait connaître l'esprit et l'humeur de ceux avec qui il traite ; et en ménageant leurs intérêts il avance et il établit les siens.

✳ Un bon esprit voit toutes choses comme elles doivent être vues ; il leur donne le prix qu'elles méritent, il les fait tourner du côté qui lui est le plus avantageux, et il s'attache avec fermeté à ses pensées, parce qu'il en connaît toute la force et toute la raison.

✳ Il y a de la différence entre un esprit utile et un esprit d'affaires ; on peut entendre les affaires, sans s'appliquer à son intérêt particulier. Il y a des gens habiles dans tout ce qui ne les regarde pas, et très-malhabiles dans tout ce qui les regarde : et il y en a d'autres au contraire qui ont une habileté bornée à ce qui les touche, et qui savent trouver leur avantage en toutes choses.

✳ On peut avoir tout ensemble un air sérieux dans l'es-

prit, et dire souvent des choses agréables et enjouées. Cette
sorte d'esprit convient à toutes personnes et à tous les âges
de la vie. Les jeunes gens ont d'ordinaire l'esprit enjoué et
moqueur, sans l'avoir sérieux; et c'est ce qui les rend souvent
incommodes.

❋ Rien n'est plus aisé à soutenir que le dessein d'être
toujours plaisant; et les applaudissements qu'on reçoit quelquefois en divertissant les autres ne valent pas que l'on
s'expose à la honte de les ennuyer souvent quand ils sont
de méchante humeur.

❋ La moquerie est une des plus agréables et des plus dan-
gereuses qualités de l'esprit. Elle plaît toujours quand elle
est délicate; mais on craint aussi toujours ceux qui s'en servent trop souvent. La moquerie peut néanmoins être per-
mise quand elle n'est mêlée d'aucune malignité, et quand on
y fait entrer les personnes mêmes dont on parle.

❋ Il est malaisé d'avoir un esprit de raillerie sans affecter
d'être plaisant, ou sans aimer à se moquer; il faut une grande
justesse pour railler longtemps sans tomber dans l'une ou
l'autre de ces extrémités.

❋ La raillerie est un air de gaieté qui remplit l'imagination, et qui lui fait voir en ridicule les objets qui se présentent : l'humeur y mêle plus ou moins de douceur ou d'à-
preté.

❋ Il y a une manière de railler, délicate et flatteuse, qui
touche seulement les défauts que les personnes dont on parle
veulent avouer, qui sait déguiser les louanges qu'on leur
donne sous des apparences de blâme, et qui découvre ce
qu'elles ont d'aimable, en feignant de le vouloir cacher.

❋ Un esprit fin et un esprit de finesse sont très-différents.
Le premier plaît toujours : il est délié, il pense des choses
délicates, et voit les plus imperceptibles; un esprit de finesse
ne va jamais droit : il cherche des biais et des détours pour
faire réussir ses desseins. Cette conduite est bientôt découverte; elle se fait toujours craindre, et ne mène presque jamais aux grandes choses.

❋ Il y a quelque différence entre un esprit de feu et un esprit brillant : un esprit de feu va plus loin et avec plus de

rapidité. Un esprit brillant a de la vivacité, de l'agrément et
de la justesse.

✳ La douceur de l'esprit est un air facile et accommodant,
et qui plaît toujours quand il n'est point fade.

✳ Un esprit de détail s'applique avec de l'ordre et de la
règle à toutes les particularités des sujets qu'on lui présente.
Cette application le renferme d'ordinaire à de petites choses;
elle n'est pas néanmoins toujours incompatible avec de grandes vues; et quand ces deux qualités se trouvent ensemble
dans un même esprit, elles l'élèvent infiniment au-dessus des
autres.

✳ On a abusé du terme de *bel esprit*, et bien que tout ce
qu'on vient de dire des différentes qualités de l'esprit puisse
convenir à un bel esprit, néanmoins, comme ce titre a été
donné à un nombre infini de mauvais poëtes et d'auteurs ennuyeux, on s'en sert plus souvent pour tourner les gens en
ridicule que pour les louer.

✳ Bien qu'il y ait plusieurs épithètes pour l'esprit qui paraissent une même chose, le ton et la manière de les prononcer y mettent de la différence; mais comme les tons et les manières ne se peuvent écrire, je n'entrerai point dans un détail
qu'il serait impossible de bien expliquer. L'usage ordinaire
le fait assez entendre; et en disant qu'un homme a de l'esprit,
qu'il a beaucoup d'esprit, et qu'il a un bon esprit, il n'y a
que les tons et les manières qui puissent mettre de la différence entre ces expressions, qui paraissent semblables sur
le papier, et qui expriment néanmoins différentes sortes d'esprit.

✳ On dit encore qu'un homme n'a qu'une sorte d'esprit,
qu'il a de plusieurs sortes d'esprit, et qu'il a toutes sortes
d'esprit.

✳ On peut être sot avec beaucoup d'esprit, et on peut n'être
pas sot avec peu d'esprit.

✳ Avoir beaucoup d'esprit est un terme équivoque. Il peut
comprendre toutes les sortes d'esprit dont on vient de parler;
mais il peut aussi n'en marquer aucune distinctement. On
peut quelquefois faire paraître de l'esprit dans ce qu'on dit,
sans en avoir dans sa conduite. On peut avoir de l'esprit, et

l'avoir borné. Un esprit peut être propre à de certaines choses, et ne l'être pas à d'autres : on peut avoir beaucoup d'esprit, et n'être propre à rien ; et avec beaucoup d'esprit on est souvent fort incommode. Il semble néanmoins que le plus grand mérite de cette sorte d'esprit est de plaire quelquefois dans la conversation.

✻ Bien que les productions d'esprit soient infinies, on peut, ce me semble, les distinguer de cette sorte :

— Il y a des choses si belles, que tout le monde est capable d'en voir et d'en sentir la beauté.

— Il y en a qui ont de la beauté, et qui ennuient.

— Il y en a qui sont belles, et que tout le monde sent, bien que tous n'en sachent pas la raison.

— Il y en a qui sont si fines et si délicates, que peu de gens sont capables d'en remarquer toutes les beautés.

— Il y en a d'autres qui ne sont pas parfaites, mais qui sont dites avec tant d'art, et qui sont soutenues et conduites avec tant de raison et tant de grâce, qu'elles méritent d'être admirées.

III.

Des goûts.

Il y a des personnes qui ont plus d'esprit que de goût, et d'autres qui ont plus de goût que d'esprit. Il y a plus de variété et de caprice dans le goût que dans l'esprit.

✻ Ce terme de *goût* a diverses significations, et il est aisé de s'y méprendre. Il y a différence entre le goût qui nous porte vers les choses, et le goût qui nous en fait connaître et discerner les qualités en nous attachant aux règles.

✻ On peut aimer la comédie sans avoir le goût assez fin et assez délicat pour en bien juger ; et on peut avoir le goût assez bon pour bien juger de la comédie, sans l'aimer. Il y a des goûts qui nous approchent imperceptiblement de ce qui se montre à nous, et d'autres nous entraînent par leur force ou par leur durée.

✻ Il y a des gens qui ont le goût faux en tout, d'autres ne

l'ont faux qu'en certaines choses; et ils l'ont droit et juste dans tout ce qui est de leur portée. D'autres ont des goûts particuliers, qu'ils connaissent mauvais, et ne laissent pas de les suivre. Il y en a qui ont le goût incertain; le hasard en décide : ils changent par légèreté, et sont touchés de plaisir ou d'ennui sur la parole de leurs amis. D'autres sont toujours prévenus; ils sont esclaves de leurs goûts, et les respectent en toutes choses. Il y en a qui sont sensibles à ce qui est bon et choqués de ce qui ne l'est pas : leurs vues sont nettes et justes, et ils trouvent la raison de leur goût dans leur esprit et dans leur discernement.

✳ Il y en a qui, par une sorte d'instinct dont ils ignorent la cause, décident de ce qui se présente à eux, et prennent toujours le bon parti.

✳ Ceux-ci font paraître plus de goût que d'esprit, parce que leur amour-propre et leur humeur ne prévalent point sur leurs lumières naturelles. Tout agit de concert en eux, tout y est sur un même ton. Cet accord les fait juger sainement des objets, et leur en forme une idée véritable : mais, à parler généralement, il y a peu de gens qui aient le goût fixe et indépendant de celui des autres; ils suivent l'exemple et la coutume, et ils en empruntent presque tout ce qu'ils ont de goût.

✳ Dans toutes ces différences de goût qu'on vient de marquer, il est très-rare, et presque impossible, de rencontrer cette sorte de bon goût qui sait donner le prix à chaque chose, qui en connaît toute la valeur, et qui se porte généralement sur tout. Nos connaissances sont trop bornées, et cette juste disposition de qualités qui font bien juger ne se maintient d'ordinaire que sur ce qui ne nous regarde pas directement.

✳ Quand il s'agit de nous, notre goût n'a plus cette justesse si nécessaire; la préoccupation le trouble; tout ce qui a du rapport à nous paraît sous une autre figure. Personne ne voit des mêmes yeux ce qui le touche et ce qui ne le touche pas. Notre goût n'est conduit alors que par la pente de l'amour-propre et de l'humeur, qui nous fournissent des vues nouvelles, et nous assujettissent à un nombre infini de chan-

gements et d'incertitudes. Notre goût n'est plus à nous, nous
n'en disposons plus. Il change sans notre consentement; et
les mêmes objets nous paraissent par tant de côtés différents,
que nous méconnaissons enfin ce que nous avons vu et ce que
nous avons senti.

IV.

De la société.

Mon dessein n'est pas de parler de l'amitié en parlant de
la société; bien qu'elles aient quelque rapport, elles sont
néanmoins très-différentes : la première a plus d'élévation et
d'humilité, et le plus grand mérite de l'autre est de lui res-
sembler.

✳ Je ne parlerai donc présentement que du commerce particulier que les honnêtes gens doivent avoir ensemble. Il
serait inutile de dire combien la société est nécessaire aux
hommes : tous la désirent, et tous la cherchent; mais peu se
servent des moyens de la rendre agréable et de la faire
durer.

✳ Chacun veut trouver son plaisir et ses avantages aux
dépens des autres. On se préfère toujours à ceux avec qui on
se propose de vivre, et on leur fait presque toujours sentir
cette préférence : c'est ce qui trouble et ce qui détruit la
société. Il faudrait du moins savoir cacher ce désir de préférence, puisqu'il est trop naturel en nous pour nous en pouvoir
défaire. Il faudrait faire son plaisir de celui des autres, ménager leur amour-propre, et ne le blesser jamais.

✳ L'esprit a beaucoup de part à un si grand ouvrage; mais
il ne suffit pas seul pour nous conduire dans les divers chemins qu'il faut tenir. Le rapport qui se rencontre entre les
esprits ne maintiendrait pas longtemps la société si elle n'était
réglée et soutenue par le bon sens, par l'humeur, et par les
égards qui doivent être entre les personnes qui veulent vivre
ensemble.

✳ S'il arrive quelquefois que des gens opposés d'humeur
et d'esprit paraissent unis, ils tiennent sans doute par des

raisons étrangères, qui ne durent pas longtemps. On peut
être aussi en société avec des personnes sur qui nous avons
de la supériorité par la naissance, ou par des qualités personnelles ; mais ceux qui ont cet avantage n'en doivent pas abuser : ils doivent rarement le faire sentir, et ne s'en servir que
pour instruire les autres. Ils doivent leur faire apercevoir
qu'ils ont besoin d'être conduits, et les mener par la raison,
en s'accommodant, autant qu'il est possible, à leurs sentiments et à leurs intérêts.

✳ Pour rendre la société commode, il faut que chacun conserve sa liberté. Il ne faut point se voir, ou se voir sans sujétion, et pour se divertir ensemble. Il faut pouvoir se séparer
sans que cette séparation apporte de changement. Il faut se
pouvoir passer les uns des autres, si on ne veut pas s'exposer
à embarrasser quelquefois ; et on doit se souvenir qu'on incommode souvent, quand on croit ne pouvoir jamais incommoder. Il faut contribuer autant qu'on le peut au divertisse-
ment des personnes avec qui on veut vivre, mais il ne faut
pas être toujours chargé du soin d'y contribuer.

✳ La complaisance est nécessaire dans la société ; mais elle
doit avoir des bornes : elle devient une servitude quand elle
est excessive. Il faut du moins qu'elle paraisse libre, et qu'en
suivant le sentiment de nos amis ils soient persuadés que c'est
le nôtre aussi que nous suivons.

✳ Il faut être facile à excuser nos amis quand leurs défauts
sont nés avec eux, et qu'ils sont moindres que leurs bonnes
qualités. Il faut souvent éviter de leur faire voir qu'on les ait
remarqués et qu'on en soit choqué. On doit essayer de faire
en sorte qu'ils puissent s'en apercevoir eux-mêmes, pour leur
laisser le mérite de s'en corriger.

✳ Il y a une sorte de politesse qui est nécessaire dans le
commerce des honnêtes gens : elle leur fait entendre raillerie,
et elle les empêche d'être choqués, et de choquer les autres
par de certaines façons de parler trop sèches et trop dures,
qui échappent souvent sans y penser quand on soutient son
opinion avec chaleur.

✳ Le commerce des honnêtes gens ne peut subsister sans
une certaine sorte de confiance ; elle doit être commune entre

eux; il faut que chacun ait un air de sûreté et de discrétion qui ne donne jamais lieu de craindre qu'on puisse rien dire par imprudence.

✳ Il faut de la variété dans l'esprit : ceux qui n'ont que d'une sorte d'esprit ne peuvent pas plaire longtemps; on peut prendre des routes diverses, n'avoir pas les mêmes talents, pourvu qu'on aide au plaisir de la société, et qu'on y observe la même justesse que les différentes voix et les divers instruments doivent observer dans la musique.

✳ Comme il est malaisé que plusieurs personnes puissent avoir les mêmes intérêts, il est nécessaire, au moins pour la douceur de la société, qu'ils n'en aient pas de contraires.

✳ On doit aller au-devant de ce qui peut plaire à ses amis, chercher les moyens de leur être utile, leur épargner des chagrins, leur faire voir qu'on les partage avec eux, quand on ne peut les détourner, les effacer insensiblement sans prétendre de les arracher tout d'un coup, et mettre à la place des objets agréables, ou du moins qui les occupent. On peut leur parler de choses qui les regardent, mais ce n'est qu'autant qu'ils le permettent, et on y doit garder beaucoup de mesure. Il y a de la politesse, et quelquefois même de l'humanité, à ne pas entrer trop avant dans les replis de leur cœur; ils ont souvent de la peine à laisser voir tout ce qu'ils en connaissent, et ils en ont encore davantage quand on pénètre ce qu'ils ne connaissent pas bien. Que le commerce que les honnêtes gens ont ensemble leur donne de la familiarité, et leur fournisse un nombre infini de sujets de se parler sincèrement.

✳ Personne presque n'a assez de docilité et de bon sens pour bien recevoir plusieurs avis qui sont nécessaires pour maintenir la société. On veut être averti jusqu'à un certain point; mais on ne veut pas l'être en toutes choses, et on craint de savoir toutes sortes de vérités.

✳ Comme on doit garder des distances pour voir les objets, il en faut garder aussi pour la société; chacun a son point de vue, d'où il veut être regardé. On a raison le plus souvent de ne vouloir pas être éclairé de trop près; et il n'y a presque point d'homme qui veuille en toutes choses se laisser voir tel qu'il est.

V.

De la conversation.

Ce qui fait que peu de personnes sont agréables dans la conversation, c'est que chacun songe plus à ce qu'il a dessein de dire qu'à ce que les autres disent, et que l'on n'écoute guère quand on a bien envie de parler.

✳ Néanmoins il est nécessaire d'écouter ceux qui parlent. Il faut leur donner le temps de se faire entendre, et souffrir même qu'ils disent des choses inutiles. Bien loin de les contredire et de les interrompre, on doit, au contraire, entrer dans leur esprit et dans leur goût, montrer qu'on les entend, louer ce qu'ils disent autant qu'il mérite d'être loué, et faire voir que c'est plutôt par choix qu'on les loue que par complaisance.

✳ Pour plaire aux autres il faut parler de ce qu'ils aiment et de ce qui les touche, éviter les disputes sur les choses indifférentes, leur faire rarement des questions, et ne leur laisser jamais croire qu'on prétend avoir plus de raison qu'eux,

✳ On doit dire les choses d'un air plus ou moins sérieux, et sur des sujets plus ou moins relevés, selon l'humeur et la capacité des personnes que l'on entretient, et leur céder aisément l'avantage de décider, sans les obliger de répondre quand ils n'ont pas envie de parler.

✳ Après avoir satisfait de cette sorte aux devoirs de la politesse, on peut dire ses sentiments en montrant qu'on cherche à les appuyer de l'avis de ceux qui écoutent, sans marquer de présomption ni d'opiniâtreté.

✳ Evitons surtout de parler souvent de nous-même et de nous donner pour exemple : rien n'est plus désagréable qu'un homme qui se cite lui-même à tout propos.

✳ On ne peut aussi apporter trop d'application à connaître la pente et la portée de ceux à qui l'on parle, pour se joindre à l'esprit de celui qui en a le plus, sans blesser l'inclination ou l'intérêt des autres par cette préférence.

✳ Alors on doit faire valoir toutes les raisons qu'il a dites, ajoutant modestement nos propres pensées aux siennes, et lui faisant croire, autant qu'il est possible, que c'est de lui qu'on les prend.

✳ Il ne faut jamais rien dire avec un air d'autorité, ni montrer aucune supériorité d'esprit. Fuyons les expressions trop recherchées, les termes durs ou forcés, et ne nous servons point de paroles plus grandes que les choses.

✳ Il n'est pas défendu de conserver ses opinions, si elles sont raisonnables. Mais il faut se rendre à la raison aussitôt qu'elle paraît, de quelque part qu'elle vienne ; elle seule doit régner sur nos sentiments : mais suivons-la sans heurter les sentiments des autres, et sans faire paraître du mépris de ce qu'ils ont dit.

✳ Il est dangereux de vouloir être toujours le maître de la conversation, et de pousser trop loin une bonne raison quand on l'a trouvée. L'honnêteté veut que l'on cache quelquefois la moitié de son esprit, et qu'on ménage un opiniâtre qui se défend mal, pour lui épargner la honte de céder.

✳ On déplaît sûrement quand on parle trop longtemps et trop souvent d'une même chose, et que l'on cherche à détourner la conversation sur des sujets dont on se croit plus instruit que les autres. Il faut entrer indifféremment sur tout ce qui leur est agréable, s'y arrêter autant qu'ils le veulent, et s'éloigner de tout ce qui ne leur convient pas.

✳ Toute sorte de conversation, quelque spirituelle qu'elle soit, n'est pas également propre à toutes sortes de gens d'esprit. Il faut choisir ce qui est de leur goût, et ce qui est convenable à leur condition, à leur sexe, à leurs talents, et choisir même le temps de le dire.

✳ Observons le lieu, l'occasion, l'humeur où se trouvent les personnes qui nous écoutent : car s'il y a beaucoup d'art à savoir parler à propos, il n'y en a pas moins à savoir se taire. Il y a un silence éloquent qui sert à approuver et à condamner ; il y a un silence de discrétion et de respect. Il y a enfin des tons, des airs et des manières qui font tout ce qu'il y a d'agréable ou de désagréable, de délicat ou de choquant dans la conversation.

✳ Mais le secret de s'en bien servir est donné à peu de

personnes. Ceux même qui en font des règles s'y méprennent souvent ; et la plus sûre qu'on en puisse donner, c'est écouter beaucoup, parler peu, et ne rien dire dont on puisse avoir sujet de se repentir.

VI.

Du faux.

On est faux en différentes manières. Il y a des hommes faux qui veulent toujours paraître ce qu'ils ne sont pas. Il y en a d'autres de meilleure foi, qui sont nés faux, qui se trompent eux-mêmes, et qui ne voient jamais les choses comme elles sont. Il y en a dont l'esprit est droit et le goût faux ; d'autres ont l'esprit faux et quelque droiture dans le goût ; et il y en a qui n'ont rien de faux dans le goût ni dans l'esprit. Ceux-ci sont très-rares, puisqu'à parler généralement il n'y a personne qui n'ait de la fausseté dans quelque endroit de l'esprit ou du goût.

✳ Ce qui fait cette fausseté si universelle, c'est que nos qualités sont incertaines et confuses, et que nos goûts le sont aussi. On ne voit point les choses précisément comme elles sont, on les estime plus ou moins qu'elles ne valent, et on ne les fait point rapporter à nous en la manière qui leur convient, et qui convient à notre état et à nos qualités.

✳ Ce mécompte met un nombre infini de faussetés dans le goût et dans l'esprit ; notre amour-propre est flatté de tout ce qui se présente à nous sous les apparences du bien.

✳ Mais comme il y a plusieurs sortes de biens qui touchent notre vanité ou notre tempérament, on les suit souvent par coutume et par commodité. On les suit parce que les autres les suivent, sans considérer qu'un même sentiment ne doit pas être également embrassé par toutes sortes de personnes, et qu'on s'y doit attacher plus ou moins fortement, selon qu'il convient plus ou moins à ceux qui le suivent.

✳ On craint encore plus de se montrer faux par le goût que par l'esprit. Les honnêtes gens doivent approuver sans prévention ce qui mérite d'être approuvé, suivre ce qui mérite d'être suivi, et ne se piquer de rien; mais il y faut une grande proportion et une grande justesse. Il faut savoir discerner ce qui est bon en général, et ce qui nous est propre, et suivre alors avec raison la pente naturelle qui nous porte vers les choses qui nous plaisent.

✻ Si les hommes ne voulaient exceller que par leurs propres talents, et en suivant leurs devoirs, il n'y aurait rien de faux dans leur goût et dans leur conduite : ils se montreraient tels qu'ils sont; ils jugeraient des choses par leurs lumières, et s'y attacheraient par raison. Il y aurait de la proportion dans leurs vues, dans leurs sentiments : leur goût serait vrai, il viendrait d'eux, et non pas des autres; ils le suivraient par choix, et non par coutume et par hasard. Si on est faux en approuvant ce qui ne doit pas être approuvé, on ne l'est pas moins le plus souvent par l'envie de se faire valoir par des qualités qui sont bonnes de soi, mais qui ne nous conviennent pas. Un magistrat est faux quand il se pique d'être brave, bien qu'il puisse être hardi dans de certaines rencontres. Il doit être ferme et assuré dans une sédition qu'il a droit d'apaiser, sans craindre d'être faux; et il serait faux et ridicule de se battre en duel.

✻ Une femme peut aimer les sciences; mais toutes les sciences ne lui conviennent pas, et l'entêtement de certaines sciences ne lui convient jamais, et est toujours faux.

✻ Il faut que la raison et le bon sens mettent le prix aux choses, et qu'elles déterminent notre goût à leur donner le rang qu'elles méritent, et qu'il nous convient de leur donner. Mais presque tous les hommes se trompent dans ce prix et dans ce rang; et il y a toujours de la fausseté dans ce mécompte.

VII.

De l'air et des manières.

Il y a un air qui convient à la figure et aux talents de chaque personne : on perd toujours quand on le quitte pour en prendre un autre.

✳ Il faut essayer de connaître celui qui nous est naturel, n'en point sortir, et le perfectionner autant qu'il nous est possible.

✳ Ce qui fait que la plupart des petits enfants plaisent, c'est qu'ils sont encore renfermés dans cet air et dans ces manières que la Nature leur a données, et qu'ils n'en connaissent point d'autres. Ils les changent et les corrompent quand ils sortent de l'enfance : ils croient qu'il faut imiter ce qu'ils voient, et ils ne le peuvent parfaitement imiter; il y a toujours quelque chose de faux et d'incertain dans cette imitation. Ils n'ont rien de fixe dans leurs manières et dans leurs sentiments; au lieu d'être, en effet, ce qu'ils veulent paraître, ils cherchent à paraître ce qu'ils ne sont pas.

✳ Chacun veut être un autre, et n'être plus ce qu'il est : ils cherchent une contenance hors d'eux-mêmes, et un autre esprit que le leur; ils prennent des tons et des manières au hasard; ils en font des expériences sur eux, sans considérer que ce qui convient à quelques-uns ne convient pas à tout le monde, qu'il n'y a point de règle générale pour les tons et pour les manières, et qu'il n'y a point de bonnes copies.

✳ Deux hommes néanmoins peuvent avoir du rapport en plusieurs choses, sans être copie l'un de l'autre, si chacun suit son naturel; mais personne presque ne le suit entièrement : on aime à imiter. On imite souvent, même sans s'en apercevoir, et on néglige ses propres biens pour des biens étrangers, qui d'ordinaire ne nous conviennent pas.

✳ Je ne prétends pas, par ce que je dis, nous renfermer tellement en nous-mêmes, que nous n'ayons pas la liberté de suivre des exemples, et de joindre à nous des qualités utiles et nécessaires que la Nature ne nous a pas données. Les arts et les sciences conviennent à la plupart de ceux qui s'en rendent capables. La bonne grâce et la politesse conviennent à tout le monde; mais ces qualités acquises doivent avoir un certain rapport et une certaine union avec nos propres qualités, qui les étende et les augmente imperceptiblement.

✳ Nous sommes élevés à un rang et à des dignités au-dessus de nous; nous sommes souvent engagés dans une profession nouvelle où la Nature ne nous avait pas destinés.

Tous ces états ont chacun un air qui leur convient, mais qui ne convient pas toujours avec notre air naturel. Ce changement de notre fortune change souvent notre air et nos manières, et y ajoute l'air de la dignité, qui est toujours faux quand il est trop marqué et qu'il n'est pas joint et confondu avec l'air que la nature nous a donné. Il faut les unir et les mêler ensemble, et faire en sorte qu'ils ne paraissent jamais séparés.

✷ On ne parle pas de toutes choses sur un même ton, et avec les mêmes manières. On ne marche pas à la tête d'un régiment comme on marche en se promenant. Mais il faut qu'un même air nous fasse dire naturellement des choses différentes, et qu'il nous fasse marcher différemment, mais toujours naturellement, et comme il convient de marcher à la tête d'un régiment et à une promenade.

✷ Il y en a qui ne se contentent pas de renoncer à leur air propre et naturel, pour suivre celui du rang et des dignités où ils sont parvenus. Il y en a même qui prennent par avance l'air des dignités et du rang où ils aspirent. Combien de lieutenants généraux apprennent à être maréchaux de France! combien de gens de robe répètent inutilement l'air de chancelier, et combien de bourgeoises se donnent l'air de duchesses !

✷ Ce qui fait qu'on déplaît souvent, c'est que personne ne sait accorder son air et ses manières avec sa figure, ni ses tons et ses paroles avec ses pensées et ses sentiments : on s'oublie soi-même, et on s'en éloigne insensiblement; tout le monde presque tombe par quelque endroit dans ce défaut; personne n'a l'oreille assez juste pour entendre parfaitement cette sorte de cadence.

✷ Mille gens déplaisent avec des qualités aimables; mille gens plaisent avec de moindres talents. C'est que les uns veulent paraître ce qu'ils ne sont pas, les autres sont ce qu'ils paraissent; et enfin, quelques avantages ou quelques désavantages que nous ayons reçus de la Nature, on plaît à proportion de ce qu'on suit l'air, les tons, les manières et les sentiments qui conviennent à notre état et à notre figure, et on déplaît à proportion de ce qu'on s'en éloigne.

OEUVRES CHOISIES

DE

VAUVENARGUES

NOTICE

LA VIE ET LES ÉCRITS DE VAUVENARGUES.

UC DE CLAPIERS, marquis DE VAUVENARGUES, issu d'une noble et ancienne famille de Provence, naquit à Aix, le 6 août 1715, époque de la mort de Louis XIV.

Il est bien certain qu'il ne dut qu'à la Nature le talent qu'il a montré dans ses ouvrages. L'emploi qu'il fit de ses premières années semblait plus propre à l'éloigner des études littéraires qu'à y préparer son esprit et son goût. Une constitution faible et une santé souvent altérée nuisirent au succès des premières instructions qu'il reçut. Élevé dans un collége, il y montra peu d'ardeur pour l'étude, et n'en rapporta qu'une connaissance très-superficielle de la langue latine. Appelé de bonne heure au service par sa naissance et le vœu de ses parents, les goûts de la jeunesse et les dissipations de l'état militaire lui firent bientôt oublier le peu qu'il avait appris au collége, et il est mort sans être en état de lire Horace et Tacite dans leur langue.

L'espace dans lequel se renferme la vie tout entière de Vauvenargues composerait à peine la jeunesse d'un homme ordinaire. Il mourut à trente-deux ans; et dans une vie si courte très-peu d'années semblent avoir été employées à le conduire au genre de célébrité auquel il devait parvenir.

Il entra au service en 1734; il avait dix-huit ans, et cette même année il fit la campagne d'Italie, sous-lieutenant au régiment du roi, infanterie.

Ce n'était pas là une école où il pût préparer les matériaux de l'*Introduction à la connaissance de l'esprit humain;* ce n'était pas dans un camp, au milieu des occupations actives de la guerre, qu'un jeune officier de dix-huit ans paraissait devoir trouver des moyens de former son cœur et son esprit au goût de la méditation et de l'étude; mais la Nature, en douant Vauvenargues d'un esprit actif, lui avait donné en même temps la droiture d'âme qui en dirige les mouvements, et le sérieux qui accompagne l'habitude de la réflexion.

Il joignait à une âme élevée et sensible le sentiment de la gloire et le besoin de s'en rendre digne : ce sont là les traits qui caractérisent essentiellement ses écrits. Il apportait au service les qualités qui composent le mérite d'un homme d'honneur, plutôt que celles qui servent à le faire remarquer. Sa figure, quoiqu'elle eût de la douceur et ne manquât pas de noblesse, n'avait rien qui le distinguât avantageusement parmi ses camarades. La faiblesse de son tempérament ne lui avait pas permis d'acquérir dans les exercices du corps cette supériorité d'adresse et de force qui donne à la jeunesse tant de grâce et d'éclat. Enfin une excessive timidité, tourment ordinaire d'une âme jeune, avide d'estime, et que blesse l'apparence seule d'un reproche, voilait trop souvent les lumières de son esprit, pour ne laisser apercevoir que l'intéressante et douce simplicité de son caractère. C'est près de lui qu'on eût pu concevoir cette pensée qu'il a exprimée depuis avec tant de charmes : « *Les premiers jours du printemps ont moins de grâce que la vertu naissante d'un jeune homme.* » Douce, tempérée, sensible, semblable en tout « *aux premiers jours du printemps,* » sa vertu devait se faire aimer d'abord; mais le temps et les occasions pouvaient seuls en développer les heureux fruits.

Il est des écrivains dont on peut aisément consentir à

ignorer la vie et le caractère, tout en jouissant des productions de leur esprit et des fruits de leurs talents; mais l'écrivain moraliste n'est pas de ce nombre. Il ne suffit pas au précepteur de morale de faire usage de sa raison et de ses lumières, il faut que nous croyions que sa conscience a approuvé les règles qu'il dicte à la nôtre; il faut que le sentiment qu'il veut faire passer dans notre âme paraisse découler de la sienne; et avant d'accorder à ses maximes l'empire qu'elles veulent exercer sur notre conduite, nous aimons à être persuadés que celui qui les enseigne s'est soumis lui-même à ce qu'elles peuvent avoir de rigoureux.

Ce n'est pas seulement une morale pure, un esprit droit, une raison forte et éclairée, qui ont dicté les écrits de Vauvenargues. Le caractère particulier d'élévation qui les distingue ne peut appartenir qu'à une âme d'un ordre supérieur; et la douce indulgence qui s'y mêle aux plus nobles mouvements ne peut être le simple produit de la réflexion et le résultat des combinaisons de l'esprit; ce doit être encore l'épanchement du plus beau naturel, que la raison a pu perfectionner, mais qu'elle n'aurait pu suppléer.

Vauvenargues, en s'élevant de bonne heure, plutôt par la supériorité de son âme que par la gravité de ses pensées, au-dessus des frivoles occupations de son âge, n'avait point contracté, dans l'habitude des idées sérieuses, cette austérité qui accompagne d'ordinaire les vertus de la jeunesse : car les vertus de la jeunesse sont plus communément le fruit de l'éducation que de l'expérience; et l'éducation apprend bien aux jeunes gens combien la vertu est nécessaire, mais l'expérience seule peut leur apprendre combien elle est difficile.

Vauvenargues, jeté dans le monde dès les premières années qui suivent l'enfance, apprit à le connaître avant de penser à le juger; il vit les faiblesses des hommes avant d'avoir réfléchi sur leurs devoirs; et la vertu, en entrant dans son cœur, y trouva toutes les dispositions à l'indulgence.

La douceur et la sûreté de son commerce lui avaient concilié l'estime et l'affection de ses camarades, pour la plupart sans doute moins sages et moins sérieux que lui; « mais, dit Marmontel, qui en avait connu plusieurs, ceux qui étaient

capables d'apprécier un si rare mérite, avaient conçu pour lui
une si tendre vénération, que je lui ai entendu donner par
quelques-uns le nom respectable de père. » Ce nom respectable n'était peut-être pas donné bien sérieusement par de
jeunes militaires à un camarade de leur âge ; mais le ton
même du badinage, en se mêlant à la justice qu'ils se plai-
saient à lui rendre, prouverait encore à quel point Vauvenargues avait su se faire pardonner cette supériorité de raison
qu'il ne pouvait dissimuler, mais que sa modeste douceur ne
permettait aux autres ni de craindre ni d'envier.

La guerre d'Italie n'avait pas été longue ; mais la paix qui
la suivit ne fut pas non plus de longue durée. Une nouvelle
guerre (1) vint troubler la France en 1741. Le régiment du
roi fit partie de l'armée qu'on envoya en Allemagne, et qui
pénétra jusqu'en Bohême. On se rappelle tout ce que les
troupes françaises eurent à souffrir dans cette honorable et
pénible campagne, et surtout dans la fameuse retraite de
Prague (2), qui s'exécuta au mois de décembre 1742. Le
froid fut excessif. Vauvenargues, naturellement faible, en
souffrit plus que les autres. Il rentra en France au commencement de 1743, avec une santé détruite ; sa fortune peu
considérable, avait été épuisée par les dépenses de la guerre.
Neuf années de service ne lui avaient procuré que le grade
de capitaine et ne lui donnaient aucun espoir d'avancement.

Il se détermina à quitter un état, honorable sans doute pour
tous ceux qui s'y livrent, mais où il est difficile de se faire
honorer plus que des milliers d'autres, lorsque la faveur ou
les circonstances ne font pas sortir un militaire de la foule
pour l'élever à quelque commandement.

Vauvenargues avait étudié l'histoire et le droit public ;
l'habitude et le goût du travail, et aussi ce sentiment de ses
forces que la modestie la plus vraie n'éteint pas dans un esprit supérieur, lui firent croire qu'il pourrait se distinguer

(1) La guerre *de la Succession*, après la mort de l'empereur Charles VI,
arrivée le 20 octobre 1740.
(2) Cette célèbre retraite s'exécuta sous la conduite du maréchal de Belle-
Isle, qui sortit de Prague dans la nuit du 16 au 17 décembre 1742, et se
rendit à Egra le 26.

dans la carrière des négociations. Il désira d'y entrer, et fit part de son désir à M. de Biron, son colonel, qui, loin de lui promettre son appui, ne lui laissa entrevoir que la difficulté de réussir dans un tel projet. Tout ce qui sort de la route ordinaire des usages effraye ou choque ceux qui, favorisés par ces usages mêmes, n'ont jamais eu besoin de les braver; et voilà pourquoi les gens de la cour observent d'ordinaire à l'égard des gens en place une beaucoup plus grande circonspection que ceux qui, placés dans les rangs inférieurs, ont beaucoup moins à perdre, et par cela même peuvent risquer davantage.

Vauvenargues, malheureux par sa santé, par sa fortune, et surtout par son inaction, sentait qu'il ne pouvait sortir de cette situation pénible que par une résolution extraordinaire. Les caractères timides en société sont souvent ceux qui prennent le plus volontiers des partis extrêmes dans les affaires embarrassantes : privés des ressources habituelles que donne l'assurance, ils cherchent à y suppléer par l'élan momentané du courage; ils aiment mieux risquer une fois une démarche hasardée, que d'avoir tous les jours quelque chose à oser.

Vauvenargues, étranger à la cour, inconnu du ministre dont il aurait pu solliciter la faveur, privé du secours du chef qui aurait pu appuyer sa demande, prit le parti de s'adresser directement au Roi, pour lui témoigner le désir de le servir dans les négociations. Dans sa lettre, il rappelait à Sa Majesté que les hommes qui avaient eu le plus de succès dans cette carrière étaient *ceux-là même que la fortune en avait le plus éloignés.* « Qui doit, en effet, ajoutait-il, servir Votre Majesté » avec plus de zèle qu'un gentilhomme qui, n'étant pas né à » la cour, n'a rien à espérer que de son maître et de ses ser- » vices? »

Vauvenargues avait écrit en même temps à M. Amelot, ministre des affaires étrangères. Ses deux lettres, comme on le conçoit aisément, restèrent sans réponse. Louis XV n'était pas dans l'usage d'accorder des places sans la médiation de son ministre, et le ministre connaissait trop bien les droits de sa place pour favoriser une démarche où l'on croyait pouvoir se passer de son autorité.

Vauvenargues, ayant donné, en 1744, la démission de son emploi dans le régiment du roi, écrivit à M. Amelot une lettre que nous croyons devoir transcrire ici :

« Monseigneur,

» Je suis sensiblement touché que la lettre que j'ai eu
» l'honneur de vous écrire et celle que j'ai pris la liberté de
» vous adresser pour le Roi n'aient pu attirer votre attention.
» Il n'est pas surprenant peut-être qu'un ministre si occupé
» ne trouve pas le temps d'examiner de pareilles lettres ; mais,
» monseigneur, me permettrez-vous de vous dire que c'est
» cette impossibilité morale où se trouve un gentilhomme
» qui n'a que du zèle, de parvenir jusqu'à son maître, qui
» fait le découragement que l'on remarque dans la noblesse
» des provinces, et qui éteint toute émulation? J'ai passé,
» monseigneur, toute ma jeunesse loin des distractions du
» monde, pour tâcher de me rendre capable des emplois où
» j'ai cru que mon caractère m'appelait ; et j'osais penser
» qu'une volonté si laborieuse me mettrait du moins au ni-
» veau de ceux qui attendent toute leur fortune de leurs in-
» trigues et de leurs plaisirs. Je suis pénétré, monseigneur,
» qu'une confiance que j'avais principalement fondée sur l'a-
» mour de mon devoir se trouve entièrement déçue. Ma santé
» ne me permettant plus de continuer mes services à la guerre,
» je viens d'écrire à M. le duc de Biron pour le prier de
» nommer à mon emploi. Je n'ai pu, dans une situation si
» malheureuse, me refuser à vous faire connaître mon déses-
» poir. Pardonnez-moi, monseigneur, s'il me dicte quelque
» expression qui ne soit pas assez mesurée.
» Je suis, etc. »

Cette lettre, que personne peut-être n'eût voulu se charger de présenter au ministre, valut à Vauvenargues une réponse favorable, avec la promesse d'être employé lorsque l'occasion s'en présenterait. Mais un triste incident vint tromper ses espérances. Il était retourné au sein de sa famille pour se livrer en paix aux études qu'exigeait la carrière où il se croyait près d'entrer, lorsqu'il fut atteint d'une petite vérole de l'espèce la plus maligne, qui défigura ses traits et le laissa dans un état d'infirmité continuelle et sans remède. Ainsi ce jeune homme, plein d'énergie dans le caractère, d'activité dans l'esprit, de générosité dans les sentiments, se vit condamné à perdre dans l'obscurité tant de dons précieux, en attendant qu'une mort douloureuse vînt terminer, à la fleur de son âge, une vie où n'avait jamais brillé un instant de bonheur.

Ce fut alors que, conservant pour toute ressource cette même philosophie qui l'avait dirigé toute sa vie dans la pratique des vertus (1), il ne trouva de consolation que dans l'étude et l'amour des lettres, qui, dans tous les temps, l'avaient soutenu contre toutes les contrariétés qu'il avait éprouvées. Il s'occupa à revoir et à mettre en ordre les réflexions et les petits écrits qu'il avait jetés sur le papier, dans les loisirs d'une vie si agitée ; il publia, en 1746, son *Introduction à la connaissance de l'esprit humain ;* ouvrage qui étonna ceux qui étaient en état de l'apprécier, et qui doit faire regretter ce qu'on aurait pu attendre de l'auteur, si une mort prématurée ne l'avait pas enlevé à la gloire que son génie semblait lui promettre.

J'ai dit que Vauvenargues avait eu une éducation fort négligée. Privé des secours qu'il aurait pu trouver dans l'étude des grands écrivains de l'antiquité, toute sa littérature se bornait à la connaissance des bons auteurs français. Mais la Nature lui avait donné un esprit pénétrant, un sens droit, une âme élevée et sensible. Ces qualités sont bien supérieures aux connaissances pour former le goût ; et peut-être même le défaut d'instruction, en laissant à son excellent esprit plus de liberté dans ses développements, a-t-il contribué à donner à ses écrits ce caractère d'originalité et de vérité qui les distingue.

L'étude des grands modèles de l'antiquité est d'une ressource infinie pour les hommes qui cultivent la littérature :

---

(1) On verra, en lisant les *Réflexions et Maximes*, que Vauvenargues était soutenu, non-seulement par la philosophie, mais par la foi chrétienne.

(N. E.)

elle sert à étendre l'esprit, à diriger le goût, à féconder le
talent ; mais elle n'est pas aussi nécessaire à celui qui se livre
à l'étude de la morale et de la philosophie ; il a plus besoin
d'étudier le monde que les livres, et de chercher la vérité
dans ses propres observations que dans celles des autres.

Un esprit droit et vigoureux, réduit à ses seules forces, est
obligé de se rendre raison de tout à lui-même, parce qu'on
ne lui a rendu raison de rien ; il trouve en lui ce qu'il n'aurait
point trouvé au-dehors, et va plus loin qu'on ne l'aurait
conduit. S'il se soustrait par ignorance aux autorités qui
auraient pu éclairer son jugement, il échappe également aux
autorités usurpées qui auraient pu l'égarer. Rien ne le gêne
dans la route de la vérité ; et s'il arrive jusqu'à elle, c'est par
des sentiers qu'il s'est tracés lui-même : il n'a marché sur les
pas de personne.

Ces réflexions pourraient s'appuyer de beaucoup d'exemples. Aristote et Platon n'avaient pas eu plus de modèle
qu'Homère. Virgile aurait été peut-être plus grand poëte s'il
n'avait pas eu sans cesse Homère devant les yeux ; car il n'est
véritablement grand que par le charme du style, où il ne
ressemble point à Homère.

Corneille créa la tragédie française avant d'avoir cherché
dans Aristote les règles de l'art dramatique. Pascal avait peu
lu, ainsi que Malebranche ; tous les deux méprisaient l'érudition. Buffon, occupé de ses plaisirs jusqu'à l'âge de trente-
cinq ans, trouva dans la force naturelle de son esprit le secret
de ce style brillant et pittoresque dont il a·embelli les
tableaux de la Nature. L'ignorance, qui tue d'inanition les
esprits faibles, devient pour les esprits supérieurs un stimu-
lant qui les contraint à employer toutes leurs forces (1).

On doit croire cependant que si Vauvenargues avait poussé
plus loin sa carrière, il aurait senti la nécessité d'une instruction plus étendue pour agrandir la sphère de ses idées.
Il aurait voulu porter sa vue sur un plus grand horizon ; il

_____

(1) Ceci est paradoxal : il est vrai cependant que l'érudition forme souvent
un poids, un embarras dont les talents médiocres ne savent pas se dégager.
                                                    (N. E.)

n'en eût que mieux jugé des objets, après s'être habitué à ne voir que par lui-même.

Une partie de nos erreurs vient sans doute du défaut de lumières; une plus grande partie vient des fausses lumières qu'on nous présente. Celui qui se borne aux erreurs de son propre esprit s'épargne au moins la moitié de celles qui pourraient l'égarer. *Les sots*, dit Vauvenargues, *n'ont pas d'erreurs en leur propre et privé nom*. Vauvenargues, lui-même, n'en est pas exempt sans doute; mais ses erreurs sont bien à lui : celles qu'on peut lui reprocher tiennent, comme celles de tous les bons esprits, à une vue incomplète de l'objet et à la précipitation du jugement. Il ne doit aussi qu'à lui un grand nombre de vérités qu'il a puisées dans une âme supérieure aux illusions de la vanité comme aux subterfuges des faiblesses, et dans un esprit indépendant des préjugés établis par la mode, ainsi que des opinions accréditées par des noms imposants.

En 1743, peu de temps après son retour de Bohême, Vauvenargues entra en correspondance avec Voltaire, qui était alors dans tout l'éclat de sa renommée, disputant la gloire à la jalousie et à la malignité, éclipsant ses rivaux par la supériorité et la variété de ses talents, et conquérant l'empire littéraire à force de victoires (1).

Tous ceux qui aimaient et cultivaient les lettres, les jeunes gens surtout, le regardaient comme l'arbitre du goût et le dispensateur de la réputation; ils ambitionnaient son suffrage, lui adressaient leurs écrits, et regardaient une réponse de lui comme un encouragement, et un éloge, qui n'était d'ordinaire qu'un compliment, comme un brevet d'honneur. On ignore d'ailleurs les circonstances qui occasionnèrent le commerce de lettres qui s'établit entre Voltaire et Vauvenargues avant qu'ils se fussent rencontrés.

La comparaison du mérite de Corneille et de Racine forme

_____

(1) La supériorité littéraire de Voltaire sur son siècle ne peut être contestée, mais les troubles et les disgrâces de sa vie vinrent surtout de son impiété, de son libertinage, de son mépris de tous les devoirs et de toutes les convenances.   (N. E.)

le sujet de la première lettre de Vauvenargues à Voltaire.
Celui-ci, toujours flatté des hommages que lui attirait sa célébrité, négligeait rarement de les payer par des témoignages
d'estime et de bienveillance. Mais il ne se contenta pas de
répondre à la confiance de Vauvenargues par des phrases
obligeantes ; il se plut à y joindre des conseils utiles, en mo-
dérant l'excès du zèle qui portait ce jeune militaire à rabais-
ser Corneille pour élever Racine et le venger des préventions
injustes de quelques vieux partisans du père du théâtre. Il est
assez curieux de voir, dans cette correspondance, Voltaire,
admirateur non moins passionné de Racine que Vauvenargues, défendre en même temps, contre des critiques fausses
ou exagérées, le génie de ce même Corneille dont on l'a depuis accusé, avec si peu de raison, d'être le détracteur jaloux
et le censeur injuste.

On voit que Vauvenargues, éclairé par le goût de Voltaire,
rectifia ses premières idées sur Corneille. Les opinions qu'il
avait exposées dans sa première lettre se retrouvent avec
quelques adoucissements dans le chapitre de ses OEuvres
intitulé *Corneille et Racine*. L'analyse qu'il y fait du caractère
propre des tragédies de Racine et de l'inimitable perfection
de son style a été le type des jugements qu'en ont portés depuis les critiques les plus éclairés, et a servi comme de signal
à la justice universelle qu'on a rendue dès lors à l'auteur de
Phèdre et d'*Athalie*. On peut dire que se sont Voltaire et Vauvenargues qui ont fixé les premiers le rang que ce grand poëte
a pris dans l'opinion, et qu'il conservera sans doute dans la
postérité.

Quant à Corneille, Vauvenargues ne put jamais se résoudre
à rendre à ce puissant génie la justice qu'il méritait ; mais le
jugement qu'il en portait tenait plus à son caractère qu'à son
goût. Moins touché de la peinture des vertus sévères et des
sentiments exaltés, peu conformes à la douceur de son âme,
que choqué du faste qui s'y mêle quelquefois et qui blessait la
simplicité et la modestie de son caractère, il ne pouvait pas
s'élever à cette admiration passionnée qui transporte les âmes
capables de s'en pénétrer, et leur donne souvent des émotions
plus délicieuses que la peinture des affections plus douces et

plus tendres. Les raisonnements de Voltaire ne purent entièrement changer ses idées à cet égard. Trop modeste pour ne
pas céder quelquefois au jugement d'un homme dont le goût
naturellement exquis était encore perfectionné par des études
approfondies de l'art, il avait en même temps l'esprit trop
indépendant pour admirer sur parole des beautés dont il
n'avait pas le sentiment.

Ses fragments sur *Bossuet* et *Fénelon* sont remarquables,
non-seulement par la justesse avec laquelle il a saisi le caractère propre de leur talent, mais encore par l'art avec lequel il
a su prendre le style de l'un et de l'autre, en parlant de chacun d'eux. Ne croit-on pas lire une page de *Télémaque*, en
lisant cette apostrophe à Fénelon : « Né pour cultiver la sagesse et l'humanité dans les rois, ta voix ingénue fit retentir
au pied du trône les calamités du genre humain foulé par les
tyrans, et défendit contre les artifices de la flatterie la cause
abandonnée des peuples. Quelle bonté de cœur, quelle sincérité se remarque dans tes écrits ! quel éclat de paroles et d'i-
mages ! Qui sema jamais tant de fleurs dans un style si naturel, si mélodieux et si tendre? Qui orna jamais la raison d'une
si touchante parure? Ah ! que de trésors d'abondance dans ta
riche simplicité ! »

Vauvenargues, dans ces fragments, défend Fénelon contre
Voltaire, qui admirait médiocrement *sa belle prose, encore
qu'un peu traînante;* comme il défendit contre lui La Fontaine
et Pascal ! Voltaire était moins touché d'une tournure naïve
que d'une pensée brillante, et il aurait mieux aimé qu'un
homme aussi dévot que Pascal ne fût pas un homme de génie.
Malgré l'admiration et l'attachement qu'il avait voués à Voltaire, Vauvenargues ne craignait pas de le contredire, et dans
le brillant portrait qu'il fait de ses talents et de ses ouvrages,
il ne dissimule pas les défauts qu'il y remarque (1).

Boileau et La Bruyère sont appréciés par Vauvenargues
avec autant de finesse que de goût; mais il n'a pas senti éga-

---

(1) Il est aisé de voir qu'à l'égard de Fénelon et de Pascal, les jugements
de Voltaire étaient inspirés par sa basse impiété : l'âme droite, pure et religieuse de Vauvenargues devait naturellement y résister.   (N. E.)

lement le mérite de Molière, et l'on ne doit pas s'en étonner. Indulgent et sérieux, il était peu frappé du ridicule, et il avait trop réfléchi sur les faiblesses humaines pour qu'elles pussent lui causer beaucoup de surprise. Les caractères qu'il a essayé de tracer dans le genre de La Bruyère sont saisis avec finesse, dessinés avec vérité, mais non avec l'énergie et la vivacité de couleurs qu'on admire dans son modèle. On voit qu'en observant les caractères, les passions, les ridicules des hommes, il apercevait moins l'effet qui en résulte pour la société, que la combinaison des causes qui les produisent; accoutumé à rechercher les rapports qui les expliquent, plutôt que les contrastes qui les font ressortir, il était trop occupé de ce qui les rend naturels pour être ému de ce qui les rend plaisants. Pascal, celui de nos moralistes qui a le plus profondément pénétré dans les misères des hommes, n'a ni ri ni fait rire à leurs dépens. C'est une étude sérieuse que celle de l'homme considéré en lui-même. Les faiblesses qui dans certaines circonstances peuvent le rendre ridicule méritent bien aussi d'être observées avec attention : les effets les plus graves peuvent en résulter.

« Ne vous étonnez pas, dit Pascal, si cet homme ne raisonne pas , en à présent : une mouche bourdonne à son oreille, et c'es assez pour le rendre incapable de bon conseil. Si vous voulez qu'il puisse trouver la vérité, chassez cet animal qui tient sa raison en échec, et trouble cette puissante intelligence qui gouverne les cités et les royaumes. »

La plupart de nos écrivains moralistes n'ont examiné l'homme que sous une certaine face. La Rochefoucauld, en démêlant jusque dans les replis les plus cachés du cœur humain les ruses de l'intérêt personnel, a voulu surtout les mettre en contraste avec les motifs imposants sous lesquels elles se déguisent. La Bruyère, avec des vues moins approfondies peut-être, mais plus étendues et plus précises, *a peint de l'homme*, a dit un excellent observateur (1), *l'effet qu'il produit dans le monde* (2); *Montaigne, les impressions qu'il en re-*

(1) Mademoiselle Pauline de Meulan.
(2) *Mélanges de Littérature* de Suard, t. I, page 309; Paris, 1803.

çoit ; *et Vauvenargues, les dispositions qu'il y porte ;* et c'est en
cela que Vauvenargues se rapproche surtout de Pascal. Mais
la différence du caractère et de la destination de ces deux
profonds écrivains en a mis une bien grande dans le but de
leurs méditations et dans le résultat de leurs maximes. Pascal, voué à la solitude, a examiné les hommes sans chercher
à en tirer parti, et comme des instruments qui ne sont plus à
son usage ; il a pénétré, aussi avant peut-être qu'on puisse le
faire, dans la profondeur des faiblesses et des misères humaines ; mais il en a cherché le principe dans les dogmes de la
religion, non dans la nature de l'homme (1) ; et ne considé-
rant leur existence ici-bas que comme un passage d'un instant
à une existence éternelle de bonheur ou de malheur, il n'a
travaillé qu'à nous détacher de nous-mêmes par le spectacle
de nos infirmités, pour tourner toutes nos pensées et tous nos
sentiments vers cette vie éternelle, seule digne de nous occuper. Vauvenargues, au contraire, a eu pour but de nous élever au-dessus des faiblesses de notre nature par des considé-
rations tirées de notre nature même et de nos rapports avec
nos semblables. Destiné à vivre dans le monde, ses réflexions ont pour objet d'enseigner à connaître les hommes
pour en tirer le meilleur parti dans la société. Il leur montre
leurs faiblesses pour leur apprendre à excuser celles des
autres. « Je crois, a dit Voltaire, que les pensées de ce jeune
militaire seraient aussi utiles à un homme du monde fait pour
la société, que celles du héros de Port-Royal pouvaient l'être
à un solitaire qui ne cherche que de nouvelles raisons pour
haïr et mépriser le genre humain. »

Vraisemblablement un peu d'humeur contre Pascal s'est
mêlé à son amitié pour Vauvenargues quand il a écrit ce jugement, peut-être exagéré, mais non dépourvu de vérité sous
certains rapports. Pascal semble un être d'une autre nature,
qui observe les hommes du haut de son génie, et les consi-

(1) Suard ici s'exprime mal : Pascal a connu la nature de l'homme, mais il
en a exagéré le mauvais côté, à cause de ses préjugés jansénistes. Vauvenargues, qui était tout simplement catholique, demeure par là même dans la
vérité et dans la modération. (N. E.)

dère d'une manière générale, qui apprend plus à les connaître qu'à les conduire. Vauvenargues, plus près d'eux par ses sentiments, en les instruisant par des maximes, cherche à les diriger par des applications particulières. Pascal éclaire la route, Vauvenargues indique le sentier qu'il faut suivre ; les maximes de Pascal sont plus en observations, celles de Vauvenargues plus en préceptes.

« C'est une erreur dans les grands, dit-il, de croire qu'ils peuvent prodiguer sans conséquence leurs paroles et leurs promesses. Les hommes souffrent avec peine qu'on leur ôte ce qu'ils se sont en quelque sorte approprié par l'espérance. »

« Le fruit du travail est le plus doux plaisir. »

« Il faut permettre aux hommes d'être un peu inconséquents, afin qu'ils puissent retourner à la raison quand ils l'ont quittée, et à la vertu quand ils l'ont trahie. »

« La plus fausse de toutes les philosophies est celle qui sous prétexte d'affranchir les hommes des embarras des passions leur conseille l'oisiveté. »

On a observé que le sentiment encourageant qui a dicté la doctrine de Vauvenargues et la manière en quelque sorte paternelle dont il la présente semblent le rapprocher beaucoup plus des philosophes anciens que des modernes. La Rochefoucauld humilie l'homme par une fausse théorie ; Pascal l'afflige et l'effraye du tableau de ses misères ; La Bruyère l'amuse de ses propres travers ; Vauvenargues le console et lui apprend à s'estimer.

Un écrivain anonyme qui a publié (1) un jugement sur Vauvenargues plein de finesse et de justesse, et dont j'ai déjà emprunté quelques idées, me fournira encore un passage qui vient à l'appui de mes observations. « Presque tous les anciens, dit-il, ont écrit sur la morale ; mais chez eux elle est toujours en préceptes, en sentences concernant les devoirs des hommes, plutôt qu'en observations sur leurs vices ; ils s'attachent à rassembler des exemples de vertu, plutôt qu'à tracer des caractères odieux ou ridicules. On peut remarquer

(1) Mademoiselle Pauline de Meulan, dans ses *Essais de Littérature et de Morale*, p. 53.

la même chose dans les écrits des sages indiens, et en général des philosophes de tous les pays où la philosophie a été chargée d'enseigner aux hommes les devoirs de la morale usuelle. Parmi nous la religion chrétienne se chargeant de cette fonction respectable, la philosophie a dû changer le but de ses études, son application et son langage : elle n'avait plus à nous instruire de nos devoirs, mais elle pouvait nous éclairer sur ce qui en rendait la pratique plus difficile. Les premiers philosophes étaient les précepteurs du genre humain; ceux-ci en ont été les censeurs : ils se sont appliqués à démêler nos faiblesses, au lieu de diriger nos passions; ils ont surveillé, épié tous nos mouvements; ils ont porté la lumière partout; par eux toute illusion a été détruite; mais Vauvenargues en avait conservé une, c'était l'amour de la gloire. »

Mais l'homme est-il donc si mauvais ou si bon, qu'il n'y ait en lui que des sentiments dangereux à détruire, ou qu'il n'y en ait pas d'utiles à lui inspirer? Tant de force, perdue quelquefois à surmonter les passions, ne serait-elle pas mieux employée à diriger les passions vers un but salutaire? Vauvenargues pensait, comme Sénèque, qu'*apprendre la vertu, c'est désapprendre le vice.* Jeune, sensible, plein d'énergie, d'élévation, d'ardeur pour tout ce qui est beau et bon, il a porté toute la chaleur de son âme dans des recherches philosophiques où d'autres n'ont porté que les lumières de leur esprit, blessés par le spectacle du mal et trop aisément découragés par l'expérience. *Les conseils des vieillards*, dit-il quelque part, *sont comme le soleil d'hiver : ils éclairent sans échauffer.*

Vauvenargues, voyant arriver le terme de sa vie, et privé de tout ce qui aurait pu embellir cette vie qu'il avait consacrée à la vertu, n'écrivait que pour faire sentir le charme et les avantages de la vertu.

« L'utilité de la vertu, dit-il, est si manifeste, que les méchants la pratiquent par intérêt. »

« Rien n'est si utile que la réputation, et rien ne donne la réputation si sûrement que le mérite. »

« Si la gloire peut nous tromper, le mérite ne peut le faire; et s'il n'aide à notre fortune, il soutient notre adversité.

Mais pourquoi séparer des choses que la raison même a unies?
Pourquoi distinguer la vraie gloire du mérite, qui en est la
source et dont elle est la preuve? »

Et celui qui écrivait ces réflexions n'avait pu, avec un mérite si rare, parvenir à la fortune, ni même à la gloire, qui
l'eût consolé de tout. Mais séparant, pour ainsi dire, sa cause
de la considération générale de l'humanité, il ne croyait pas
que sa destinée particulière fût d'un poids digne d'être mis
dans la balance où il pesait les biens et les maux de la condition humaine.

Ceux qui l'ont connu rendent témoignage de cette paix
constante, de cette indulgente bonté, de cette justice de
cœur et de cette justesse d'esprit, qui formèrent son caractère, et que n'altérèrent jamais ses continuelles souffrances.

Marmontel donne une idée intéressante du charme de son
commerce et de ses entretiens. « En le lisant, dit Marmontel (1), je crois encore l'entendre; et je ne sais si sa conversation n'avait pas même quelque chose de plus animé, de plus
délicat que ses divins écrits. »

Il écrit ailleurs (2) : « Vauvenargues connaissait le monde,
et ne le méprisait point. Ami des hommes, il mettait le vice
au rang des malheurs, et la pitié tenait dans son cœur la
place de l'indignation et de la haine. Jamais l'art et la politique n'ont eu sur les esprits autant d'empire que lui en donnaient la bonté de son naturel et la douceur de son éloquence.
Il avait toujours raison, et personne n'en était humilié. L'affa-
bilité de l'ami faisait aimer en lui la supériorité du maître.

» L'indulgente vertu nous parlait par sa bouche.

» Doux, sensible, compatissant, il tenait nos âmes dans
ses mains. Une sérénité inaltérable dérobait ses douleurs aux
yeux de l'amitié. Pour soutenir l'adversité, on n'avait besoin
que de son exemple; et témoin de l'égalité de son âme, on
n'osait être malheureux avec lui. »

(1) Lettre de Marmontel à madame d'Espagnac.
(2) Note à l'Épître dédicatoire de Denys le Tyran.

Ce n'était point là le spectacle que Sénèque regarde comme digne des regards de la Divinité : *l'homme de bien luttant contre le malheur.* Vauvenargues n'avait point à lutter : son âme était plus forte que le mal.

« Ce n'était que par un excès de vertu, dit Voltaire, que Vauvenargues n'était point malheureux; et cette vertu ne lui coûtait point d'effort. » Un sentiment vif et profond des joies que donne la vertu le soutenait et le consolait; et il ne concevait pas qu'on pût se plaindre d'être réduit à de tels plaisirs.

« On ne peut être dupe de la vertu, écrivait-il; ceux qui l'aiment sincèrement y goûtent un secret plaisir, et souffrent à s'en détourner. Quoi qu'on fasse aussi pour la gloire, jamais ce travail n'est perdu s'il tend à nous en rendre digne. » Cette réflexion révèle le secret de toute sa vie.

Un sentiment de lui-même aussi noble que modeste a pu dicter cette autre pensée : « On doit se consoler de n'avoir pas les grands talents comme on se console de n'avoir pas les grandes places. On peut être au-dessus de l'un et de l'autre par le cœur. »

Avec une élévation d'âme si naturelle et en même temps une raison si supérieure, Vauvenargues devait être bien éloigné de goûter un certain scepticisme d'opinion qui commençait à se répandre de son temps, que les imaginations exaltées prenaient pour de l'indépendance, et qui ne prouvait, dans ceux qui le professaient, que l'ignorance des véritables routes qui conduisent à la vérité. Il réprouvait « ces maximes qui, nous présentant toutes choses comme incertaines, nous laissent les maîtres absolus de nos actions; ces maximes qui anéantissent le mérite de la vertu, et, n'admettant parmi les hommes que des apparences, égalent le bien et le mal; ces maximes qui avilissent la gloire comme la plus insensée des vanités, et justifient l'intérêt, la bassesse et une brutale indolence. »

« Comment Vauvenargues, s'écrie Voltaire, avait-il pris un essor si haut dans le siècle des petitesses? » Je répondrai : C'est que Vauvenargues, en profitant des lumières de son siècle, n'en avait point adopté l'esprit, cet *esprit du monde,* si vain dans son fond, dit-il lui-même, par lequel il reproche à de grands écrivains de s'être laissé corrompre en sacrifiant au désir de plaire et à une vaine popularité la rectitude de leur jugement et la conscience même de leurs opinions (1). Vauvenargues put apprendre par sa propre expérience combien cette complaisance qu'il blâme est souvent nécessaire au succès des meilleurs ouvrages. L'*Introduction à la connaissance de l'esprit humain* parut en 1746, et n'eut qu'un succès obscur. Un ouvrage sérieux, quelque mérite qui le recommande, s'il paraît sans nom d'auteur, s'il n'est annoncé par aucun parti, ni favorisé par aucune circonstance particulière, ne peut attirer que faiblement l'attention publique.

Des hommes qui ont vécu dans le monde, vu la cour, occupé des places importantes, obtenu quelque considération, imaginent difficilement qu'en morale et en philosophie pratique ils puissent jamais avoir besoin d'apprendre quelque chose. Cette partie des connaissances humaines devient pour eux un objet de spéculation, un amusement de l'esprit qui ne leur paraît digne d'occuper leur esprit qu'autant qu'elle leur offre quelques idées un peu singulières, qu'ils pussent trouver leur compte à attaquer ou à défendre. On conçoit qu'un ouvrage de littérature obtienne, en paraissant, un succès à peu près général; mais un ouvrage de morale ou de philosophie ne peut faire d'abord qu'une faible sensation ; il faut que les idées nouvelles qu'il renferme captivent assez l'attention pour lui susciter des adversaires et des défenseurs, et que l'esprit de parti vienne à l'appui du raisonnement pour fixer l'opinion sur le mérite de l'auteur et de l'ouvrage. Autrement, il sera lu, estimé et loué par quelques bons esprits; mais ce n'est que par une communication lente et presque insensible que l'opinion des bons esprits devient celle du public. Tous les hommes éclairés qui ont parlé de Vauvenargues l'ont regardé comme un esprit d'un ordre supérieur, observateur profond et écrivain éloquent, qui avait observé

(1) Cela était surtout vrai de Voltaire et rien ne montre mieux le discernement et l'indulgence de Vauvenargues que d'avoir su se lier avec Voltaire et admirer ses talents sans partager aucunement ses vices et son impiété.

(N. E.)

la nature sous de nouvelles faces, et donne à la morale un
caractère plus touchant qu'on ne l'avait fait encore. Ils furent
frappés de cet amour si pur de la vertu qui se reproduit sous
toutes sortes de formes dans ses ouvrages, et qui en dicte tous
les résultats. La gloire et la vertu, voilà les deux grands mo-
biles qu'il propose à l'homme pour élever ses pensées et diriger ses actions, les deux sources de son bonheur, qu'il regarde
comme inséparables.

Vauvenargues ne concevait pas que le vice pût jamais être
bon à quelque chose, contre l'opinion de quelques écrivains,
qui pensent qu'il y a des vices attachés à la nature, et par
cette raison inévitables; des vices, s'ils osaient le dire, nécessaires et presque innocents.

« On a demandé si la plupart des vices ne concourent pas
au bien public, comme les plus pures vertus. Qui ferait fleurir le commerce sans la vanité, l'avarice, etc.? Mais si nous
n'avions pas de vices, nous n'aurions pas ces passions à satisfaire, et nous ferions par devoir ce qu'on fait par ambition,
par orgueil, par avarice. Il est donc ridicule de ne pas sentir
que le vice seul nous empêche d'être heureux par la vertu;....
et lorsque les vices vont au bien, c'est qu'ils sont mêlés de
quelques vertus, de patience, de tempérance, de courage. »

« Le vice n'obtient point d'hommage réel. Si Cromwel n'eût
été prudent, ferme, laborieux, libéral autant qu'il était ambitieux et remuant, ni sa gloire ni sa fortune n'auraient cou-
ronné ses projets; car ce n'est pas à ses défauts que les
hommes se sont rendus, mais à la supériorité de son génie. »

« Il faut de la sincérité et de la droiture, même pour séduire. Ceux qui ont abusé les peuples sur quelque intérêt
général étaient fidèles aux particuliers. Leur habileté consistait
à captiver les esprits par des avantages réels..... Aussi, les
grands orateurs, s'il m'est permis de joindre ces deux choses,
ne s'efforcent pas d'imposer par un tissu de flatteries et d'impostures, par une dissimulation continuelle et par un langage
purement ingénieux. S'ils cherchent à faire illusion sur quelque point principal, ce n'est qu'à force de sincérité et de vérités de détail; car le mensonge est faible par lui-même. »

Les arts du style, les mouvements même de l'éloquence ne

valent pas ce ton simple d'une raison puissante, vouée à la défense des plus nobles sentiments. Mais la supériorité même de raison, soutenue par cette persuasion intime qui ajoute une force invincible à la raison, donne au style de Vauvenargues un charme pénétrant auquel n'atteindront jamais ceux qui cherchent à *en imposer par un langage purement ingénieux.*

« La clarté orne les pensées profondes. »

Cette maxime de Vauvenargues paraît être le résultat de ses sentiments comme de ses observations. Dans la plupart de ses pensées la force de l'expression tient à celle de la vérité. Le philosophe a frappé si juste au but, que pour donner à son idée le plus grand effet, il lui suffit de la faire bien comprendre. Qu'on me permette d'en citer plusieurs de ce .genre ; l'exemple est toujours plus frappant que la réflexion.

« Nous querellons les malheureux pour nous dispenser de les plaindre. »

« La magnanimité ne doit pas compte à la prudence de ses motifs. »

« Nos actions ne sont ni aussi bonnes ni aussi mauvaises que nos volontés. »

« Il n'y a rien que la crainte ou l'espérance ne persuade aux hommes. »

« La servitude avilit l'homme au point de s'en faire aimer. »

Dans les écrits où notre philosophe donne à ses réflexions plus de développements on retrouve encore ce même caractère de style, naturel dans l'expression, fort seulement par les combinaisons de la pensée, vif de raisonnement, touchant de conviction, animé moins par les images qui, comme le dit Vauvenargues lui-même, embellissent la raison, que par le sentiment qui la persuade; et ce sentiment, trop énergique en lui pour se perdre en déclamation, trop vrai pour se déguiser par l'emphase, se manifeste souvent par des tours hardis, rapides, inusités, que la vraie éloquence ne cherche pas, mais qu'elle laisse échapper, et qui ne sont même éloquents que parce qu'ils échappent à une âme profondément pénétrée de son objet.

Quoique l'imagination ne soit pas le caractère dominant du style de Vauvenargues, elle s'y montre de temps en temps, et toujours sous des formes aimables et riantes. Son esprit était sérieux, mais son âme était jeune : c'était comme on aime à vingt ans qu'il aimait la bonté, la gloire, la vertu ; et son imagination, sensible aux beautés de la Nature, en prêtait à ses objets chéris les plus douces et les plus vives couleurs. L'éclat de la jeunesse se peint à ses yeux dans les jours brillants de l'été ; *la grâce des premiers jours de printemps* est l'image sous laquelle se présente à lui *une vertu naissante.*

« Les feux de l'aurore, selon lui, ne sont pas si doux que les premiers regards de la gloire. »

Il dit ailleurs :

« Les regards affables ornent le visage des rois. »

Cette image rappelle un vers de la *Jérusalem* du Tasse ; c'est lorsque le poëte peint l'ange Gabriel revêtant une forme humaine pour se montrer à Godefroy :

> *Tra giovane e fanciullo età confine*
> *Prese, ed orno di raggi il biondo crine.*

« Il prit les traits de l'âge qui sépare la jeunesse de l'enfance, et orna de rayons sa blonde chevelure. »

Quelquefois aussi, malgré la pente sérieuse des idées de Vauvenargues, ses tournures prennent, par les rapprochements que fait son esprit, une originalité piquante.

« Le sot est comme le peuple, il se croit riche de peu. »

« Ceux qui combattent les préjugés du peuple croient n'être pas peuple. Un homme qui avait fait à Rome un argument contre les poulets sacrés se regardait peut-être comme un philosophe. »

Cette observation trouverait bien des applications dans les temps modernes. Nous avons vu beaucoup de philosophes de cette force. J'ai connu un abbé de La Chapelle, bon géomètre, et qui avait été jusqu'à quarante ans très-bon chrétien. « Je n'avais jamais réfléchi sur la religion, disait-il un

jour à d'Alembert ; mais j'ai lu la *Lettre de Thrasybule* et le
Testament de Jean Meslier (1) ; cela m'a fait faire des réflexions, et je me suis fait esprit fort. »

Après avoir fait remarquer les qualités intéressantes qui
distinguent le style de Vauvenargues, nous devons convenir
que ces qualités sont quelquefois ternies par des termes impropres et plus souvent par des tournures incorrectes. Il
n'avait aucun principe de grammaire ; il écrivait pour ainsi
dire d'instinct, et ne devait son talent qu'à un goût naturel,
formé par la lecture réfléchie de nos bons écrivains.

Vauvenargues, après avoir langui plusieurs années dans
un état de souffrance sans remède, qu'il supportait sans se
plaindre, voyait sa fin prochaine comme inévitable ; il en
parlait peu, et s'y préparait sans aucune apparence d'inquiétude et d'effroi. Il mourut en 1747, entouré de quelques amis
distingués par leur esprit et leur caractère, qui n'avaient
pas cessé de lui donner des preuves du plus tendre dévoue-
ment. Il les étonnait autant par le calme inaltérable de son
âme que par les ressources inépuisables de son esprit, et souvent par l'éloquence naturelle de ses discours.

On trouvera peut-être que je me suis trop étendu sur les
détails de la vie d'un homme qui a été peu connu, et dont
les écrits n'ont pas atteint au degré de réputation qu'ils ob-
tiendront sans doute un jour ; mais c'est pour cela même qu'il
m'a paru important d'attirer plus particulièrement l'attention
du public sur un mérite méconnu et sur des talents mal appréciés. Je croirais n'avoir pas fait un travail inutile si les
pages qu'on vient de lire pouvaient engager quelques esprits
raisonnables à rendre plus de justice à un écrivain qui a
donné à la morale un langage si noble et un ton si touchant.

SUARD.

---

(1) C'est-à-dire de misérables libelles, remarquables seulement par le
scandale et l'impiété.   (N. E.)

DISCOURS PRÉLIMINAIRE.

OUTES *les bonnes maximes sont dans le monde*, dit Pascal, *il ne faut que les appliquer;* mais cela est très-difficile. Ces maximes n'étant pas l'ouvrage d'un seul homme, mais d'une infinité d'hommes différents, qui envisageaient les choses par divers côtés, peu de gens ont l'esprit assez profond pour concilier tant de vérités et les dépouiller des erreurs dont elles sont mêlées (1). Au

(1) Dans la première édition on lit après cette phrase un passage que l'auteur supprima dans la seconde; le voici : « Si quelque génie plus solide » se propose un si grand travail, nous nous unissons contre lui. Aristote, » disons-nous, a jeté toutes les semences des découvertes de Descartes : » quoiqu'il soit manifeste que Descartes ait tiré de ces vérités, connues, se- » lon nous, à l'antiquité, des conséquences qui renversent toute sa doctrine, » nous publions hardiment nos calomnies : cela me rappelle encore ces pa- » roles de Pascal : *Ceux qui sont capables d'inventer sont rares; ceux qui* » *n'inventent pas sont en plus grand nombre, et par conséquent les plus forts,* » *et l'on voit que pour l'ordinaire ils refusent aux inventeurs la gloire qu'ils* » *méritent*, etc.

» Ainsi nous conservons obstinément nos préjugés, nous en admettons » même de contradictoires, faute d'aller jusqu'à l'endroit par lequel ils se » contrarient. C'est une chose monstrueuse que cette confiance dans laquelle » on s'endort, pour ainsi dire, sur l'autorité des maximes populaires, n'y » ayant point de principe sans contradiction, point de terme même sur les » grands sujets dans l'idée duquel on convienne. Je n'en citerai qu'un exem- » ple : qu'on me définisse la vertu. »

lieu de songer à réunir ces divers point de vue, nous nous amusons à discourir des opinions des philosophes, et nous les opposons les uns aux autres, trop faibles pour rapprocher ces maximes éparses et pour en former un système raisonnable. Il ne paraît pas même que personne s'inquiète beaucoup des lumières (1) et des connaissances qui nous manquent. Les uns s'endorment sur l'autorité des préjugés, et en admettent même de contradictoires, faute d'aller jusqu'à l'endroit par lequel ils se contrarient; et les autres passent leur vie à douter et à disputer, sans s'embarrasser des sujets de leurs disputes et de leurs doutes.

Je me suis souvent étonné, lorsque j'ai commencé à réfléchir, de voir qu'il n'y eût aucun principe sans contradiction, point de termes même sur les grands sujets dans l'idée duquel on convînt (2). Je disais quelquefois en moi-même : Il n'y a point de démarche indifférente dans la vie; si nous la conduisons sans la connaissance de la vérité, quel abîme !

Qui sait ce qu'il doit estimer, ou mépriser, ou haïr, s'il ne sait ce qui est bien ou ce qui est mal? et quelle idée aura-t-on de soi-même si on ignore ce qui est estimable? etc.

On ne prouve point les principes, me disait-on. Voyons s'il est vrai (3), répondais-je; car cela même est un principe très-fécond, et qui peut nous servir de fondement (4).

Cependant j'ignorais la route que je devais suivre pour sortir des incertitudes qui m'environnaient. Je ne savais précisément ni ce que je cherchais ni ce qui pouvait m'éclairer; et je connaissais peu de gens qui fussent en état de m'instruire. Alors j'écoutai cet instinct qui excitait ma curiosité et mes inquiétudes, et je dis : Que veux-je savoir? que m'im-

(1) Il serait plus exact de dire *s'inquiète beaucoup du défaut des lumières;* mais c'est une locution elliptique qui peut être justifiée. (M.)

(2) *Un terme sur les grands sujets* est une expression trop vague. *Convenir dans l'idée d'un terme,* cette manière de s'exprimer est trop négligée. (M.)

(3) Pour *si cela est vrai,* locution familière, mais peu exacte. (M.)

(4) On trouve encore ici dans la première édition un passage que nous rétablissons, et qui fut supprimé dans la seconde : « Nous nous appliquons » à la chimie, à l'astronomie, ou à ce qu'on appelle érudition, comme si nous » n'avions rien à connaître de plus important. Nous ne manquons pas de

porte-t-il de connaître? Les choses qui ont avec moi les
rapports les plus nécessaires? Sans doute. Et où trouverai-je
ces rapports, sinon dans l'étude de moi-même et la connaissance des hommes, qui sont l'unique fin de mes actions et
l'objet de toute ma vie? Mes plaisirs, mes chagrins, mes
passions, mes affaires, tout roule sur eux. Si j'existais seul
sur la terre, sa possession entière serait peu pour moi : je
n'aurais plus ni soins, ni plaisirs, ni désirs; la fortune et la
gloire même ne seraient pour moi que des noms; car, il ne
faut pas s'y méprendre, nous ne jouissons que des hommes,
le reste n'est rien. Mais, continuai-je, éclairé par une nouvelle lumière, qu'est-ce que l'on ne trouve pas dans la connaissance de l'homme? Les devoirs des hommes rassemblés
en société, voilà la morale; les intérêts réciproques de ces
sociétés, voilà la politique; leurs obligations envers Dieu,
voilà la religion.

Occupé de ces grandes vues, je me proposai d'abord de
parcourir toutes les qualités de l'esprit, ensuite toutes les
passions, et enfin toutes les vertus et tous les vices qui,
n'étant que des qualités humaines, ne peuvent être connus
que dans leur principe. Je méditai donc sur ce plan, et je
posai les fondements d'un long travail. Les passions inséparables de la jeunesse, des infirmités continuelles, la guerre
survenue dans ces circonstances, ont interrompu cette étude.
Je me proposais de la reprendre un jour dans le repos,
lorsque de nouveaux contre-temps m'ont ôté, en quelque
manière, l'espérance de donner plus de perfection à cet ouvrage.

Je me suis attaché, autant que j'ai pu, dans cette seconde

» prétexte pour justifier ces études. Il n'y a point de science qui n'ait quel-
» que côté utile. Ceux qui passent toute leur vie à l'étude des coquillages
» disent qu'ils contemplent la nature. O démence aveugle, la gloire est-elle
» un nom, la vertu une erreur, la foi un fantôme? Nous nions ou nous re-
» cevons ces opinions que nous n'avons jamais approfondies, et nous nous
» occupons tranquillement des sciences purement curieuses. Croyons-nous
» connaître les choses dont nous ignorons les principes?
   » Pénétré de ces réflexions dès mon enfance, et blessé des contradictions
» trop manifestes de nos opinions, je cherchai au travers de tant d'erreurs
» les sentiers délaissés du vrai, et je dis : Que veux-je savoir? etc. »

édition, à corriger les fautes de langage que l'on m'a fait remarquer dans la première. J'ai retouché le style en beaucoup d'endroits. On trouvera quelques chapitres plus développés et plus étendus qu'ils n'étaient d'abord : tel est celui *du Génie*. On pourra remarquer aussi les augmentations que j'ai faites dans les *Conseils à un jeune homme*, et dans les *Réflexions critiques* sur les poëtes, auxquels j'ai joint Rousseau et Quinault, auteurs célèbres, dont je n'avais pas encore parlé. Enfin, on verra que j'ai fait des changements encore plus considérables dans les *Maximes*. J'ai supprimé plus de deux cents pensées, ou trop obscures, ou trop communes, ou inutiles. J'ai changé l'ordre des maximes que j'ai conservées ; j'en ai expliqué quelques-unes, et j'en ai ajouté quelques autres, que j'ai répandues indifféremment parmi les anciennes. Si j'avais pu profiter de toutes les observations que mes amis ont daigné faire sur mes fautes, j'aurais rendu peut-être ce petit ouvrage moins indigne d'eux ; mais ma mauvaise santé ne m'a pas permis de leur témoigner par ce travail le désir que j'ai de leur plaire.

INTRODUCTION

A LA CONNAISSANCE

DE L'ESPRIT HUMAIN.

LIVRE PREMIER.

I.

De l'Esprit en général.

EUX qui ne peuvent rendre raison des variétés de l'esprit humain y supposent des contrariétés inexplicables. Ils s'étonnent qu'un homme qui est vif ne soit pas pénétrant; que celui qui raisonne avec justesse manque de jugement dans sa conduite; qu'un autre qui parle nettement ait l'esprit faux, etc. Ce qui fait qu'ils ont tant de peine à concilier ces prétendues bizarreries, c'est qu'ils confondent les qualités du caractère avec celles de l'esprit, et qu'ils rapportent au raisonnement des effets qui appartiennent aux passions. Ils ne remarquent pas qu'un esprit juste qui fait une faute ne la fait quelquefois que pour satisfaire une passion, et non par défaut de lumière; et lorsqu'il arrive à un homme vif de manquer de pénétration, ils ne savent pas que

pénétration et vivacité sont deux choses assez différentes,
quoique ressemblantes, et qu'elles peuvent être séparées. Je
ne prétends pas découvrir toutes les sources de nos erreurs
sur une matière sans bornes : lorsque nous croyons tenir la
vérité par un endroit, elle nous échappe par mille autres;
mais j'espère qu'en parcourant les principales parties de l'esprit, je pourrai observer les différences essentielles, et faire
évanouir un très-grand nombre de ces contradictions imaginaires qu'admet l'ignorance. L'objet de ce premier livre est de
faire connaître, par des définitions et des réflexions fondées
sur l'expérience, toutes ces différentes qualités des hommes
qui sont comprises sous le nom d'esprit. Ceux qui recherchent
les causes physiques de ces mêmes qualités en pourraient
peut-être parler avec moins d'incertitude, si on réussissait
dans cet ouvrage à développer les effets dont ils étudiaient les
principes.

II.

Imagination, Réflexion, Mémoire.

Il y a trois principes remarquables dans l'esprit : l'imagination, la réflexion, et la mémoire (1).

J'appelle imagination le don de concevoir les choses d'une
manière figurée, et de rendre ses pensées par des images (2).
Ainsi l'imagination parle toujours à nos sens; elle est l'in-
ventrice des arts et l'ornement de l'esprit.

La réflexion est la puissance de se replier sur ses idées, de
les examiner, de les modifier, ou de les combiner de diverses
manières. Elle est le grand principe du raisonnement, du jugement, etc.

La mémoire conserve le précieux dépôt de l'imagination et
de la réflexion. Il serait superflu de s'arrêter à peindre son
utilité, non contestée. Nous n'employons dans la plupart de
nos raisonnements que des réminiscences; c'est sur elles que

(1) La mémoire est la première. Pourquoi? (V.)
(2) L'imagination est ici considérée relativement à la littérature. (M.)

nous bâtissons; elles sont le fondement et la matière de tous nos discours. L'esprit que la mémoire cesse de nourrir s'éteint dans les efforts laborieux de ses recherches. S'il y a un ancien préjugé contre les gens d'une heureuse mémoire, c'est parce qu'on suppose qu'ils ne peuvent embrasser et mettre en ordre tous leurs souvenirs, parce qu'on présume que leur esprit, ouvert à toutes sortes d'impressions, est vide, et ne se charge de tant d'idées empruntées, qu'autant qu'il en a peu de propres; mais l'expérience a contredit ces conjectures par de grands exemples. Et tout ce qu'on peut en conclure avec raison est qu'il faut avoir de la mémoire dans la proportion de son esprit, sans quoi on se trouve nécessairement dans un de ces deux vices, le défaut où l'excès.

III.

Fécondité.

Imaginer, réfléchir, se souvenir, voilà les trois principales facultés de notre esprit. C'est là tout le don de penser (1), qui précède et fonde les autres. Après vient la fécondité, puis la justesse, etc.

Les esprits stériles laissent échapper beaucoup de choses (2) et n'en voient pas tous les côtés; mais l'esprit fécond sans justesse se confond dans son abondance, et la chaleur du sentiment qui l'accompagne est un principe d'illusion très à craindre; de sorte qu'il n'est pas étrange de penser beaucoup et peu juste.

Personne ne pense, je crois, que tous les esprits soient féconds, ou pénétrants, ou éloquents, ou justes, dans les mêmes choses. Les uns abondent en images, les autres en

---

(1) On ne pense que par mémoire. (V.)

(2) L'esprit stérile est celui en qui l'idée qu'on lui présente ne fait pas naître d'idées accessoires; au lieu que l'esprit fécond produit sur le sujet qui l'occupe toutes les idées qui appartiennent à ce sujet. De même que dans une oreille exercée et sensible un son produit le sentiment des sons harmoniques, et qu'elle entend un accord où les autres n'entendent qu'un son. (S.)

réflexions, les autres en citations, etc., chacun selon son caractère, ses inclinations, ses habitudes, sa force, ou sa faiblesse.

IV.

Vivacité.

La vivacité consiste dans la promptitude des opérations de l'esprit. Elle n'est pas toujours unie à la fécondité. Il y a des esprits lents fertiles; il y en a de vifs stériles. La lenteur des premiers vient quelquefois de la faiblesse de leur mémoire, ou de la confusion de leurs idées, ou enfin de quelque défaut dans leurs organes, qui empêche leurs esprits de se répandre avec vitesse. La stérilité des esprits vifs dont les organes sont bien disposés vient de ce qu'ils manquent de force pour suivre une idée, ou de ce qu'ils sont sans passions; car les passions fertilisent l'esprit sur les choses qui leur sont propres, et cela pourrait expliquer de certaines bizarreries : un esprit vif dans la conversation, qui s'éteint dans le cabinet; un génie perçant dans l'intrigue, qui s'appesantit dans les sciences, etc.

C'est aussi par cette raison que les personnes enjouées que les objets frivoles intéressent paraissent les plus vives dans le monde. Les bagatelles qui soutiennent la conversation étant leur passion dominante, elles excitent toute leur vivacité, leur fournissent une occasion continuelle de paraître. Ceux qui ont des passions plus sérieuses étant froids sur ces puérilités, toute la vivacité de leur esprit demeure concentrée.

V.

Pénétration.

La pénétration est une facilité à concevoir (1), à remonter

(1) *Concevoir* veut dire ici se former, d'après ce qu'on voit, des idées de ce qu'on ne voit pas, et par là *pénétrer* plus loin que la simple apparence. (S.)

au principe des choses, ou à prévenir (1) leurs effets par une suite d'inductions.

C'est une qualité qui est attachée comme les autres à notre organisation, mais que nos habitudes et nos connaissances perfectionnent : nos connaissances, parce qu'elles forment un amas d'idées qu'il n'y a plus qu'à réveiller; nos habitudes, parce qu'elles ouvrent nos organes, et donnent aux esprits un cours facile et prompt.

Un esprit extrêmement vif peut être faux et laisser échapper beaucoup de choses par vivacité ou par impuissance de réfléchir, et n'être pas pénétrant. Mais l'esprit pénétrant ne peut être lent; son vrai caractère est la vivacité et la justesse unies à la réflexion.

Lorsqu'on est trop préoccupé de certains principes sur une science, on a plus de peine à recevoir d'autres idées dans la même science et une nouvelle méthode; mais c'est là encore une preuve que la pénétration est dépendante, comme je l'ai dit, de nos habitudes. Ceux qui font une étude puérile des énigmes en pénètrent plus tôt le sens que les plus subtils philosophes.

VI.

De la Justesse, de la Netteté, du Jugement.

La netteté est l'ornement de la justesse (2) ; mais elle n'en est pas inséparable. Tous ceux qui ont l'esprit net ne l'ont pas juste. Il y a des hommes qui conçoivent très-distinctement, et qui ne raisonnent pas conséquemment. Leur esprit, trop faible ou trop prompt, ne peut suivre la liaison des choses, et laisse échapper leurs rapports. Ceux-ci, ne pouvant assembler beaucoup de vues, attribuent quelquefois à tout un objet ce qui convient au peu qu'ils en connaissent. La netteté de leurs idées empêche qu'ils ne s'en défient. Eux-

(1) Au lieu de *prévenir*, il faut, ce me semble, *prévoir les effets par induction*, après quoi on les prévient. (S.)
(2) La netteté naît de l'ordre des idées. (V.)

mêmes se laissent éblouir par l'éclat des images qui les préoccupent; et la lumière de leurs expressions les attache à l'erreur de leurs pensées (1).

La justesse vient du sentiment du vrai formé dans l'âme, accompagné du don de rapprocher les conséquences des principes et de combiner leurs rapports. Un homme médiocre peut avoir de la justesse à son degré, un petit ouvrage de même (2). C'est sans doute un grand avantage, de quelque sens qu'on le considère : toutes choses en divers genres ne tendent à la perfection qu'autant qu'elles ont de justesse (3).

Ceux qui veulent tout définir ne confondent pas le jugement et l'esprit juste; ils rapportent à ce dernier (4) l'exactitude dans le raisonnement, dans la composition, dans toutes les choses de pure spéculation; la justesse dans la conduite de la vie, ils l'attachent au jugement (5).

Je dois ajouter qu'il y a une justesse et une netteté d'imagination (6), une justesse et une netteté de réflexion, de mémoire, de sentiment, de raisonnement, d'éloquence, etc. Le tempérament et la coutume mettent des différences infinies entre les hommes, et resserrent ordinairement beaucoup leurs qualités. Il faut appliquer ce principe à chaque partie de l'esprit; il est très-facile à comprendre.

Je dirai encore une chose que peu de personnes ignorent : on trouve quelquefois dans l'esprit des hommes les plus sages des idées par leur nature inalliables, que l'éducation, la coutume, ou quelque impression violente, ont liées irrévocablement dans leur mémoire. Ces idées sont tellement jointes, et

---

(1) Bien écrit. (V.)

(2) *A son degré, de même*, expressions trop négligées. (M.)

(3) Je dirais *n'ont de perfection;* et même comment dit-on qu'une chose a plus ou moins de justesse? (M.) — *Justesse* ici n'est pas le mot propre; cela veut dire sans doute ici, juste proportion de parties, exacte combinaison de rapports. (S.)

(4) *Ils rapportent à ce dernier.* C'est qu'il me semble que l'esprit juste consiste seulement à raisonner juste sur ce qu'on connaît, et que le jugement suppose des connaissances qui mettent en état de juger ce qu'on rencontre, et la vie en général est composée de rencontres. (S.)

(5) *La justesse*, etc. Justesse est ici sagesse. (V.)

(6) *Je dois ajouter*, etc. Un peu confus. (V.)

so présentent avec tant de force, que rien ne peut les séparer (1); ces ressentiments de folie sont sans conséquence, et prouvent seulement, d'une manière incontestable, l'invincible pouvoir de la coutume.

VII.

Du Bon Sens.

Le bon sens n'exige pas un jugement bien profond; il semble consister plutôt à n'apercevoir les objets que dans la proportion exacte qu'ils ont avec notre nature, ou avec notre condition. Le bon sens n'est donc pas à penser sur les choses avec trop de sagacité, mais à les concevoir d'une manière utile, à les prendre dans le bon sens.

Celui qui voit (2) avec un microscope aperçoit sans doute dans les choses plus de qualités; mais il ne les aperçoit point dans leur proportion naturelle avec la nature de l'homme, comme celui qui ne se sert que de ses yeux. Image des esprits subtils, il pénètre souvent trop loin : celui qui regarde naturellement les choses a le bon sens.

Le bon sens se forme d'un goût naturel pour la justesse et la médiocrité; c'est une qualité du caractère, plutôt encore que de l'esprit. Pour avoir beaucoup de bon sens, il faut être fait de manière que la raison domine sur le sentiment, l'expérience sur le raisonnement.

Le jugement va plus loin que le bon sens; mais ses principes sont plus variables.

VIII.

De la Profondeur.

La profondeur est le terme de la réflexion (3). Quiconque a l'esprit véritablement profond doit avoir la force de fixer sa

---

(1) *Ces idées sont*, etc. C'est-à-dire qu'il y a de la folie dans les sages. (V.)

(2) *Celui qui voit*, etc. Fin et vrai. (V.)

(3) *La profondeur*, etc.; c'est-à-dire ce qui suppose le plus de force à la réflexion. (S.)

pensée fugitive, de la retenir sous ses yeux pour en considérer le fond, et de ramener à un point une longue chaîne d'i-
dées : c'est à ceux principalement qui ont cet esprit en partage [que la netteté et la justesse sont plus nécessaires (1).
Quand ces avantages leur manquent, leurs vues sont mêlées
d'illusions et couvertes d'obscurités. Et néanmoins, comme
de tels esprits voient toujours plus loin que les autres dans
les choses de leur ressort, ils se croient aussi bien plus
proches de la vérité que le reste des hommes ; mais ceux-ci
ne pouvant les suivre dans leurs sentiers ténébreux, ni remonter des conséquences jusqu'à la hauteur des principes, ils
sont froids et dédaigneux pour cette sorte d'esprit qu'ils ne
sauraient mesurer.

Et même entre les gens profonds, comme les uns le sont
sur les choses du monde, et les autres dans les sciences, ou
dans un art particulier, chacun préférant son objet, dont il
connaît mieux les usages, c'est aussi de tous les côtés matière de dissension.

Enfin, on remarque une jalousie encore plus particulière
entre les esprits vifs et les esprits profonds, qui n'ont l'un
qu'au défaut de l'autre ; car les uns marchant plus vite, et
les autres allant plus loin, ils ont la folie de vouloir entrer
en concurrence, et ne trouvant point de mesure pour des
choses si différentes, rien n'est capable de les rapprocher.

IX.

De la Délicatesse, de la Finesse, et de la Force.

La délicatesse vient essentiellement de l'âme (2) : c'est une
sensibilité dont la coutume, plus ou moins hardie, détermine

---

(1) *C'est à ceux,* etc. Descartes me paraît un esprit très-profond, quoique
faux et romanesque. (V.) — Ce jugement de Voltaire est dur, impertinent
même. Si Descartes, comme Platon, a donné dans des chimères, il unit souvent la rectitude à l'élévation d'esprit.   (N. E.)

(2) *La délicatesse vient essentiellement de l'âme.* La délicatesse est, ce me
semble, finesse et grâce. (V.)

aussi le degré (1). Des nations ont mis de la délicatesse où d'autres n'ont trouvé qu'une langueur sans grâce; celles-ci au contraire. Nous avons mis peut-être cette qualité à plus haut prix qu'aucun autre peuple de la terre : nous voulons donner beaucoup de choses à entendre sans les exprimer, et les présenter sous des images douces et voilées; nous avons confondu la délicatesse et la finesse, qui est une sorte de sagacité sur les choses de sentiment (2). Cependant la nature sépare souvent des dons qu'elle a faits si divers : grand nombre d'esprits délicats ne sont que délicats; beaucoup d'autres ne sont que fins; on en voit même qui s'expriment avec plus de finesse qu'ils n'entendent, parce qu'ils ont plus de facilité à parler qu'à concevoir. Cette dernière singularité est remarquable; la plupart des hommes sentent au-delà de leurs faibles expressions; l'éloquence est peut-être le plus rare comme le plus gracieux de tous les dons.

La force vient aussi d'abord du sentiment, et se caractérise par le tour de l'expression; mais quand la netteté et la justesse ne lui sont pas jointes, on est dur au lieu d'être fort, obscur au lieu d'être précis, etc.

X.

De l'étendue de l'Esprit.

Rien ne sert au jugement et à la pénétration comme l'étendue de l'esprit. On peut la regarder, je crois, comme une disposition admirable des organes, qui nous donne d'embrasser beaucoup d'idées à la fois sans les confondre.

Un esprit étendu considère les êtres dans leurs rapports mutuels : il saisit d'un coup d'œil tous les rameaux des

(1) *C'est une sensibilité*, etc. La coutume, les mœurs du pays qu'on habite, déterminent le degré de délicatesse et de sensibilité qu'on porte sur certaines choses, c'est-à-dire qu'elles forment en nous des habitudes qui rendent cette délicatesse plus ou moins sévère, cette sensibilité plus ou moins vive. (V.)

(2) On n'a jamais dit que *la finesse fût une sorte de sagacité sur les choses de sentiment*. Cela ne pourrait se dire que de la délicatesse de l'âme. (S.)

choses; il les réunit à leur source (1) et dans un centre commun ; il les met sous un même point de vue. Enfin il répand
la lumière sur de grands objets et sur une vaste surface.

On ne saurait avoir un grand génie sans avoir l'esprit
étendu ; mais il est possible qu'on ait l'esprit étendu sans
avoir du génie ; car ce sont deux choses distinctes. Le génie
est actif, fécond : l'esprit étendu, fort souvent, se borne à la
spéculation ; il est froid, paresseux et timide.

Personne n'ignore que cette qualité dépend aussi beaucoup
de l'âme, qui donne ordinairement à l'esprit ses propres
bornes, et le rétrécit ou l'étend, selon l'essor qu'elle-même se
donne.

XI.

Des Saillies.

Le mot de *saillie* vient de sauter ; avoir des saillies, c'est
passer sans gradation d'une idée à une autre qui peut s'y
allier : c'est saisir les rapports des choses les plus éloignées ;
ce qui demande sans doute de la vivacité et un esprit agile.
Ces transitions soudaines et inattendues causent toujours une
grande surprise : si elles se portent à quelque chose de plaisant, elles excitent à rire ; si à quelque chose de profond,
elles étonnent ; si à quelque chose de grand, elles élèvent.
Mais ceux qui ne sont pas capables de s'élever ou de pénétrer
d'un coup d'œil des rapports trop approfondis n'admirent que
ces rapports bizarres et sensibles que les gens du monde sai-
sissent si bien. Et le philosophe, qui rapproche par de lumineuses sentences les vérités en apparence les plus séparées,
réclame inutilement contre cette injustice : les hommes frivoles, qui ont besoin de temps pour suivre ces grandes dé-
marches de la réflexion, sont dans une espèce d'impuissance
de les admirer, attendu que l'admiration ne se donne qu'à la
surprise, et vient rarement par degrés.

Les saillies tiennent en quelque sorte dans l'esprit le même

(1) Métaphore incohérente : un *rameau* n'a pas de *source*. (M.)

rang que l'humeur peut avoir dans les passions (1). Elles ne supposent pas nécessairement de grandes lumières, elles peignent le caractère de l'esprit. Ainsi ceux qui approfondissent vivement les choses ont des saillies de réflexion; les gens d'une imagination heureuse, des saillies d'imagination; d'autres, des saillies de mémoire; les méchants, des méchancetés; les gens gais, des choses plaisantes, etc.

Les gens du monde, qui font leur étude de ce qui peut plaire, ont porté plus loin que les autres ce genre d'esprit; mais parce qu'il est difficile aux hommes de ne pas outrer ce qui est bien, ils ont fait du plus naturel de tous les dons un jargon plein d'affectation. L'envie de briller leur a fait abandonner par réflexion le vrai et le solide, pour courir sans cesse après les allusions et les jeux d'imagination les plus frivoles; il semble qu'ils soient convenus de ne plus rien dire de suivi, et de ne saisir dans les choses que ce qu'elles ont de plaisant et leur surface. Cet esprit, qu'ils croient si aimable, est sans doute bien éloigné de la Nature, qui se plaît à se reposer sur les sujets qu'elle embellit, et trouve la variété dans la fécondité de ses lumières, bien plus que dans la diversité de ses objets. Un agrément si faux et si superficiel est un art ennemi du cœur et de l'esprit (2), qu'il resserre dans des bornes étroites; un art qui ôte la vie de tous les discours en bannissant le sentiment qui en est l'âme, et qui rend les conversations du monde aussi ennuyeuses qu'insensées et ridicules.

(1) *Les saillies tiennent*, etc. Quel rang tient l'humeur entre les passions? est-elle une passion? Cette pensée peut expliquer l'*humour* des Anglais. (M.) — L'humeur, comme la colère, est une passion momentanée qui ne mène à rien, parce qu'elle n'a point de but déterminé. Est-ce en cela que Vauvenargues la compare aux saillies, qui, le plus souvent, ne prouvent rien! ou bien l'humeur est-elle prise ici pour le caractère! De quelque manière qu'on veuille l'entendre, ce passage est difficile à expliquer. (S.)

(2) *Un agrément si faux*, etc. L'auteur veut parler sans doute ici de cette habitude et de ce talent qu'ont les gens du monde de glacer tout sentiment par une plaisanterie, et de couper court à toute discussion sérieuse par une saillie heureuse, fondée sur quelques frivoles rapports de mots. (S.)

XII.

Du Goût.

Le goût est une aptitude à bien juger des objets de sentiment (1). Il faut donc avoir de l'âme pour avoir du goût; il
faut avoir aussi de la pénétration, parce que c'est l'intelligence qui remue le sentiment. Ce que l'esprit ne pénètre
qu'avec peine ne va pas souvent jusqu'au cœur, ou n'y fait
qu'une impression faible; c'est là ce qui fait que les choses
qu'on ne peut saisir d'un coup d'œil ne sont point du ressort
du goût.

Le bon goût consiste dans un sentiment de la belle Nature;
ceux qui n'ont pas un esprit naturel ne peuvent avoir le goût
juste.

Toute vérité peut entrer dans un livre de réflexion; mais
dans les ouvrages de goût (2) nous aimons que la vérité soit
puisée dans la Nature; nous ne voulons pas d'hypothèses;
tout ce qui n'est qu'ingénieux est contre les règles du goût.

Comme il y a des degrés et des parties différentes dans
l'esprit, il y en a de même dans le goût. Notre goût peut, je
crois, s'étendre autant que notre intelligence; mais il est
difficile qu'il passe au-delà. Cependant ceux qui ont une sorte
de talent se croient presque toujours un goût universel, ce
qui les porte quelquefois jusqu'à juger des choses qui leur
sont les plus étrangères. Mais cette présomption, qu'on pourrait supporter dans les hommes qui ont des talents, se remarque aussi parmi ceux qui raisonnent des talents, et qui ont
une teinture superficielle des règles du goût, dont ils font

(1) *Le goût*, etc. Le goût ne porte-t-il pas aussi sur des objets qui ne sont
pas de sentiment, mais du simple ressort de l'esprit? (M.)

(2) *Mais dans les ouvrages de goût*, etc. Qu'est-ce que les ouvrages de
goût? sont-ce les ouvrages dont le goût seul doit juger? Mais il y en a de
plusieurs sortes : pourquoi ce *qui n'est qu'ingénieux* en doit-il être banni? Ce
qui n'est qu'ingénieux n'est pas vrai, et ce qui n'est pas vrai n'est bon nulle
part; et où est la vérité qui ne soit pas *puisée dans la Nature?* Toute cette
pensée ne paraît pas nette. (S.)

des applications tout à fait extraordinaires. C'est dans les
grandes villes, plus que dans les autres, qu'on peut observer
ce que je dis; elles sont peuplées de ces hommes suffisants
qui ont assez d'éducation et d'habitude du monde pour parler
des choses qu'ils n'entendent point : aussi sont-elles le théâtre
des plus impertinentes décisions : et c'est là que l'on verra
mettre à côté des meilleurs ouvrages une fade compilation
des traits les plus brillants de morale et de goût mêlés à de
vieilles chansons et à d'autres extravagances, avec un style si
bourgeois et si ridicule que cela fait mal au cœur.

Je crois que l'on peut dire, sans témérité, que le goût du
plus grand nombre n'est pas juste : le cours déshonorant de
tant d'ouvrages ridicules en est une preuve sensible. Ces
écrits, il est vrai, ne se soutiennent pas; mais ceux qui les
remplacent ne sont pas formés sur un meilleur modèle : l'inconstance apparente du public ne tombe que sur les auteurs.
Cela vient de ce que les choses ne font d'impression sur nous
que selon la proportion qu'elles ont avec notre esprit; tout ce
qui est hors de notre sphère nous échappe, le bas, le naïf, le
sublime, etc.

Il est vrai que les habiles réforment nos jugements; mais
ils ne peuvent changer notre goût, parce que l'âme a ses inclinations indépendantes de ses opinions; ce que l'on ne sent
pas d'abord, on ne le sent que par degrés, comme l'on fait en
jugeant (1). De là vient qu'on voit des ouvrages critiqués du
peuple qui ne lui en plaisent pas moins; car il ne les critique
que par réflexion, et il les goûte par sentiment.

Que les jugements du public, épurés par le temps et par
les maîtres, soient donc, si l'on veut, infaillibles; mais dis-
tinguons-les de son goût, qui paraît toujours récusable.

---

(1) *Ce que l'on ne sent pas d'abord, on ne le sent que par degrés, comme l'on
fait en jugeant.* Il y a, je crois, beaucoup de gens capables de sentir par
degrés, ou lorsqu'on les en avertit, des choses qu'ils n'avaient pas senties
d'abord. Mais cela est vrai plutôt des beautés que des défauts. On n'est jamais choqué du défaut qui n'a point choqué d'abord; mais on peut, à force
de réflexion, se transporter pour des beautés qu'on n'avait pas senties d'a-
bord, parce qu'on n'avait pu en embrasser d'un coup d'œil tout le mérite. (S.)

Je finis ces observations : on demande depuis longtemps s'il est possible de rendre raison des matières de sentiment; tous avouent que le sentiment ne peut se connaître que par expérience : mais il est donné aux habiles d'expliquer sans peine les causes cachées qui l'excitent. Cependant bien des gens de goût n'ont pas cette facilité, et nombre de dissertateurs qui raisonnent à l'infini manquent du sentiment, qui est la base des justes notions sur le goût.

XIII.

Du Langage et de l'Éloquence.

On peut dire en général de l'expression, qu'elle répond à la nature des idées, et par conséquent aux divers caractères de l'esprit.

Ce serait néanmoins une témérité de juger de tous les hommes par le langage. Il est rare peut-être de trouver une proportion exacte entre le don de penser et celui de s'exprimer. Les termes n'ont pas une liaison nécessaire avec les idées : on veut parler d'un homme qu'on connaît beaucoup, dont le caractère, la figure, le maintien, tout est présent à l'esprit, hors son nom, qu'on veut nommer et qu'on ne peut rappeler; de même de beaucoup de choses dont on a des idées fort nettes, mais que l'expression ne suit pas; de là vient que d'habiles gens manquent quelquefois de cette facilité à rendre leurs idées que des hommes superficiels possèdent avec avantage.

La précision et la justesse du langage dépendent de la propriété des termes qu'on emploie.

La force ajoute à la justesse et à la brièveté ce qu'elle emprunte du sentiment : elle se caractérise d'ordinaire par le tour de l'expression.

La finesse emploie des termes qui laissent beaucoup à entendre.

La délicatesse cache sous le voile des paroles ce qu'il y a dans les choses de rebutant.

La noblesse a un air aisé, simple, précis, naturel.

Le sublime ajoute à la noblesse une force et une hauteur qui ébranlent l'esprit, qui l'étonnent et le jettent hors de lui-même ; c'est l'expression la plus propre d'un sentiment élevé, ou d'une grande et surprenante idée.

On ne peut sentir le sublime d'une idée dans une faible expression; mais la magnificence des paroles avec de faibles idées est proprement du phébus : le sublime veut des pensées élevées, avec des expressions et des tours qui en soient dignes.

L'éloquence embrasse tous les divers caractères de l'élocution : peu d'ouvrages sont éloquents; mais on voit des traits d'éloquence semés dans plusieurs écrits.

Il y a une éloquence qui est dans les paroles, et qui consiste à rendre aisément et convenablement ce que l'on pense, de quelque nature qu'il soit : c'est là l'éloquence du monde. Il y en a une autre dans les idées mêmes et dans les sentiments, jointe à celle de l'expression : c'est la véritable.

On voit aussi des hommes que le monde échauffe, et d'autres qu'il refroidit. Les premiers ont besoin de la présence des objets; les autres, d'être retirés et abandonnés à eux-mêmes : ceux-là sont éloquents dans leur conversation, ceux-ci dans leurs compositions.

Un peu d'imagination et de mémoire, un esprit facile, suffisent pour parler avec élégance; mais que de choses entrent dans l'éloquence! le raisonnement et le sentiment, le naïf et le pathétique, l'ordre et le désordre, la force et la grâce, la douceur et la véhémence, etc.

Tout ce qu'on a jamais dit du prix de l'éloquence n'en est qu'une faible expression. Elle donne la vie à tout : dans les sciences, dans les affaires, dans la conversation, dans la composition, dans la recherche même des plaisirs, rien ne peut réussir sans elle. Elle se joue des passions des hommes, les émeut, les calme, les pousse, et les détermine à son gré : tout cède à sa voix; elle seule enfin est capable de se célébrer dignement.

XIV.

De l'Invention.

Les hommes ne sauraient créer le fond des choses; ils les modifient. Inventer n'est donc pas créer la matière de ses inventions, mais lui donner la forme. Un architecte ne fait pas le marbre qu'il emploie à un édifice, il le dispose; et l'idée de cette disposition, il l'emprunte encore des différents modèles qu'il fond dans son imagination, pour former un nouveau tout. De même un poëte ne crée pas les images de sa poésie; il les prend dans le sein de la Nature, et les applique à différentes choses pour les figurer aux sens; et encore le philosophe : il saisit une vérité souvent ignorée, mais qui existe éternellement, pour joindre à une autre vérité, et pour en former un principe. Ainsi se produisent en différents genres les chefs-d'œuvre de la réflexion et de l'imagination. Tous ceux qui ont la vue assez bonne pour lire dans le sein de la Nature y découvrent, selon le caractère de leur esprit, ou le fond de l'enchaînement des vérités que les hommes effleurent, ou l'heureux rapport des images avec les vérités qu'elles embellissent. Les esprits qui ne peuvent pénétrer jusqu'à cette source féconde, qui n'ont pas assez de force et de justesse pour lier leurs sensations et leurs idées, donnent des fantômes sans vie, et prouvent, plus sensiblement que tous les philosophes, notre impuissance à créer.

Je ne blâme pas néanmoins ceux qui se servent de cette expression pour caractériser avec plus de force le don d'inventer. Ce que j'ai dit se borne à faire voir que la Nature doit être le modèle de nos inventions, et que ceux qui la quittent ou la méconnaissent ne peuvent rien faire de bien.

Savoir après cela pourquoi des hommes quelquefois médiocres excellent à des inventions où des hommes plus éclairés ne peuvent atteindre, c'est là le secret du génie, que je vais tâcher d'expliquer.

XV.

Du Génie et de l'Esprit.

Je crois qu'il n'y a point de génie sans activité. Je crois que le génie dépend en grande partie de nos passions. Je crois qu'il se forme du concours de beaucoup de différentes qualités, et des convenances secrètes de nos inclinations avec nos lumières. Lorsque quelqu'une des conditions nécessaires manque, le génie n'est point, ou n'est qu'imparfait; et on lui conteste son nom.

Ce qui forme donc le génie des négociations, ou celui de la poésie, ou celui de la guerre, etc., ce n'est pas un seul don de la Nature, comme on pourrait croire; ce sont plusieurs qualités, soit de l'esprit, soit du cœur, qui sont inséparablement et intimement réunies.

Ainsi l'imagination, l'enthousiasme, le talent de peindre, ne suffisent pas pour faire un poëte : il faut encore qu'il soit né avec une extrême sensibilité pour l'harmonie, avec le génie de sa langue, et l'art des vers.

Ainsi la prévoyance, la fécondité, la célérité de l'esprit sur les objets militaires, ne formeraient pas un grand capitaine, si la sécurité dans le péril, la vigueur du corps dans les opérations laborieuses du métier, et enfin une activité infatigable, n'accompagnaient ses autres talents.

C'est la nécessité de ce concours de tant de qualités indépendantes les unes des autres qui fait apparemment que le génie est toujours si rare. Il semble que c'est une espèce de hasard quand la Nature assortit ces divers mérites dans un même homme. Je dirais volontiers qu'il lui en coûte moins pour former un homme d'esprit, parce qu'il n'est pas besoin de mettre entre ses talents cette correspondance que veut le génie.

Cependant on rencontre quelquefois des gens d'esprit qui sont plus éclairés que d'assez beaux génies. Mais, soit que leurs inclinations partagent leur application, soit que la faiblesse de leur âme les empêche d'employer la force de leur esprit, on voit qu'ils demeurent bien loin après ceux qui mettent toutes leurs ressources et toute leur activité en œuvre en faveur d'un objet unique.

C'est cette chaleur du génie et cet amour de son objet qui lui donnent d'imaginer et d'inventer sur cet objet même. Ainsi, selon la pente de leur âme et le caractère de leur esprit, les uns ont l'invention du style, les autres celle du raisonnement; ou l'art de former des systèmes. D'assez grands génies ne paraissent presque avoir eu que l'invention du détail : tel est Montaigne. La Fontaine, avec un génie bien différent de celui de ce philosophe, est néanmoins un autre exemple de ce que je dis. Descartes, au contraire, avait l'esprit systématique et l'invention des desseins; mais il manquait, je crois, de l'imagination dans l'expression (1), qui embellit les pensées les plus communes.

A cette invention du génie est attaché, comme on sait, un caractère original, qui tantôt naît des expressions et des sentiments d'un auteur, tantôt de ses plans, de son art, de sa manière d'envisager et d'arranger les objets. Car un homme qui est maîtrisé par la pente de son esprit et par les impressions particulières et personnelles qu'il reçoit des choses ne peut ni ne veut dérober son caractère à ceux qui l'épient.

Cependant il ne faut pas croire que ce caractère original doive exclure l'art d'imiter. Je ne connais point de grands hommes qui n'aient adopté des modèles. J.-B. Rousseau a imité Marot; Corneille, Lucain et Sénèque; Bossuet, les prophètes; Racine, les Grecs et Virgile; et Montaigne dit quelque part qu'il y a en lui *une condition aucunement singeresse et imitatrice*. Mais ces grands hommes en imitant sont demeurés originaux, parce qu'ils avaient à peu près le même génie que ceux qu'ils prenaient pour modèles : de sorte qu'ils cultivaient leur propre caractère, sous ces maîtres qu'ils consultaient, et qu'ils surpassaient quelquefois, au lieu que ceux

(1) *Mais il manquait, je crois, de l'imagination*, etc. Mais il manquait bien davantage de la justesse d'esprit nécessaire pour faire un bon usage des mathématiques; voilà pourquoi il a dit tant de folies. (V.) — Nouvel exemple de l'acharnement de Voltaire contre les grands hommes du XVIIᵉ siècle. (N. E.)

qui n'ont que de l'esprit sont toujours de faibles copistes des meilleurs modèles, et n'atteignent jamais leur art. Preuve incontestable qu'il faut du génie pour bien imiter, et même un génie étendu pour prendre divers caractères : tant s'en faut que l'imagination donne l'exclusion au génie.

J'explique ces petits détails pour rendre ce chapitre plus complet, et non pour instruire les gens de lettres, qui ne peuvent les ignorer. J'ajouterai encore une réflexion en faveur des personnes moins savantes : c'est que le premier avantage du génie est de sentir et de concevoir plus vivement les objets de son ressort, que ces mêmes objets ne sont sentis et aperçus des autres hommes.

A l'égard de l'esprit, je dirai que ce mot n'a d'abord été inventé que pour signifier en général les différentes qualités que j'ai définies, la justesse, la profondeur, le jugement, etc. Mais parce que nul homme ne peut les rassembler toutes, chacune de ces qualités a prétendu s'approprier exclusivement le nom générique : d'où sont nées des disputes très-frivoles; car au fond il importe peu que ce soit la vivacité ou la justesse, ou telle autre partie de l'esprit qui emporte l'honneur de ce titre. Le nom ne peut rien pour les choses. La question n'est pas de savoir si c'est à l'imagination ou au bon sens qu'appartient le terme d'esprit. Le vrai intérêt, c'est de voir laquelle de ces qualités, ou des autres que j'ai nommées, doit nous inspirer plus d'estime. Il n'y en a aucune qui n'ait son utilité, et j'ose dire son agrément. Il ne serait peut-être pas difficile de juger s'il y en a de plus utiles, ou de plus aimables, ou de plus grandes les unes que les autres. Mais les hommes sont incapables de convenir entre eux du prix des moindres choses. La différence de leurs intérêts et de leurs lumières maintiendra éternellement la diversité de leurs opinions et la contrariété de leurs maximes.

XVI.

Du Caractère.

Tout ce qui forme l'esprit et le cœur est compris dans le caractère (1). Le génie n'exprime que la convenance de certaines qualités (2) ; mais les contrariétés les plus bizarres entrent dans le même caractère et le constituent.

On dit d'un homme qu'il n'a point de caractère lorsque les traits de son âme sont faibles, légers, changeants (3) ; mais cela même fait un caractère (4), et l'on s'entend bien là-dessus.

Les inégalités du caractère influent sur l'esprit ; un homme est pénétrant, ou pesant, ou aimable, selon son humeur.

On confond souvent dans le caractère les qualités de l'âme et celles de l'esprit. Un homme est doux et facile, on le trouve insinuant ; il a l'humeur vive et légère, on dit qu'il a l'esprit vif ; il est distrait et rêveur, on croit qu'il a l'esprit lent et peu d'imagination. Le monde ne juge des choses que par leur écorce ; c'est une chose qu'on dit tous les jours, mais que l'on ne sent pas assez. Quelques réflexions, en passant, sur les caractères les plus généraux nous y feront faire attention.

(1) *Tout ce qui forme,* etc. Il faut, je pense, *ce qui compose;* mais la maxime n'est pas claire et ne peut être juste. (M.)

(2) *Le génie n'exprime,* etc. Le génie est l'aptitude à exceller dans un art. (V.)

(3) *On dit d'un homme qu'il n'a point de caractère lorsque les traits de son âme,* etc. Vauvenargues emploie ici figurément le mot de *traits,* dans le même sens où l'on emploie en parlant des traits du visage ; c'est comme s'il disait, *la physionomie de son âme.* On dit fort bien que tel caractère a une physionomie particulière. Ceux dont parle Vauvenargues n'ont qu'une physionomie peu marquée et qui change à chaque instant. (S.)

(4) *Cela même fait un caractère,* etc. Voltaire a ajouté de sa main, à la marge, comme un renvoi, avant le mot *caractère,* le mot *pauvre.* Un *(pauvre) caractère.* (S.)

XVII.

Du sérieux.

Un des caractères les plus généraux, c'est le sérieux ; mais combien de choses différentes n'a-t-il pas, et combien de caractères sont compris dans celui-ci ! On est sérieux par tempérament, par trop ou trop peu de passions, trop ou trop peu d'idées ; par timidité, par habitude, et par mille autres raisons.

L'extérieur (1) distingue tous ces divers caractères aux yeux d'un homme attentif.

Le sérieux d'un esprit tranquille porte un air doux et serein.

Le sérieux des passions ardentes est sauvage, sombre et allumé.

Le sérieux d'une âme abattue donne un extérieur languissant.

Le sérieux d'un homme stérile paraît froid, lâche et oisif.

Le sérieux de la gravité prend un air concerté comme elle.

Le sérieux de la distraction porte des dehors singuliers.

Le sérieux d'un homme timide n'a presque jamais de maintien.

Personne ne rejette en gros ces vérités ; mais, faute de principes bien liés et bien conçus, la plupart des hommes sont dans le détail et dans leurs applications particulières, opposés les uns aux autres et à eux-mêmes ; ils font voir la nécessité indispensable de bien manier les principes les plus familiers, et de les mettre tous ensemble sous un point de vue qui en découvre la fécondité et la liaison.

---

(1) Depuis ces mots, *L'extérieur distingue,* jusqu'à ceux-ci, *n'a presque jamais de maintien,* l'édition de Voltaire est marquée d'une accolade avec ces mots de sa main : *très-bien.* (S.)

XVIII.

Du Sang-Froid.

Nous prenons quelquefois pour le sang-froid une passion
sérieuse et concentrée qui fixe toutes les pensées d'un esprit
ardent et le rend insensible aux autres choses.

Le véritable sang-froid vient d'un sang doux, tempéré, et
peu fertile en esprits. S'il coule avec trop de lenteur, il peut
rendre l'esprit pesant; mais lorsqu'il est reçu par des organes
faciles et bien conformés, la justesse, la réflexion, et une
singularité aimable, souvent l'accompagnent; nul esprit n'est
plus désirable.

On parle encore d'un autre sang-froid que donne la force
d'esprit, soutenue par l'expérience et de longues réflexions;
sans doute c'est là le plus rare.

XIX.

De la Présence d'Esprit.

La présence d'esprit se pourrait définir une aptitude à profiter des occasions pour parler ou pour agir. C'est un avantage qui a manqué souvent aux hommes les plus éclairés, qui
demande un esprit facile, un sang-froid modéré, l'usage des
affaires, et, selon les différentes occurrences, divers avantages : de la mémoire et de la sagacité dans la dispute, de la
sécurité dans les périls, et dans le monde cette liberté de
cœur qui nous rend attentifs à tout ce qui s'y passe, et nous
tient en état de profiter de tout, etc. (1).

(1) Tout cet article est marqué d'une accolade dans l'édition de Voltaire
avec ces mots : *bon, très-bon.* (S.)

XX.

De la Distraction.

Il y a une distraction assez semblable aux rêves du sommeil, qui est lorsque nos pensées flottent et se suivent d'elles-mêmes sans force et sans direction. Le mouvement des esprits se ralentit peu à peu; ils errent à l'aventure sur les traces du cerveau (1), et réveillent des idées sans suite et sans vérité; enfin les organes se ferment; nous ne formons plus que des songes, et c'est là proprement rêver les yeux ouverts.

Cette sorte de distraction est bien différente de celle où jette la méditation. L'âme, obsédée dans la méditation d'un objet qui fixe sa vue et la remplit tout entière, agit beaucoup dans ce repos. C'est un état tout opposé; cependant elle y tombe ensuite, épuisée par ses réflexions.

XXI.

De l'Esprit du Jeu.

C'est une sorte de génie que l'esprit du jeu, puisqu'il dépend également de l'âme et de l'intelligence. Un homme que la perte trouble ou intimide, que le gain rend trop hasardeux, un homme avare, ne sont pas plus faits pour jouer que ceux qui ne peuvent atteindre à l'esprit de combinaison. Il faut donc un certain degré de lumière et de sentiment, l'art des combinaisons, le goût du jeu, et l'amour mesuré du gain.

On s'étonne à tort que des sots possèdent ce faible avantage. L'habitude et l'amour du jeu, qui tournent toute leur application et leur mémoire de ce seul côté, suppléent l'esprit qui leur manque.

---

(1) *Sur les traces du cerveau*, etc. Sur les traces imprimées dans le cerveau. (S).

LIVRE DEUXIÈME.

XXII.

Des passions.

OUTES les passions roulent sur les plaisirs et la douleur, comme dit M. Locke : c'en est l'essence et le fonds.

Nous éprouvons en naissant ces deux états : le plaisir, parce qu'il est naturellement attaché à être; la douleur, parce qu'elle tient à être imparfaitement (1).

Si notre existence était parfaite, nous ne connaîtrions que le plaisir. Étant imparfaite, nous devons connaître le plaisir et la douleur : or, c'est de l'expérience de ces deux contraires que nous tirons l'idée du bien et du mal.

Mais comme le plaisir et la douleur ne viennent pas à tous les hommes par les mêmes choses, ils attachent à divers objets l'idée du bien et du mal, chacun selon son expérience, ses passions, ses opinions, etc.

Il n'y a cependant que deux organes de nos biens et de nos maux : les sens et la réflexion.

Les impressions qui viennent par les sens sont immédiates, et ne peuvent se définir; on n'en connaît pas les ressorts : elles sont l'effet du rapport qui est entre les choses et nous; mais ce rapport secret ne nous est pas connu.

Les passions qui viennent par l'organe de la réflexion sont moins ignorées. Elles ont leur principe dans l'amour de l'être

---

(1) *Nous éprouvons,* etc. Je ne sais si on peut dire *éprouver un état.* On éprouve une impression qui passe. *Être imparfaitement* n'explique pas ce que c'est qu'*être douloureusement.* (M.) — Le plaisir n'est pas naturellement attaché à être; car on existe souvent sans plaisir ni douleur. *Être imparfaitement* donnerait plutôt l'idée du désir que de la douleur. (S.)

ou de la perfection de l'être, ou dans le sentiment de son imperfection et de son dépérissement.

Nous tirons de l'expérience de notre être une idée de grandeur, de plaisir, de puissance, que nous voudrions toujours
augmenter : nous prenons dans l'imperfection de notre être
une idée de petitesse, de sujétion, de misère, que nous tâchons d'étouffer : voilà toutes nos passions.

Il y a des hommes en qui le sentiment de l'être est plus
fort que celui de leur imperfection ; de là l'enjouement, la
douceur, la modération des désirs.

Il y en a d'autres en qui le sentiment de leur imperfection
est plus vif que celui de l'être ; de là l'inquiétude, la mélancolie, etc.

De ces deux sentiments unis, c'est-à-dire celui de nos forces et celui de notre misère, naissent les plus grandes passions ; parce que le sentiment de nos misères nous pousse à
sortir de nous-même, et que le sentiment de nos ressources
nous y encourage et nous y porte par l'espérance. Mais ceux
qui ne sentent que leur misère sans leur force ne se passion-
nent jamais autant, car ils n'osent rien espérer ; ni ceux qui
ne sentent que leur force sans leur impuissance, car ils ont
trop peu à désirer : ainsi il faut un mélange de courage et de
faiblesse, de tristesse et de présomption. Or, cela dépend de
la chaleur du sang et des esprits ; et la réflexion qui modère
les velléités des gens froids encourage l'ardeur des autres, en
leur fournissant des ressources qui nourrissent leurs illusions :
d'où vient que les passions des hommes d'un esprit profond
sont plus opiniâtres et plus invincibles, car ils ne sont pas
obligés de s'en distraire comme le reste des hommes, par
épuisement de pensée ; mais leurs réflexions, au contraire,
sont un entretien éternel à leurs désirs, qui les échauffe ; et
cela explique encore pourquoi ceux qui pensent peu, ou qui
ne sauraient penser longtemps de suite sur la même chose,
n'ont que l'inconstance en partage.

XXIII.

De la Gaieté, de la Joie, de la Mélancolie.

Le premier degré du sentiment agréable de notre existence est la gaieté : la joie est un sentiment plus pénétrant. Les hommes enjoués n'étant pas d'ordinaire si ardents que le reste des hommes, ils ne sont peut-être pas capables des plus vives joies; mais les grandes joies durent peu, et laissent notre âme épuisée.

La gaieté, plus proportionnée à notre faiblesse que la joie, nous rend confiants et hardis, donne un être et un intérêt aux choses les moins importantes, fait que nous nous plaisons par instinct en nous-même, dans nos possessions, nos entours, notre esprit, notre suffisance, malgré d'assez grandes misères.

Cette intime satisfaction nous conduit quelquefois à nous estimer nous-même par de très-frivoles endroits; il me semble que les personnes enjouées sont ordinairement un peu plus vaines que les autres.

D'autre part, les mélancoliques sont ardents, timides, inquiets, et ne se sauvent, la plupart, de la vanité, que par l'ambition et l'orgueil.

XXIV.

De l'Amour-Propre et de l'Amour de nous-même.

L'amour est une complaisance dans l'objet aimé. Aimer une chose, c'est se complaire dans sa possession, sa grâce, son accroissement; craindre sa privation, ses déchéances, etc.

Plusieurs philosophes rapportent généralement à l'amour-propre toutes sortes d'attachements. Ils prétendent qu'on s'approprie tout ce que l'on aime, qu'on n'y cherche que son plaisir et sa propre satisfaction, qu'on se met soi-même avant tout; jusque-là qu'ils nient que celui qui donne sa vie pour un autre le préfère à soi. Ils passent le but en ce point : car si l'objet de notre amour nous est plus cher sans l'être, que l'être sans l'objet de notre amour, il paraît que c'est notre amour qui est notre passion dominante, et non notre individú propre, puisque tous nous échappe avec la vie, le bien que nous nous étions approprié par notre amour, comme notre être véritable. Ils répondent que la passion nous fait confondre dans ce sacrifice notre vie et celle de l'objet aimé; que nous croyons n'abandonner qu'une partie de nous-même pour conserver l'autre : au moins ils ne peuvent nier que celle que nous conservons nous paraît plus considérable que celle que nous abandonnons. Or, dès que nous nous regardons comme la moindre partie dans le tout, c'est une préférence manifeste de l'objet aimé. On peut dire la même chose d'un homme qui volontairement et de sang-froid meurt pour la gloire : la vie imaginaire qu'il achète au prix de son être réel est une préférence bien incontestable de la gloire, et qui justifie la distinction que quelques écrivains ont mise avec sagesse entre l'amour-propre et l'amour de nous-même. Ceux-ci conviennent bien que l'amour de nous-même entre dans toutes nos passions; mais ils distinguent cet amour de l'autre. Avec l'amour de nous-même, disent-ils, on peut chercher hors de soi son bonheur; on peut s'aimer hors de soi plus que son existence propre; on n'est point à soi-même son unique objet. L'amour-propre (1), au contraire, subordonne tout à ses commodités et à son bien-être; il est à lui-même son seul objet et sa seule fin : de sorte qu'au lieu que les passions qui viennent de l'amour de nous-même nous donnent aux choses, l'amour-propre veut que les choses se donnent à nous, et se fait le centre de tout.

Rien ne caractérise donc l'amour-propre comme la complaisance qu'on a dans soi-même et les choses qu'on s'approprie.

L'orgueil est un effet de cette complaisance. Comme on n'estime généralement les choses qu'autant qu'elles plaisent, et que nous nous plaisons si souvent à nous-même devant toutes choses, de là ces comparaisons toujours injustes qu'on

(1) Ou plutôt l'égoïsme. (S.)

fait de soi-même à autrui, et qui fondent tout notre orgueil.

Mais les prétendus avantages pour lesquels nous nous estimons étant grandement variés, nous les désignons par les noms que nous leur avons rendus propres. L'orgueil qui vient d'une confiance aveugle dans nos forces, nous l'avons nommé présomption; celui qui s'attache à de petites choses, vanité; celui qui est courageux, fierté.

Tout ce qu'on ressent de plaisir en s'appropriant quelque chose, richesse, agrément, héritage, etc., et ce qu'on éprouve de peine par la perte des mêmes biens, ou la crainte de quelque mal, la peur, le dépit, la colère, tout cela vient de l'amour-propre.

L'amour-propre se mêle à presque tous nos sentiments, ou du moins l'amour de nous-même; mais pour prévenir l'embarras que feraient naître les disputes qu'on a sur les termes, j'use d'expressions synonymes, qui me semblent moins équivoques. Ainsi, je rapporte tous nos sentiments à celui de nos perfections et de notre imperfection : ces deux grands principes nous portent de concert à aimer, estimer, conserver, agrandir et défendre du mal notre frêle existence. C'est la source de tous nos plaisirs et déplaisirs, et la cause féconde des passions qui viennent par l'organe de la réflexion.

Tâchons d'approfondir les principales : nous suivrons plus aisément la trace des petites, qui ne sont que des dépendances et des branches de celles-ci.

XXV.

De l'Ambition.

L'instinct qui nous porte à nous agrandir n'est nulle part si sensible que dans l'ambition; mais il ne faut pas confondre tous les ambitieux. Les uns attachent la grandeur solide à l'autorité des emplois, les autres aux grandes richesses, les autres au faste des titres, etc.; plusieurs vont à leur but sans nul choix des moyens, quelques-uns par de grandes choses, et d'autres par les plus petites : ainsi telle ambition est vice;

telle, vertu ; telle, vigueur d'esprit ; telle, égarement et bassesse , etc.

Toutes les passions prennent le tour de notre caractère.
Nous avons vu ailleurs que l'âme influait beaucoup sur l'esprit ; l'esprit influe aussi sur l'âme. C'est de l'âme que viennent tous les sentiments ; mais c'est par les organes de l'esprit
que passent les objets qui les excitent. Selon les couleurs
qu'il leur donne, selon qu'il les pénètre, qu'il les embellit,
qu'il les déguise, l'âme les rebute ou s'y attache. Quand donc
même on ignorerait que tous les hommes ne sont pas égaux
par le cœur, il suffit de savoir qu'ils envisagent les choses
selon leurs lumières, peut-être encore plus inégales, pour
comprendre la différence qui distingue les passions mêmes
qu'on désigne du même nom. Si différemment partagés par
l'esprit et les sentiments, ils s'attachent au même objet sans
aller au même intérêt (1) ; et cela n'est pas seulement vrai des
ambitieux , mais aussi de toute passion.

XXVI.

De l'Amour du Monde.

Que de choses sont comprises dans l'amour du monde! le
libertinage, le désir de plaire, l'envie de primer, etc. : l'a-
mour du sensible et du grand ne sont nulle part si mêlés (2).

Le génie et l'activité portent les hommes à la vertu et à la
gloire : les petits talents, la paresse, le goût des plaisirs, la
gaieté et la vanité les fixent aux petites choses ; mais en tout

(1) *Ils s'attachent au même objet sans aller au même intérêt.* C'est-à-dire
sans voir de même objet où ils s'attachent, et sans y être portés par le même
intérêt. Deux hommes veulent la même place, l'un pour l'argent et l'autre
pour le crédit. (S.)

(2) *L'amour du sensible et du grand ne sont nulle part si mêlés.* C'est-à-dire,
je crois, selon la manière de voir de Vauvenargues, *les penchants physiques
et les sentiments moraux.* D'autant que dans la première édition il ajoutait :
Je parle d'un grand, mesuré à l'esprit et au cœur qu'il touche. Dans tous les
cas cela n'est pas clair. (S.)

c'est le même instinct, et l'amour du monde renferme de vives semences de presque toutes les passions.

XXVII.

Sur l'Amour de la Gloire.

La gloire nous donne sur les cœurs une autorité naturelle qui nous touche sans doute autant que nulle de nos sensations, et nous étourdit plus sur nos misères qu'une vaine dissipation : elle est donc réelle en tout sens.

Ceux qui parlent de son néant inévitable soutiendraient peut-être avec peine le mépris ouvert d'un seul homme. Le vide des grandes passions est rempli par le grand nombre de petites : les contempteurs de la gloire se piquent de bien danser ou de quelque misère encore plus basse. Ils sont si aveugles qu'ils ne sentent pas que c'est la gloire qu'ils cherchent si curieusement, et si vains qu'ils osent la mettre dans les choses les plus frivoles. La gloire, disent-ils, n'est ni vertu ni mérite; ils raisonnent bien en cela : elle n'est que leur récompense; mais elle nous excite donc au travail et à la vertu, et nous rend souvent estimables, afin de nous faire estimer.

Tout est très-abject dans les hommes, la vertu, la gloire, la vie; mais les plus petits ont des proportions reconnues. Le chêne est un grand arbre près du cerisier; ainsi les hommes à l'égard les uns des autres. Quelles sont les vertus et les inclinations de ceux qui méprisent la gloire? L'ont-ils méritée!

XXVIII.

De l'Amour des Sciences et des Lettres.

La passion de la gloire et la passion des sciences se ressemblent dans leur principe; car elles viennent l'une et l'autre du sentiment de notre vide et de notre imperfection. Mais l'une voudrait se former comme un nouvel être hors de nous, et l'autre s'attache à étendre et à cultiver notre fonds. Ainsi, la passion de la gloire veut nous agrandir au-dehors, et celle des sciences au-dedans.

On ne peut avoir l'âme grande ou l'esprit un peu pénétrant sans quelque passion pour les lettres. Les arts sont consacrés à peindre les traits de la belle nature; les sciences, à la vérité. Les arts et les sciences embrassent tout ce qu'il y a dans la pensée de noble et d'utile; de sorte qu'il ne reste à ceux qui les rejettent que ce qui est indigne d'être peint ou enseigné, etc.

La plupart des hommes honorent les lettres comme la religion et la vertu (1); c'est-à-dire comme une chose qu'ils ne peuvent ni connaître, ni pratiquer, ni aimer.

Personne néanmoins n'ignore que les bons livres sont l'essence des meilleurs esprits, le précis de leurs connaissances et le fruit de leurs longues veilles. L'étude d'une vie entière s'y peut recueillir dans quelques heures; c'est un grand secours.

Deux inconvénients sont à craindre dans cette passion : le mauvais choix et l'excès. Quant au mauvais choix, il est probable que ceux qui s'attachent à des connaissances peu utiles ne seraient pas propres aux autres; mais l'excès se peut corriger.

Si nous étions sages, nous nous bornerions à un petit nombre de connaissances, afin de les mieux posséder. Nous tâcherions de nous les rendre familières et de les réduire en pratique : la plus longue et la plus laborieuse théorie n'éclaire qu'imparfaitement. Un homme qui n'aurait jamais dansé posséderait inutilement les règles de la danse; il en est sans doute de même des métiers d'esprit (2).

Je dirai bien plus : rarement l'étude est utile lorsqu'elle n'est pas accompagnée du commerce du monde. Il ne faut pas séparer ces deux choses : l'une nous apprend à penser, l'autre

(1) *La plupart des hommes honorent les lettres comme la religion et la vertu.* Il faut *comme ils honorent.* (M.)

(2) *Il en est sans doute de même des métiers d'esprit.* Il faudrait, ce me semble, *des métiers de l'esprit.* (M.)

à agir ; l'une à parler, l'autre à écrire ; l'une à disposer nos actions, l'autre à les rendre faciles.

L'usage du monde nous donne encore de penser naturellement, et l'habitude des sciences, de penser profondément.

Par une suite naturelle de ces vérités, ceux qui sont privés de l'un et l'autre avantage par leur condition fournissent une preuve incontestable de l'indigence naturelle de l'esprit humain. Un vigneron, un couvreur, resserrés dans un petit cercle d'idées très-communes, connaissent à peine les plus grossiers usages de la raison, et n'exercent leur jugement, supposé qu'ils en aient reçu de la Nature, que sur des objets très-palpables. Je sais bien que l'éducation ne peut suppléer le génie ; je n'ignore pas que les dons de la Nature valent mieux que les dons de l'art (1) : cependant l'art est nécessaire pour faire fleurir les talents. Un beau naturel négligé ne porte jamais de fruits mûrs.

Peut-on regarder comme un bien un génie à peu près stérile ? Que servent à un grand seigneur les domaines qu'il laisse en friche ? Est-il riche de ces champs incultes ?

XXIX.

De l'Avarice.

Ceux qui n'aiment l'argent que pour la dépense ne sont pas véritablement avares. L'avarice est une extrême défiance des événements, qui cherche à s'assurer contre les instabilités de la fortune par une excessive prévoyance, et manifeste cet instinct avide qui nous sollicite d'accroître, d'étayer, d'affermir notre être. Basse et déplorable manie, qui n'exige ni connaissance, ni vigueur d'esprit, ni jeunesse, et qui prend, par cette raison, dans la défaillance des sens la place des autres passions.

---

(1) *Je n'ignore pas que les dons de la Nature valent mieux que les dons de l'art. Je ne sais si l'on peut dire les dons de l'art, comme les dons de la Nature.* La Nature donne, dote, doue ; l'art ne fait rien de tout cela : il vend et ne donne pas, et l'on achète ses biens avec l'étude et le travail. (M.)

XXX.

De la Passion du Jeu.

Quoique j'aie dit que l'avarice naît d'une défiance ridicule des événements de la fortune, et qu'il semble que l'amour du jeu vienne, au contraire, d'une ridicule confiance aux mêmes événements, je ne laisse pas de croire qu'il y a des joueurs avares et qui ne sont confiants qu'au jeu : encore ont-ils, comme on dit, un jeu timide et serré.

Des commencements souvent heureux remplissent l'esprit des joueurs de l'idée d'un gain très-rapide qui paraît toujours sous leurs mains : cela détermine.

Par combien de motifs d'ailleurs n'est-on pas porté à jouer? par cupidité, par amour du faste, par goût des plaisirs, etc. Il suffit donc d'aimer quelqu'une de ces choses pour aimer le jeu; c'est une ressource pour les acquérir, hasardeuse à la vérité, mais propre à toutes sortes d'hommes, pauvres, riches, faibles, malades, jeunes et vieux, ignorants et savants, sots et habiles, etc. : aussi n'y a-t-il point de passion plus commune que celle-ci.

XXXI.

De la Passion des Exercices.

Il y a dans la passion des exercices un plaisir pour les sens et un plaisir pour l'âme. Les sens sont flattés d'agir, de galoper un cheval (1), d'entendre un bruit de chasse dans une forêt; l'âme jouit de la justesse de ses sens, de la force et de l'adresse de son corps, etc. Aux yeux d'un philosophe qui médite dans son cabinet, cette gloire est bien puérile; mais dans l'ébranlement de l'exercice on ne scrute pas tant les choses.

---

(1) *Les sens sont flattés d'agir, de galoper un cheval.* Négligé. Les sens ne galopent pas un cheval. (M.)

En approfondissant les hommes on rencontre des vérités humiliantes, mais incontestables.

Vous voyez l'âme d'un pêcheur, qui se détache en quelque sorte de son corps pour suivre un poisson sous les eaux, et le pousser au piége que sa main lui tend. Qui croirait qu'elle s'applaudit de la défaite du faible animal et triomphe au fond du filet? Toutefois rien n'est si sensible.

Un grand, à la chasse, aime mieux tuer un sanglier qu'une hirondelle : par quelle raison? Tous la voient.

XXXII.

De l'Amour paternel.

L'amour paternel ne diffère pas de l'amour-propre. Un enfant ne subsiste que par ses parents, dépend d'eux, vient d'eux, leur doit tout; ils n'ont rien qui leur soit si propre.

Aussi un père ne sépare point l'idée d'un fils de la sienne, à moins que le fils n'affaiblisse cette idée de propriété par quelque contradiction; mais plus un père s'irrite de cette contradiction, plus il s'afflige, plus il prouve ce que je dis.

XXXIII.

De l'Amour filial et fraternel.

Comme les enfants n'ont nul droit sur la volonté de leur père, la leur étant, au contraire, toujours combattue, cela leur fait sentir qu'ils sont des êtres à part, et ne peut pas leur inspirer de l'amour-propre; parce que la propriété ne saurait être du côté de la dépendance : cela est visible. C'est par cette raison que la tendresse des enfants n'est pas aussi vive que celle des pères; mais les lois ont pourvu à cet inconvénient. Elles sont un garant au père contre l'ingratitude des enfants, comme la nature est aux enfants un otage assuré contre l'abus des lois. Il était juste d'assurer à la vieillesse les secours qu'elle avait prêtés à la faiblesse de l'enfance.

La reconnaissance prévient dans les enfants bien nés ce que le devoir leur impose. Il est dans la saine nature d'aimer ceux qui nous aiment et nous protégent, et l'habitude d'une juste dépendance en fait perdre le sentiment; mais il suffit d'être homme pour être bon père; et si l'on n'est homme de bien, il est rare qu'on soit bon fils.

Du reste, qu'on mette à la place de ce que je dis la sympathie ou le sang, et qu'on me fasse entendre pourquoi le sang ne parle pas autant dans les enfants que dans les pères; pourquoi la sympathie périt quand la soumission diminue; pourquoi des frères souvent se haïssent sur des fondements si légers, etc.

Mais quel est donc le nœud de l'amitié des frères? Une fortune, un nom commun, même naissance et même éducation, quelquefois même caractère; enfin l'habitude de se regarder comme appartenant les uns aux autres, et comme n'ayant qu'un seul être. Voilà ce qui fait que l'on s'aime, voilà l'amour-propre : mais trouvez le moyen de séparer des frères d'intérêt, l'amitié lui survit à peine; l'amour-propre, qui en était le fond, se porte vers d'autres objets.

XXXIV.

De l'Amour qu'on a pour les bêtes.

Il peut entrer quelque chose qui flatte les sens dans le goût qu'on nourrit pour certains animaux, quand ils nous appartiennent. J'ai toujours pensé qu'il s'y mêle de l'amour-propre : rien n'est si ridicule à dire, et je suis fâché que cela soit vrai; mais nous sommes si vides, que s'il offre à nous la moindre ombre de propriété nous nous y attachons aussitôt. Nous prêtons à un perroquet des pensées et des sentiments; nous nous figurons qu'il nous aime, qu'il nous craint, qu'il sent nos faveurs, etc. Ainsi nous aimons l'avantage que nous nous accordons sur lui. Quel empire! Mais c'est là l'homme.

XXXV.

De l'Amitié.

C'est l'insuffisance de notre être qui fait naître l'amitié et c'est l'insuffisance de l'amitié même qui la fait périr.

Est-on seul, on sent sa misère, on sent qu'on a besoin d'appui ; on cherche un fauteur de ses goûts, un compagnon de ses plaisirs et de ses peines ; on veut un homme dont on puisse posséder le cœur et la pensée. Alors l'amitié paraît être ce qu'il y a de plus doux au monde. A-t-on ce qu'on a souhaité, on change bientôt de pensée.

Lorsqu'on voit de loin quelque bien, il fixe d'abord nos désirs ; et lorsqu'on y parvient on en sent le néant. Notre âme, dont il arrêtait la vue dans l'éloignement, ne saurait s'y reposer quand elle voit au-delà : ainsi l'amitié, qui de loin bornait toutes nos prétentions, cesse de les borner de près ; elle ne remplit pas le vide qu'elle avait promis de remplir ; elle nous laisse des besoins qui nous distraient et nous portent vers d'autres biens.

Alors on se néglige, on devient difficile, on exige bientôt comme un tribut les complaisances qu'on avait d'abord reçues comme un don. C'est le caractère des hommes de s'approprier peu à peu jusqu'aux grâces dont ils jouissent ; une longue possession les accoutume naturellement à regarder les choses qu'ils possèdent comme à eux ; ainsi l'habitude leur persuade qu'ils ont un droit naturel sur la volonté de leurs amis. Ils voudraient s'en former un titre pour les gouverner ; lorsque ces prétentions sont réciproques, comme on le voit souvent, l'amour-propre s'irrite et crie des deux côtés, produit de l'aigreur, des froideurs, et d'amères explications, etc.

On se trouve aussi quelquefois mutuellement des défauts qu'on s'était cachés ; ou l'on tombe dans des passions qui dégoûtent de l'amitié, comme les maladies violentes dégoûtent des plus doux plaisirs.

Ainsi les hommes les plus extrêmes ne sont pas les plus capables d'une constante amitié. On ne la trouve nulle part si vive et si solide que dans les esprits timides et sérieux, dont l'âme modérée ·connaît la vertu : car elle soulage leur cœur oppressé sous le mystère et sous le poids du secret, détend leur esprit, l'élargit, les rend plus confiants et plus vifs, se mêle à leurs amusements, à leurs affaires et à leurs plaisirs mystérieux : c'est·l'âme de toute leur vie.

Les jeunes gens sont aussi très-sensibles et très-confiants; mais la vivacité de leurs passions les distrait et les rend volages. La sensibilité et la confiance sont usées dans les vieillards; mais le besoin les rapproche, et la raison est leur lien : les uns aiment plus tendrement, les autres plus solidement.

Le devoir de l'amitié s'étend plus loin qu'on ne croit : nous suivons notre ami dans ses disgrâces; mais dans ses faiblesses nous l'abandonnons : c'est être plus faible que lui.

Quiconque se cache, obligé d'avouer les défauts des siens, fait voir sa bassesse (1). Êtes-vous exempt de ces vices, déclarez-vous donc hautement; prenez sous votre protection la faiblesse des malheureux; vous ne risquez rien en cela : mais il n'y a que les grandes âmes qui osent se montrer ainsi. Les faibles se désavouent les uns les autres, se sacrifient lâchement aux jugements, souvent injustes, du public; ils n'ont pas de quoi résister, etc.

XXXVI.

De la Physionomie.

La physionomie est l'expression du caractère et celle du tempérament. Une sotte physionomie est celle qui n'exprime que la complexion, comme un tempérament robuste, etc.; mais il ne faut jamais juger sur la physionomie : car il y a tant de traits mâles sur le visage et dans le maintien des

---

(1) *Quiconque se cache, obligé d'avouer les défauts des siens, fait voir sa bassesse.* Toute cette pensée est mal exprimée et obscure. *Quiconque se cache d'avoir des amis dont il est obligé d'avouer les défauts fait voir sa bassesse.* Je crois que c'est ainsi qu'il faut l'expliquer. (M.)

hommes, que cela peut souvent confondre; sans parler des accidents qui défigurent les traits naturels, et qui empêchent que l'âme ne s'y manifeste, comme la petite vérole, la maigreur, etc.

On pourrait conjecturer plutôt du caractère des hommes par l'agrément qu'ils attachent à de certaines figures qui répondent à leurs passions; mais encore s'y tromperait-on.

XXXVII.

De la Pitié.

La pitié n'est qu'un sentiment mêlé de tristesse et d'amour (1); je ne pense pas qu'elle ait besoin d'être excitée par un retour sur nous-même, comme on le croit. Pourquoi la misère ne pourrait-elle sur notre cœur ce que fait la vue d'une plaie sur nos sens? N'y a-t-il pas des choses qui affectent immédiatement l'esprit? L'impression des nouveautés ne prévient-elle pas toujours nos réflexions? Notre âme est-elle incapable d'un sentiment désintéressé?

XXXVIII.

De la Haine.

La haine est une déplaisance dans l'objet haï (2). C'est une

---

(1) *La pitié n'est qu'un sentiment mêlé de tristesse et d'amour.* Vauvenargues entend ici par *amour* toute disposition qui nous porte vers un objet, comme il entend par *haine* toute disposition qui nous en éloigne. Autrement il serait impossible d'expliquer le chapitre suivant, où il dit qu'*il y a peu de passions où il n'entre de l'amour ou de la haine; que le mépris est un sentiment mêlé de haine et d'orgueil.* (S.)

(2) *La haine est une déplaisance dans l'objet haï.* C'est plutôt l'effet de cette déplaisance. Il faudrait, ce semble, *la haine naît du déplaisir que nous cause,* etc. (M.) — Je crois, comme je l'ai dit plus haut, que Vauvenargues prend plutôt ici la *haine* pour ce sentiment même de déplaisance qui nous éloigne d'un objet. Cette expression n'est pas usitée en ce sens; cependant je crois bien que c'est celui qu'il lui donne. (S.)

tristesse qui nous donne pour la cause qui l'excite une secrète
aversion : on appelle cette tristesse jalousie lorsqu'elle est un
effet du sentiment de nos désavantages comparés au bien de
quelqu'un. Quand il se joint à cette jalousie de la haine, une
volonté de vengeance dissimulée par faiblesse, c'est envie.

Il y a peu de passions où il n'entre de l'amour ou de la
haine. La colère n'est qu'une aversion subite et violente, en-
flammée d'un désir aveugle de vengeance ; l'indignation, un
sentiment de colère et de mépris ; le mépris, un sentiment
mêlé de haine et d'orgueil ; l'antipathie, une haine violente
et qui ne raisonne pas.

Il entre aussi de l'aversion dans le dégoût ; il n'est pas une
simple privation, comme l'indifférence ; et la mélancolie, qui
n'est communément qu'un dégoût universel sans espérance,
tient encore beaucoup de la haine.

A l'égard des passions qui viennent de l'amour, j'en ai déjà
parlé ailleurs ; je me contente donc de répéter ici que tous les
sentiments que le désir allume sont mêlés d'amour et de haine.

XXXIX.

De l'Estime, du Respect, et du Mépris

L'estime est un aveu intérieur du mérite de quelque chose ;
le respect est le sentiment de la supériorité d'autrui.

Il n'y a pas d'amour sans estime : j'en ai dit la raison.
L'amour étant une complaisance dans l'objet aimé, et les
hommes ne pouvant se défendre de trouver un prix aux
choses qui leur plaisent, peu s'en faut qu'ils ne règlent leur
estime sur le degré d'agrément que les objets ont pour eux.
Et s'il est vrai que chacun s'estime personnellement plus que
tout autre, c'est, ainsi que je l'ai déjà dit, parce qu'il n'y a
rien qui nous plaise ordinairement tant que nous-même.

Ainsi, non-seulement on s'estime avant tout, mais on
estime encore toutes les choses que l'on aime, comme la
chasse, la musique, les chevaux, etc.; et ceux qui méprisent
leurs propres passions ne le font que par réflexion, et par un
effort de raison : car l'instinct les porte au contraire.

Par une suite naturelle du même principe, la haine rabaisse ceux qui en sont l'objet, avec le même soin que l'amour les relève. Il est impossible aux hommes de se persuader que ce qui les blesse n'ait pas quelque grand défaut; c'est un jugement confus que l'esprit porte en lui-même, comme il en use au contraire en aimant (1).

Et si la réflexion contrarie cet instinct, car il y a des qualités qu'on est convenu d'estimer, et d'autres de mépriser, alors cette contradiction ne fait qu'irriter la passion; et plutôt que de céder aux traits de la vérité, elle en détourne les yeux. Ainsi elle dépouille son objet de ses qualités naturelles, pour lui en donner de conformes à son intérêt dominant. Ensuite elle se livre témérairement et sans scrupule à ses préventions insensées.

Il n'y a presque point d'homme dont le jugement soit supérieur à ses passions. Il faut donc bien prendre garde, lorsqu'on veut se faire estimer, à ne pas se faire haïr, mais tâcher, au contraire, de se présenter par des endroits agréables, parce que les hommes penchent à juger du prix des choses par le plaisir qu'elles leur font.

Il y en a à la vérité qu'on peut surprendre par une conduite opposée, en paraissant au-dehors plus pénétré de soi-même qu'on ne l'est au-dedans; cette confiance extérieure les persuade et les maîtrise.

Mais il est un moyen plus noble de gagner l'estime des hommes : c'est de leur faire souhaiter la nôtre par un vrai mérite, et ensuite d'être modeste et de s'accommoder à eux. Quand on a véritablement les qualités qui emportent l'estime du monde, il n'y a plus qu'à les rendre populaires pour leur concilier l'amour; et lorsque l'amour les adopte, il en fait élever le prix. Mais pour les petites finesses qu'on emploie en vue de surprendre ou de conserver les suffrages, attendre les autres, se faire valoir, réveiller par des froideurs étudiées ou des amitiés ménagées le goût inconstant du public, c'est la

(1) *C'est un jugement confus que l'esprit porte en lui-même, comme il en use au contraire en aimant. Au contraire*, pour *d'une manière contraire* : expression négligée. (S.)

ressource des hommes superficiels, qui craignent d'être approfondis ; il faut leur laisser ces misères dont ils ont besoin avec
leur mérite spécieux.

Mais c'est trop s'arrêter aux choses ; tâchons d'abréger ces
principes par de courtes définitions.

Le désir est une espèce de malaise que l'amour du bien-
être met en nous, et l'inquiétude un désir sans objet.

L'ennui vient du sentiment de notre vide ; la paresse naît
d'impuissance (1) ; la langueur est un témoignage de notre
faiblesse, et la tristesse, de notre misère.

L'espérance est le sentiment d'un bien prochain, et la reconnaissance celui d'un bien fait.

Le regret consiste dans le sentiment de quelque perte ; le
repentir, dans celui d'une faute ; le remords, dans celui d'un
crime et la crainte du châtiment (2).

La timidité peut être la crainte du blâme, la honte en est
la conviction.

La raillerie naît d'un mépris content.

La surprise est un ébranlement soudain à la vue d'une nouveauté.

(1) *L'ennui vient du sentiment de notre vide, la paresse naît d'impuissance.*
Qu'est-ce que *notre vide?* La paresse suppose, au contraire, le pouvoir d'a-
gir combiné avec l'inaction. (M.)

L'auteur entend ici par *notre vide* ce qu'il entend ailleurs par *l'insuffisance
de notre être,* c'est-à-dire l'impossibilité où nous sommes de trouver en
nous-même de quoi suffire à notre bonheur. Par *impuissance,* il entend, je
crois, *impuissance de l'âme;* l'impossibilité où elle est de sortir de sa langueur. (S.)

(2) *Le regret consiste dans le sentiment de quelque perte ; le repentir, dans
celui d'une faute ; le remords, dans celui d'un crime et la crainte du châtiment.* Ce n'est pas, à ce qu'il semble, la différence de la *faute* et du *crime*
qui constitue celle du *repentir* et du *remords.* On peut expier *ses crimes par le
repentir,* et sentir *le remords d'une faute.* Si le repentir est moins cruel, c'est
qu'il suppose le retour, et une résolution de ne plus retomber, qui console
toujours. Le remords peut exister avec la résolution de se rendre encore coupable. *Heureux, si je puis,* dit Mathan dans *Athalie,*

> *A force d'attentats perdre tous mes remords!*

C'est ainsi que les scélérats les perdent. Il n'y a point pour eux de repentir.

> *Dieu fit du repentir la vertu des mortels.*

Heureusement le remords peut naître *sans la crainte du châtiment;* mais ce
n'est guère que pour les premiers crimes. (S.)

L'étonnement est une surprise longue et accablante ; l'admiration, une surprise pleine de respect.

La plupart de ces sentiments ne sont pas trop composés, et n'affectent pas aussi durablement nos âmes que les grandes passions, l'amour, l'ambition, l'avarice, etc. Le peu que je viens de dire à cette occasion répandra une sorte de lumière sur ceux dont je me réserve de parler ailleurs.

XL.

De l'Amour des objets sensibles.

Il serait impertinent de dire que l'amour des choses sensibles, comme l'harmonie, les saveurs, etc., n'est qu'un effet de l'amour-propre, du désir de nous agrandir, etc., etc. Cependant tout cela s'y mêle quelquefois. Il y a des musiciens, des peintres, qui n'aiment chacun dans leur art que l'expression des grandeurs, et qui ne cultivent leurs talents que pour la gloire : ainsi d'une infinité d'autres.

Les hommes que les sens dominent ne sont pas ordinairement si sujets aux passions sérieuses, l'ambition, l'amour de la gloire, etc. Les objets sensibles les amusent et les amollissent ; et s'ils ont les autres passions, ils ne les ont pas aussi vives.

On peut dire la même chose des hommes enjoués ; parce que ayant une manière d'exister assez heureuse, ils n'en cherchent pas une autre avec ardeur. Trop de choses les distraient ou les préoccupent.

On pourrait entrer là-dessus, et sur tous les sujets que j'ai traités, dans des détails intéressants. Mais mon dessein n'est pas de sortir des principes, quelque sécheresse qui les accompagne : ils sont l'objet unique de tout mon discours ; et je n'ai ni la volonté ni le pouvoir de donner plus d'application à cet ouvrage (1).

_____

(1) *Je n'ai ni la volonté ni le pouvoir de donner plus d'application à cet ouvrage. Donner plus d'application*, mauvaise expression, pour dire déve-

XLI.

Des Passions en général.

Les passions s'opposent aux passions, et peuvent servir de contre-poids; mais la passion dominante ne peut se conduire que par son propre intérêt, vrai ou imaginaire, parce qu'elle règne despotiquement sur la volonté, sans laquelle rien ne se peut.

Je regarde humainement les choses, et j'ajoute dans cet esprit : Toute nourriture n'est pas propre à tous les corps, tous objets ne sont pas suffisants pour toucher certaines âmes. Ceux qui croient les hommes souverains arbitres de leurs sentiments ne connaissent pas la Nature : qu'on obtienne qu'un sourd s'amuse des sons enchanteurs de Murer; qu'on demande à une joueuse qui fait une grosse partie, qu'elle ait la complaisance et la sagesse de s'y ennuyer : nul art ne le peut.

Les sages se trompent encore en offrant la paix aux passions; les passions lui sont ennemies (1). Ils vantent la modération à ceux qui sont nés pour l'action et pour une vie agitée; qu'importe à un homme la délicatesse d'un festin qui le dégoûte?

Nous ne connaissons pas les défauts de notre âme; mais quand nous pourrions les connaître, nous voudrions rarement les vaincre.

Nos passions ne sont pas distinctes de nous-même; il y en a qui sont tout le fondement et toute la substance de notre âme. Le plus faible de tous les êtres voudrait-il périr pour se voir remplacé par le plus sage?

Qu'on me donne un esprit plus juste, plus aimable, plus pénétrant, j'accepte avec joie tous ces dons; mais, si l'on

lopper davantage des principes par des applications, ce qui précède prouve que c'est là le sens. (S.)

(1) *Les passions lui sont ennemies.* C'est un latinisme : *gens inimica nulli.* On dit *ennemi de quelqu'un*, et non *ennemi à quelqu'un.* (S.)

m'ôte encore l'âme qui doit en jouir, ces présents ne sont plus pour moi.

Cela ne dispense personne de combattre ses habitudes, et ne doit inspirer aux hommes ni abattement ni tristesse. Dieu peut tout; la vertu sincère n'abandonne pas ses amants; les vices même d'un homme bien ne peuvent se tourner à sa gloire.

LIVRE TROISIÈME.

XLII.

Du Bien et du Mal moral.

CE qui n'est bien ou mal qu'à un particulier, et qui peut être le contraire à l'égard du reste des hommes, ne peut être regardé en général comme un mal ou comme un bien (1).

Afin qu'une chose soit regardée comme un bien par toute la société, il faut qu'elle tende à l'avantage de toute la société ; et afin qu'on la regarde comme un mal, il faut qu'elle tende à sa ruine : voilà le grand caractère du bien et du mal moral.

Les hommes, étant imparfaits, n'ont pu se suffire à eux-mêmes : de là la nécessité de former des sociétés. Qui dit une société dit un corps qui subsiste par l'union de divers membres et confond l'intérêt particulier dans l'intérêt général ; c'est là le fondement de toute la morale.

Mais parce que le bien commun exige de grands sacrifices, et qu'il ne peut se répandre également sur tous les hommes, la religion, qui répare le vice des choses humaines, assure des indemnités dignes d'envie à ceux qui nous semblent lésés.

Et toutefois ces motifs respectables n'étant pas assez puissants pour donner un frein à la cupidité des hommes, il a fallu encore qu'ils convinssent de certaines règles pour le bien

(1) *Ce qui n'est bien ou mal qu'à un particulier, et qui peut être le contraire à l'égard du reste des hommes, ne peut être regardé en général comme un mal ou comme un bien.* Oui; mais si toute la société avait la fièvre ou la goutte, ou était manchote ou folle ? (V.) — *Qu'à un particulier,* au lieu de *pour un particulier.* (S.)

public, fondé, à la honte du genre humain, sur la crainte odieuse des supplices; et c'est l'origine des lois.

Nous naissons, nous croissons à l'ombre de ces conventions solennelles; nous leur devons la sûreté de notre vie et la tranquillité qui l'accompagne. Les lois sont aussi le seul titre de nos possessions : dès l'aurore de notre vie nous en recueillons les doux fruits, et nous nous engageons toujours à elles par des liens plus forts. Quiconque prétend se soustraire à cette autorité dont il tient tout ne peut trouver injuste qu'elle lui ravisse tout, jusqu'à la vie. Où serait la raison qu'un particulier osât en sacrifier tant d'autres à soi seul, et que par sa ruine la société ne pût racheter le repos public.

C'est un vain prétexte de dire qu'on ne se doit pas à des lois qui favorisent l'inégalité des fortunes. Peuvent-elles égaliser les hommes, l'industrie, l'esprit, les talents? Peuvent-elles empêcher les dépositaires de l'autorité d'en user selon leur faiblesse?

Dans cette impuissance absolue d'empêcher l'inégalité des conditions, elles fixent les droits de chacune, elles les protégent.

On suppose d'ailleurs, avec quelque raison, que le cœur des hommes se forme sur leur condition. Le laboureur a souvent dans le travail de ses mains la paix et la satiété qui fuient l'orgueil des grands (1). Ceux-ci n'ont pas moins de désirs que les hommes les plus abjects (2); ils ont donc autant de besoins : voilà dans l'inégalité une sorte d'égalité.

Ainsi on suppose aujourd'hui toutes les conditions égales ou nécessairement inégales. Dans l'une et l'autre supposition, l'équité consiste à maintenir invariablement leurs droits réciproques, et c'est là tout l'objet des lois.

Heureux qui les sait respecter comme elles méritent de l'être! Plus heureux qui porte en son cœur celles d'un heu-

---

(1) *Le laboureur a souvent dans le travail de ses mains la paix*, etc. On pourrait dire tout cela bien mieux. (V.) — *Satiété* n'est pas là dans son sens ordinaire, selon lequel il signifie un peu de dégoût résultant de l'abondance; au lieu qu'ici il signifie la satisfaction résultant de la jouissance du nécessaire. Cette acception n'est plus d'usage. (M.)

(2) *Ceux-ci n'ont pas moins de désirs que les hommes les plus abjects.* Il faudrait *de l'état le plus abject*. (M.)

reux naturel! Il est bien facile de voir que je veux parler des
vertus (1); leur noblesse et leur excellence sont l'objet de
tout ce discours; mais j'ai cru qu'il fallait d'abord établir une
règle sûre pour les bien distinguer du vice. Je l'ai rencontrée
sans effort dans le bien et le mal moral; je l'aurais cherchée
vainement dans une moins grande origine. Dire simplement
que la vertu est vertu parce qu'elle est bonne en son fonds,
et le vice tout au contraire, ce n'est pas les faire connaître.
La force et la beauté sont aussi de grands biens; la vieillesse
et la maladie, des maux réels : cependant on n'a jamais dit
que ce fût là vice ou vertu. Le mot de vertu emporte l'idée de
quelque chose d'estimable à l'égard de toute la terre : le vice,
au contraire. Or, il n'y a que le bien et le mal moral qui
portent ces grands caractères. La préférence de l'intérêt général au personnel est la seule définition qui soit digne de la
vertu, et qui doive en fixer l'idée. Au contraire, le sacrifice
mercenaire du bonheur public à l'intérêt propre est le sceau
éternel du vice.

Ces divers caractères ainsi établis et suffisamment discer-
nés, nous pouvons distinguer encore les vertus naturelles
des acquises. J'appelle vertus naturelles les vertus de tempérament; les autres sont les fruits pénibles de la réflexion.
Nous mettons ordinairement ces dernières à plus haut prix,
parce qu'elles nous coûtent davantage; nous les estimons plus
à nous, parce qu'elles sont les effets de notre fragile raison.
Je dis : la raison elle-même n'est-elle pas un don de la Nature, comme l'heureux tempérament? L'heureux tempérament exclut-il la raison? n'en est-il pas plutôt la base? et si
l'un peut nous égarer, l'autre est-elle plus infaillible?

Je me hâte, afin d'en venir à une question plus sérieuse.
On demande si la plupart des vices ne concourent pas au bien
public, comme les pures vertus. Qui ferait fleurir le commerce sans la vanité, l'avarice, etc.?

_____

(1) *Il est bien facile de voir que je veux parler des vertus.* Distinguons vertus
et qualités heureuses : bienfaisance seule est vertu; tempérance, sagesse;
bonnes qualités! tant mieux pour toi. (V.) — Cette réflexion de Voltaire est
bien légère : la sagesse est au contraire la réunion de toutes les vertus, et
la tempérance est une vertu particulière qui modère nos passions.   (N. E.)

En un sens cela est très-vrai; mais il faut m'accorder aussi que le bien produit par le vice est toujours mêlé de grands maux. Ce sont les lois qui arrêtent le progrès de ses désordres; et c'est la raison, la vertu, qui le subjuguent, qui le contiennent dans certaines bornes et le rendent utile au monde.

A la vérité, la vertu ne satisfait pas sans réserve toutes nos passions; mais si nous n'avions aucun vice, nous n'aurions pas ces passions à satisfaire; et nous ferions par devoir ce qu'on fait par ambition, par orgueil, par avarice, etc. Il est donc ridicule de ne pas sentir que c'est le vice qui nous empêche d'être heureux par la vertu. Si elle est si insuffisante à faire le bonheur des hommes, c'est parce que les hommes sont vicieux; et les vices, s'ils vont au bien, c'est qu'ils sont mêlés de vertus, de patience, de tempérance, de courage, etc. Un peuple qui n'aurait en partage que des vices courrait à sa perte infaillible.

Quand le vice peut procurer quelque grand avantage au monde, pour surprendre l'admiration il agit comme la vertu, parce qu'elle est le vrai moyen, le moyen naturel du bien; mais celui que le vice opère n'est ni son objet ni son but. Ce n'est pas à un si beau terme que tendent ses déguisements. Ainsi, le caractère distinctif de la vertu subsiste; ainsi rien ne peut l'effacer.

Que prétendent donc quelques hommes qui confondent toutes ces choses, ou qui nient leur réalité? Qui peut les empêcher de voir qu'il y a des qualités qui tendent naturellement au bien du monde, et d'autres à sa destruction? Ces premiers sentiments, élevés, courageux, bienfaisants à tout l'univers, et par conséquent estimables à l'égard de toute la terre, voilà ce que l'on nomme vertu. Et ces odieuses passions, tournées à la ruine des hommes, et par conséquent criminelles envers le genre humain, c'est ce que j'appelle des vices. Qu'entendent-ils, eux, par ces noms? Cette différence éclatante du faible et du fort, du faux et du vrai, du juste et de l'injuste, etc., leur échappe-t-elle? Mais le jour n'est pas plus sensible. Pensent-ils que l'irréligion dont ils se piquent puisse anéantir la vertu? Mais tout leur fait voir le contraire.

Qu'imaginent-ils donc qui leur trouble l'esprit? qui leur cache qu'ils ont eux-mêmes, parmi leurs faiblesses, des sentiments de vertu?

Est-il un homme assez insensé pour douter que la santé ne soit préférable aux maladies? Non, il n'y en a point dans le monde. Trouve-t-on quelqu'un qui confonde la sagesse avec la folie? Non, personne assurément. On ne voit personne non plus qui ne préfère la vérité à l'erreur, personne qui ne sente bien que le courage est différent de la crainte, et l'envie de la bonté. On ne voit pas moins clairement que l'humanité vaut mieux que l'inhumanité, qu'elle est plus aimable, plus utile, et par conséquent plus estimable; et cependant..... O faiblesse de l'esprit humain! il n'y a point de contradiction dont les hommes ne soient capables dès qu'ils veulent approfondir.

N'est-ce pas le comble de l'extravagance qu'on puisse réduire en question si le courage vaut mieux que la peur? On convient qu'il nous donne sur les hommes et sur nous-même un empire naturel. On ne nie pas non plus que la puissance n'enferme une idée de grandeur, et qu'elle ne soit utile. On sait encore que la peur est un témoignage de faiblesse; et on convient que la faiblesse est très-nuisible, qu'elle jette les hommes dans la dépendance, et qu'elle prouve ainsi leur petitesse. Comment peut-il donc se trouver des esprits assez déréglés pour mettre de l'égalité dans des choses si inégales?

Qu'entend-on par un grand génie? Un esprit qui a de grandes vues, puissant, fécond, éloquent, etc. Et par une grande fortune? Un état indépendant, commode, élevé, glorieux. Personne ne dispute donc qu'il n'y ait de grands génies et de grandes fortunes. Les caractères de ces avantages sont trop bien marqués. Ceux d'une âme vertueuse sont-ils moins sensibles? Qui peut nous les faire confondre? Sur quel fondement ose-t-on égaler le bien et le mal? Est-ce sur ce que l'on suppose que nos vices et nos vertus sont des effets nécessaires de notre tempérament? Mais les maladies, la santé, ne sont-elles pas des effets nécessaires de la même cause? Les confond-on cependant, et a-t-on jamais dit que c'étaient des chimères, qu'il n'y avait ni santé ni maladies? Pense-t-on que

tout ce qui était nécessaire ne soit d'aucun mérite? Mais c'est
une nécessité en Dieu d'être tout-puissant, éternel : la puissance et l'éternité seront-elles égales au néant? Ne seront-
elles plus des attributs parfaits. Quoi! parce que la vie et la
mort sont en nous des états de nécessité, n'est-ce plus qu'une
même chose, indifférente aux humains? Mais peut-être que les
vertus, que j'ai peintes comme un sacrifice de notre intérêt
propre à l'intérêt public, ne sont qu'un pur effet de l'amour
de nous-même. Peut-être ne faisons-nous le bien que parce
que notre plaisir se trouve dans ce sacrifice? Étrange objec-
tion! Parce que je me plais dans l'usage de ma vertu, en
est-elle moins profitable, moins précieuse à tout l'univers, ou
moins différente du vice, qui est la ruine du genre humain?
Le bien où je me plais change-t-il de nature? cesse-t-il d'être
bien?

Les oracles de la piété, continuent nos adversaires, condamnent cette complaisance. Est-ce à ceux qui nient la vertu
à la combattre par la religion, qui l'établit? Qu'ils sachent
qu'un Dieu bon et juste ne peut réprouver le plaisir que lui-
même attache à bien faire? Nous prohiberait-il ce charme qui
accompagne l'amour du bien? Lui-même nous ordonne d'aimer la vertu, et sait mieux que nous qu'il est contradictoire
d'aimer une chose sans s'y plaire. S'il rejette donc nos vertus,
c'est quand nous nous approprions les dons que sa main nous
dispense, que nous arrêtons nos pensées à la possession de
ses grâces, sans aller jusqu'à leur principe; que nous méconnaissons le bras qui répand sur nous ses bienfaits, etc.

Une vérité s'offre à moi. Ceux qui nient la réalité des vertus
sont forcés d'admettre des vices. Oseraient-ils dire que l'homme
n'est pas insensé et méchant? Toutefois, s'il n'y avait que des
malades, saurions-nous ce que c'est que la santé?

XLIII.

De la Grandeur d'âme.

Après ce que nous avons dit, je crois qu'il n'est pas nécessaire de prouver que la grandeur d'âme est quelque chose

d'aussi réel que la santé, etc. Il est difficile de ne pas sentir dans un homme qui maîtrise la fortune, et qui par des moyens puissants arrive à des fins élevées, qui subjugue les autres hommes par son activité, par sa patience ou par de profonds conseils; je dis qu'il est difficile de ne pas sentir dans un génie de cet ordre une noble réalité. Cependant il n'y a rien de pur et dont nous n'abusions sans peine.

La grandeur d'âme est un instinct élevé qui porte les hommes au grand, de quelque nature qu'il soit, mais qui les tourne au bien ou au mal, selon leurs passions, leurs lumières, leur éducation, leur fortune, etc. Égale à tout ce qu'il y a sur terre de plus élevé, tantôt elle cherche à soumettre par toutes sortes d'efforts ou d'artifices les choses humaines à elle, et tantôt, dédaignant ces choses, elle s'y soumet elle-même sans que sa soumission l'abaisse : pleine de sa propre grandeur, elle s'y repose en secret, contente de se posséder. Qu'elle est belle quand la vertu dirige tous ses mouvements! mais qu'elle est dangereuse alors qu'elle se soustrait à la règle! Représentez-vous Catilina au-dessus de tous les préjugés de la naissance, méditant de changer la face de la terre et d'anéantir le nom romain : concevez ce génie audacieux menaçant le monde du sein des plaisirs, et formant d'une troupe de voluptueux et de voleurs un corps redoutable aux armées et à la sagesse de Rome.

Qu'un homme de ce caractère aurait porté loin la vertu s'il eût été tourné au bien! mais les circonstances malheureuses le poussent au crime. Catilina était né avec un amour ardent pour les plaisirs, que la sévérité des lois aigrissait et contraignait; sa dissipation et ses débauches l'engagèrent peu à peu dans des projets criminels : ruiné, décrié, traversé, il se trouva dans un état où il lui était moins facile de gouverner la république que de la détruire; ne pouvant être le héros de sa patrie, il en méditait la conquête. Ainsi les hommes sont souvent portés au crime par de fatales rencontres ou par leur situation; ainsi leur vertu dépend de leur fortune. Que manquait-il à César? que d'être né souverain. Il était bon, magnanime, généreux, hardi, clément; personne n'était plus capable de gouverner le monde et le rendre heureux : s'il eût

eu une fortune égale à son génie, sa vie aurait été sans
tache ; mais parce qu'il s'était placé lui-même sur le trône
par la force, on a cru pouvoir le compter avec justice parmi
les tyrans.

Cela fait sentir qu'il y a des vices qui n'excluent pas les
grandes qualités, et par conséquent de grandes qualités qui
s'éloignent de la vertu. Je reconnais cette vérité avec douleur :
il est triste que la bonté n'accompagne pas toujours la force,
et que l'amour de la justice ne prévale pas nécessairement
dans tous les hommes et dans tout le cours de leur vie, sur
tout autre amour ; mais non-seulement les grands hommes se
laissent entraîner au vice, les vertueux mêmes se démentent
et sont inconstants dans le bien. Cependant ce qui est sain
est sain, ce qui est fort est fort, etc. Les inégalités de la
vertu, les faiblesses qui l'accompagnent, les vices qui flétris-
sent les plus belles vies, ces défauts inséparables de notre
nature, mêlée si manifestement de grandeur et de petitesse,
n'en détruisent pas les perfections. Ceux qui veulent que les
hommes soient tout bons ou tout méchants, absolument
grands ou petits, ne connaissent pas la Nature. Tout est mé-
langé dans les hommes ; tout y est limité ; et le vice même y a
ses bornes.

XLIV.

Du Courage.

Le vrai courage est une des qualités qui supposent le plus
de grandeur d'âme. J'en remarque beaucoup de sortes : un
courage contre la fortune, qui est philosophie ; un courage
contre la misère, qui est patience ; un courage à la guerre,
qui est valeur ; un courage dans les entreprises, qui est hardiesse ; un courage fier et téméraire, qui est audace ; un courage contre l'injustice, qui est fermeté ; un courage contre le
vice, qui est sévérité ; un courage de réflexion, de tempérament, etc.

Il n'est pas ordinaire qu'un même homme assemble tant de
qualités. Octave, dans le plan de sa fortune, élevée sur des

précipices, bravait des périls éminents; mais la mort, présente à la guerre, ébranlait son âme. Un nombre innombrable de Romains qui n'avaient jamais craint la mort dans les batailles manquaient de cet autre courage qui soumit la terre à Auguste.

On ne trouve pas seulement plusieurs sortes de courages, mais dans le même courage bien des inégalités. Brutus, qui eut la hardiesse d'attaquer la fortune de César, n'eut pas la force de suivre la sienne : il avait formé le dessein de détruire la tyrannie avec les ressources de son seul courage, et il eut la faiblesse de l'abandonner avec toutes les forces du peuple romain, faute de cette égalité de force et de sentiment qui surmonte les obstacles et la lenteur des succès.

Je voudrais pouvoir parcourir ainsi en détail toutes les qualités humaines; un travail si long ne peut maintenant m'arrêter. Je terminerai cet écrit par de courtes définitions.

Observons néanmoins encore que la petitesse est la source d'un nombre incroyable de vices : de l'inconstance, la légèreté, la vanité, l'envie, l'avarice, la bassesse, etc.; elle rétrécit notre esprit autant que la grandeur d'âme l'élargit; mais il est malheureusement inséparable de l'humanité; et il n'y a point d'âme si forte qui en soit tout à fait exempte. Je suis mon dessein.

La probité est un attachement à toutes les vertus civiles (1).

La droiture est une habitude des sentiers de la vertu.

L'équité peut se définir par l'amour de l'égalité (2); l'intégrité paraît une équité sans tache, et la justice une équité pratique.

La noblesse est la préférence de l'honneur à l'intérêt; la bassesse, la préférence de l'intérêt à l'honneur.

(1) Je n'admets point cette définition; j'aimerais mieux, un *attachement à tout ce qui est juste*. Duclos a dit : « *Ne fais pas à autrui ce que tu ne voudrais pas qu'on te fît; c'est la probité. Fais à autrui ce que tu voudrais qu'on te fît; c'est la vertu.* » M. de Vauvenargues a voulu dire sans doute *un attachement à tous les devoirs civils*. (S.)

(2) Cette définition n'est pas exacte : l'équité est l'*unicuique suum*, à chacun ce qui lui appartient. (M.)

L'intérêt est la fin de l'amour-propre (1); la générosité en est le sacrifice.

La méchanceté suppose un goût à faire du mal; la malignité, une méchanceté cachée; la noirceur, une méchanceté profonde.

L'insensibilité à la vue des misères peut s'appeler dureté; s'il y entre du plaisir, c'est cruauté. La sincérité me paraît l'expression de la vérité; la franchise, une sincérité sans voiles (2); la candeur, une sincérité douce; l'ingénuité, une sincérité innocente; l'innocence, une pureté sans tache.

L'imposture est le masque de la vérité; la fausseté, une imposture naturelle; la dissimulation, une imposture réfléchie; la fourberie, une imposture qui veut nuire; la duplicité, une imposture qui a deux faces.

La libéralité est une branche de la générosité; la bonté, un goût à faire du bien et à pardonner le mal; la clémence, une bonté envers nos ennemis.

La simplicité nous présente l'image de la vérité et de la liberté.

L'affectation est le dehors de la contrainte et du mensonge : la fidélité n'est qu'un respect pour nos engagements; l'infidélité, une dérogeance; la perfidie, une infidélité couverte et criminelle.

La bonne foi est une fidélité sans défiance et sans artifice.

La force d'esprit est le triomphe de la réflexion; c'est un instinct supérieur aux passions, qui les calme ou qui les domine; on ne peut savoir d'un homme qui n'a pas les passions ardentes, s'il a de la force d'esprit; il n'a jamais été dans des épreuves assez difficiles.

La modération est l'état d'une âme qui se possède; elle naît d'une espèce de médiocrité dans les désirs, et de satisfaction dans les pensées, qui dispose aux vertus civiles.

L'immodération, au contraire, est une ardeur inaltérable (3)

---

(1) *Amour-propre* encore employé ici pour *amour de soi.* (S.)

(2) C'est-à-dire, qui ne réserve rien. La sincérité ne dit que ce qu'on lui demande; la franchise dit souvent ce qu'on ne lui demande pas. (S.)

(3) *Inaltérable* n'est pas le mot propre; ce serait plutôt *insatiable.* (M.)

et sans délicatesse, qui mène quelquefois à de grands vices.

La tempérance n'est qu'une modération dans les plaisirs, et l'intempérance le contraire.

L'humeur est une inégalité qui dispose à l'impatience. La complaisance est une volonté flexible; la douceur, un fonds de complaisance et de bonté;

La brutalité, une disposition à la colère et à la grossièreté; l'irrésolution, une timidité à entreprendre; l'incertitude, une irrésolution à croire; la perplexité, une irrésolution inquiète.

La prudence, une prévoyance raisonnable; l'imprudence, tout le contraire.

L'activité naît d'une force inquiète; la paresse, d'une impuissance paisible.

La mollesse est une paresse voluptueuse.

L'austérité est une haine des plaisirs, et la sévérité, des vices.

La solidité est une consistance et une égalité d'esprit; la légèreté, un défaut d'assiette et d'uniformité de passions ou d'idées.

La constance est une fermeté raisonnable dans nos sentiments; l'opiniâtreté, une fermeté déraisonnable; la pudeur, un sentiment de la difformité du vice et du mépris qui le suit (1).

La sagesse est la connaissance et l'affection du vrai bien; l'humilité, un sentiment de notre bassesse devant Dieu; la charité, un zèle de religion pour le prochain; la grâce, une impulsion surnaturelle vers le bien.

(1) *La pudeur est un sentiment de la difformité du vice et du mépris qui le suit.* La pudeur est plutôt la crainte de la honte, à quoi que ce soit qu'on l'attache : on peut éprouver la honte sans qu'il s'y mêle aucune idée de vice ou de mépris. Un homme qui demande et qu'on refuse éprouve de la *honte*, et une certaine *pudeur* empêche l'homme bien né de demander : il n'y a pourtant là aucune idée de vice ou de mépris. Une femme dont les vêtements se dérangent par hasard éprouve de la *honte*, et sa *pudeur* est blessée, sans que l'idée de *vice* ou de *mépris* se présente à la pensée. (S.)

XLV.

Du Bon et du Beau.

Le terme de bon emporte quelque degré naturel de perfection; celui du beau, quelque degré d'éclat ou d'agrément.
Nous trouvons l'un et l'autre terme dans la vertu, parce que
sa bonté nous plaît, et que sa beauté nous sert. Mais d'une
médecine qui blesse nos sens, et de toute autre chose qui
nous est utile, mais désagréable, nous ne disons pas qu'elle
est belle; elle n'est que bonne, de même à l'égard des choses
qui sont belles sans être utiles.

M. Crouzas (1) dit que le beau naît de la variété réductible
à l'unité, c'est-à-dire d'un composé qui ne fait pourtant qu'un
seul tout et qu'on peut saisir d'une vue; c'est là, selon lui, ce
qui excite l'idée du beau dans l'esprit.

(1) Jean-Pierre de Crouzas, mort en 1748, auteur d'un *Traité sur le Beau*,
en deux volumes.

CONSEILS

A UN JEUNE HOMME.

———⟐———

I.

Sur les conséquences de la conduite.

QUE je serai fâché, mon cher ami, si vous adoptez des maximes qui puissent vous nuire! Je vois avec regret que vous abandonnez par complaisance tout ce que la Nature a mis en vous. Vous avez honte de votre raison, qui devrait faire honte à ceux qui en manquent. Vous vous défiez de la force et de la hauteur de votre âme, et vous ne vous défiez pas des mauvais exemples. Vous êtes-vous donc persuadé qu'avec un esprit très-ardent et un caractère élevé vous puissiez vivre honteusement dans la mollesse comme un homme fou et frivole? Et qui vous assure que vous ne serez pas même méprisé dans cette carrière, étant né pour un autre? Vous vous inquiétez trop des injustices que l'on peut vous faire, et de ce qu'on pense de vous. Qui aurait cultivé la vertu, qui aurait tenté ou la réputation (1) ou la fortune par des voies hardies, s'il avait attendu que les louanges l'y encourageassent? Les hommes ne se rendent d'ordinaire sur le mérite d'autrui qu'à la dernière extrémité. Ceux que

---

(1) On ne dirait pas *tenter sa réputation*, pour *tenter de se faire une réputation;* mais l'accouplement des deux choses excuse cette tournure. (M.)

nous croyons nos amis sont souvent les derniers à nous accorder leur aveu. On a toujours dit que personne n'a créance parmi les siens; pourquoi? Parce que les plus grands hommes ont eu leurs progrès comme nous. Ceux qui les ont connus dans les imperfections de leurs commencements se les représentent toujours dans cette première faiblesse, et ne peuvent souffrir qu'ils sortent de l'égalité imaginaire où ils se croyaient avec eux : mais les étrangers sont plus justes, et enfin le mérite et le courage triomphent de tout.

II.

Sur ce que les femmes appellent un homme aimable.

Êtes-vous bien aise de savoir, mon cher ami, ce que bien des femmes appellent quelquefois un homme aimable? C'est un homme que personne n'aime, qui lui-même n'aime que soi et son plaisir, et en fait profession avec impudence ; un homme par conséquent inutile aux autres hommes, qui pèse à la petite société qu'il tyrannise, qui est vain, avantageux, méchant même par principe ; un esprit léger et frivole, qui n'a point de goût décidé, qui n'estime les choses et ne les recherche jamais pour elles-mêmes, mais uniquement selon la considération qu'il y croit attachée, et fait tout par ostentation ; un homme souverainement confiant et dédaigneux, qui méprise les affaires et ceux qui les traitent, le gouvernement et les ministres, les ouvrages et les auteurs ; qui se persuade que toutes ces choses ne méritent pas qu'il s'y applique, et n'estime rien de solide que d'avoir des bonnes fortunes ou le don de dire des riens ; qui prétend néanmoins à tout, et parle de tout sans pudeur ; en un mot, un fat sans vertus, sans talents, sans goût de la gloire, qui ne prend jamais dans les choses que ce qu'elles ont de plaisant, et met son principal mérite à tourner continuellement en ridicule tout ce qu'il connaît sur la terre de sérieux et de respectable.

Gardez-vous donc bien de prendre pour le monde ce petit cercle de gens insolents, qui ne comptent eux-mêmes pour rien le reste des hommes et n'en sont pas moins méprisés. Des hommes si présomptueux passeront aussi vite que leurs modes, et n'ont pas plus de part au gouvernement du monde que les comédiens et les danseurs de corde : si le hasard leur donne sur quelque théâtre du crédit, c'est la honte de cette nation et la marque de la décadence des esprits. Il faut renoncer à la faveur lorsqu'elle sera leur partage; vous y perdrez moins qu'on ne pense : ils auront les emplois, vous aurez les talents; ils auront les honneurs, vous la vertu. Voudriez-vous obtenir leurs places au prix de leurs dérèglements, et par leurs frivoles intrigues? Vous le tenteriez en vain : il est aussi difficile de contrefaire la fatuité que la véritable vertu.

III.

Ne pas se laisser décourager par le sentiment de ses faiblesses.

Que le sentiment de vos faiblesses, mon aimable ami, ne vous tienne pas abattu. Lisez ce qui nous reste des plus grands hommes : les erreurs de leur premier âge, effacées par la gloire de leur nom, n'ont pas toujours été jusqu'à leurs historiens; mais eux-mêmes les ont avouées en quelque sorte. Ce sont eux qui nous ont appris que tout est vanité sous le soleil; ils avaient donc éprouvé, comme tous les autres, de s'enorgueillir, de s'abattre, de se préoccuper de petites choses; ils s'étaient trompés mille fois dans leurs raisonnements et leurs conjectures; ils avaient eu la profonde humiliation d'avoir tort avec leurs inférieurs; les défauts qu'ils cachaient avec le plus de soin leur étaient souvent échappés : ainsi ils avaient été accablés en même temps par leur conscience et par la conviction publique; en un mot, c'étaient de grands hommes, mais c'étaient des hommes, et ils supportaient leurs défauts. On peut se consoler d'éprouver leurs faiblesses lorsque l'on se sent le courage de cultiver leurs vertus.

IV.

Sur le bien de la familiarité.

Aimez la familiarité, mon cher ami; elle rend·l'esprit souple, délié, modeste, maniable, déconcerte la vanité, et
donne, sous un air de liberté et de franchise, une prudence
qui n'est pas fondée sur les illusions de l'esprit, mais sur les
principes indubitables de l'expérience. Ceux qui ne sortent
pas d'eux-mêmes sont tout d'une pièce; ils craignent les
hommes, qu'ils ne connaissent pas; ils les évitent, ils se
cachent au monde et à eux-mêmes, et leur cœur est toujours
serré. Donnez plus d'essor à votre âme, et n'appréhendez
rien des suites; les hommes sont faits de manière qu'ils n'a-
perçoivent pas une partie des choses qu'on leur découvre (1),
et qu'ils oublient aisément l'autre. Vous verrez d'ailleurs que
le cercle où l'on a passé sa jeunesse se dissipe insensiblement : ceux qui le composaient s'éloignent, et la société se
renouvelle. Ainsi, l'on entre dans un autre cercle tout instruit : alors si la fortune vous met dans des places où il soit
dangereux de vous communiquer, vous aurez assez d'expérience pour agir par vous-même et vous passer d'appui. Vous
saurez vous servir des hommes et vous en défendre; vous
les connaîtrez; enfin vous aurez la sagesse dont les gens timides ont voulu se revêtir avant le temps, et qui est avortée
dans leur sein.

V.

Sur les moyens de vivre en paix avec les hommes.

Voulez-vous avoir la paix avec les hommes, ne leur con-
testez pas les qualités dont ils se piquent; ce sont celles qu'ils

---

(1) Cette tournure paraît amphibologique et pourrait signifier qu'*ils n'aperçoivent pas même une partie des choses;* au lieu qu'elle signifie simplement
qu'*il y a une partie des choses qu'ils n'aperçoivent pas,* etc. (S.)

mettent ordinairement à plus haut prix ; c'est un point capital
pour eux. Souffrez donc qu'ils se fassent un mérite d'être
plus délicats que vous, de se connaître en bonne chère, d'a-
voir des insomnies et des vapeurs ; laissez-leur croire aussi
qu'ils sont aimables, amusants, plaisants, singuliers ; et s'ils
avaient des prétentions plus hautes, passez-les-leur encore.
La plus grande de toutes les imprudences est de se piquer
de quelque chose : le malheur de la plupart des hommes ne
vient que de là : je veux dire de s'être engagés publiquement
à soutenir un certain caractère, ou à faire fortune, ou à paraître riches, ou à faire métier d'esprit. Voyez ceux qui se
piquent d'être riches : le dérangement de leurs affaires les
fait croire souvent plus pauvres qu'ils ne sont ; et enfin ils le
deviennent effectivement, et passent leur vie dans une tension
d'esprit continuelle, qui découvre la médiocrité de leur fortune et l'excès de leur vanité. Cet exemple se peut appliquer
à tous ceux qui ont des prétentions. S'ils dérogent, s'ils se
démentent, le monde jouit avec ironie de leur chagrin ; et,
confondus dans les choses auxquelles ils se sont attachés, ils
demeurent sans ressource en proie à la raillerie la plus amère.
Qu'un autre homme échoue dans les mêmes choses ; on peut
croire que c'est par paresse, ou pour les avoir négligées. Enfin, on n'a pas son aveu sur le mérite des avantages qui lui
manquent ; mais s'il réussit, quels éloges ! Comme il n'a pas
mis ce succès au prix de celui qui s'en pique, on croit lui
accorder moins et l'obliger cependant davantage ; car, ne paraissant pas prétendre à la gloire qui vient à lui, on espère
qu'il la recevra en pur don, et l'autre nous la demandait
comme une dette.

VI.

Sur une maxime du cardinal de Retz.

C'est une maxime du cardinal de Retz, qu'il faut tâcher de
former ses projets de façon que leur irréussite même soit suivie
de quelque avantage ; et cette maxime est très-bonne.

Dans les situations désespérées on peut prendre des partis violents ; mais il faut qu'elles soient désespérées. Les grands hommes s'y abandonnent quelquefois par une secrète confiance aux ressources qu'ils ont pour subsister dans les extrémités ou pour en sortir à leur gloire. Ces exemples sont sans conséquence pour les autres hommes.

C'est une faute commune, lorsqu'on fait un plan, de songer aux choses sans songer à soi. On prévoit les difficultés attachées aux affaires ; celles qui naîtront de notre fonds, rarement.

Si pourtant on est obligé à prendre des résolutions extrêmes, il faut les embrasser avec courage, et sans prendre conseil des gens médiocres ; car ceux-ci ne comprennent pas qu'on puisse assez souffrir dans la médiocrité, qui est leur état naturel, pour vouloir en sortir par de si grands hasards, ni qu'on puisse durer dans ces extrémités qui sont hors de la sphère de leurs sentiments. Cachez-vous des esprits timides. Quand vous leur auriez arraché leur approbation par surprise, ou par la force de vos raisons, rendus à eux-mêmes le tempérament les ramènerait bientôt à leurs principes, et vous les rendrait plus contraires.

Croyez qu'il y a toujours, dans le cours de la vie, beaucoup de choses qu'il faut hasarder, et beaucoup d'autres qu'il faut mépriser ; et consultez en cela votre raison et vos forces.

Ne comptez sur aucun ami dans le malheur (1). Mettez toute votre confiance dans votre courage et dans les ressources de votre esprit. Faites-vous, s'il se peut, une destinée qui ne dépende pas de la bonté trop inconstante et trop peu commune des hommes. Si vous méritez des honneurs, si vous forcez le monde à vous estimer, si la gloire suit votre vie, vous ne manquerez ni d'amis fidèles, ni de protecteurs, ni d'admirateurs.

Soyez donc d'abord par vous-même, si vous voulez vous

---

(1) Vauvenargues ne veut point dire ici qu'*il n'est point d'ami qu'on puisse espérer de conserver dans le malheur*, mais simplement que ce n'est point sur ses amis qu'il faut se reposer dans le malheur, et qu'on doit tirer ses ressources de soi-même. (S.)

acquérir les étrangers. Ce n'est point à une âme courageuse à attendre son sort de la seule faveur et du seul caprice d'autrui ; c'est à son travail à lui faire une destinée digne d'elle.

VII.

Sur l'empressement des hommes à se rechercher et leur facilité à se dégoûter.

Il faut que je vous avertisse d'une chose, mon très-cher ami : les hommes se recherchent quelquefois avec empressement, mais ils se dégoûtent aisément les uns les autres ; cependant la paresse les retient longtemps ensemble après que leur goût est usé. Le plaisir, l'amitié, l'estime, liens fragiles, ne les attachent plus ; l'habitude les asservit. Fuyez ces commerces stériles, d'où l'instruction et la confiance sont bannies : le cœur s'y dessèche et s'y gâte ; l'imagination y périt, etc.

Conservez toujours néanmoins avec tout le monde la douceur de vos sentiments. Faites-vous une étude de la patience, et sachez céder par raison, comme on cède aux enfants, qui n'en sont pas capables et ne peuvent vous offenser. Abandonnez surtout aux hommes vains cet empire extérieur et ridicule qu'ils affectent : il n'y a de supériorité réelle que celle de la vertu et du génie.

Voyez des mêmes yeux, s'il est possible, l'injustice de vos amis ; soit qu'ils se familiarisent par une longue habitude avec vos avantages, soit que par une secrète jalousie ils cessent de les reconnaître, ils ne peuvent vous les faire perdre. Soyez donc froid là-dessus : un favori admis à la familiarité de son maître, un domestique, aiment mieux dans la suite se faire chasser que de vivre dans la modestie de leur condition. C'est ainsi que sont faits les hommes ; vos amis croiront s'être acquis par la connaissance de vos défauts une sorte de supériorité sur vous ; les hommes se croient supérieurs aux défauts qu'ils peuvent sentir : c'est ce qui fait qu'on juge dans le monde si sévèrement des actions, des discours et des écrits

d'autrui. Mais pardonnez-leur jusqu'à cette connaissance de
vos défauts et les avantages frivoles qu'ils essayeront d'en
tirer; ne leur demandez pas la même perfection qu'ils semblent exiger de vous. Il y a des hommes qui ont de l'esprit et
un bon cœur, mais remplis de délicatesses fatigantes : ils sont
pointilleux, difficiles, attentifs, défiants, jaloux; ils se fâchent
de peu de chose, et auraient honte de revenir les premiers :
tout ce qu'ils mettent dans la société, ils craignent qu'on ne
pense qu'ils le doivent. N'ayez pas la faiblesse de renoncer à
leur amitié par vanité ou par impatience, lorsqu'elle peut
encore vous être utile ou agréable; et enfin, quand vous voudrez rompre, faites qu'ils croient eux-mêmes vous avoir
quitté.

Au reste, s'ils sont dans le secret de vos affaires ou de vos
faiblesses, n'en ayez jamais de regret. Ce que l'on ne confie
que par vanité et sans dessein donne un cruel repentir; mais
lorsqu'on ne s'est mis entre les mains de son ami que pour
s'enhardir dans ses idées, pour les corriger, pour tirer du
fond de son cœur la vérité, et pour épuiser par la confiance
les ressources de son esprit, alors on est payé d'avance de
tout ce qu'on peut en souffrir.

VIII.

Sur le mépris des petites finesses.

Que je vous estime, mon très-cher ami, de mépriser les
petites finesses dont on s'aide pour en imposer! Laissez-les
constamment à ceux qui craignent d'être approfondis, qui
cherchent à se maintenir par des amitiés ménagées, ou par
des froideurs concertées, et attendent toujours qu'on les prévienne. Il est bon de vous faire une nécessité de plaire par un
vrai mérite, au hasard même de déplaire à bien des hommes :
ce n'est pas un grand mal de ne pas réussir avec toutes sortes
de gens, ou de les perdre après les avoir attachés. Il faut
supporter, mon ami, que l'on se dégoûte de vous, comme on
se dégoûte des autres biens. Les hommes ne sont pas touchés

longtemps des mêmes choses; mais les choses dont ils se
lassent n'en sont pas, de leur aveu, pires. Que cela vous
empêche seulement de vous reposer sur vous-même; on ne
peut conserver aucun avantage que par les efforts qui l'ac-
quièrent.

IX.

Aimer les passions nobles.

Si vous avez quelque passion qui élève vos sentiments, qui
vous rende plus généreux, plus compatissant, plus humain,
qu'elle vous soit chère.

Par une raison fort semblable, lorsque vous aurez attaché à
votre service des hommes qui sauront vous plaire, passez-
leur beaucoup de défauts : vous serez peut-être plus mal
servi, mais vous serez meilleur maître : il faut laisser aux
hommes de basse extraction la crainte de faire vivre d'autres
hommes qui ne gagnent pas assez laborieusement leur sa-
laire. Heureux qui leur peut adoucir les peines de leur condition!

En toute occasion, quand vous vous sentirez porté vers
quelque bien, lorsque votre beau naturel vous sollicitera pour
les misérables, hâtez-vous de vous satisfaire. Craignez que
le temps, les conseils, n'emportent ces bons sentiments, et
n'exposez pas votre cœur à perdre un si cher avantage. Mon
bon ami, il ne tient pas à vous de devenir riche, d'obtenir
des emplois ou des honneurs; mais rien ne vous peut empêcher d'être bon, généreux et sage. Préférez la vertu à tout :
vous n'y aurez jamais de regret. Il peut arriver que les
hommes qui sont envieux et légers vous fassent éprouver un
jour leur injustice. Des gens méprisables usurpent la réputation due au mérite, et jouissent insolemment de son partage :
c'est un mal; mais il n'est pas tel que le monde se le figure,
la vertu vaut mieux que la gloire.

X.

Quand il faut sortir de sa sphère.

Mon très-cher ami, sentez-vous votre esprit pressé et à l'é-
troit dans votre état, c'est une preuve que vous êtes né pour
une meilleure fortune ; il faut donc sortir de vos voies, et
marcher dans un champ moins limité.

Ne vous amusez pas à vous plaindre, rien n'est moins utile ;
mais fixez d'abord vos regards autour de vous : on a quelquefois dans sa main des ressources que l'on ignore. Si vous n'en
découvrez aucune, au lieu de vous morfondre tristement dans
cette vue, osez prendre un plus grand essor : un tour d'imagination un peu hardi nous ouvre souvent des chemins pleins
de lumière. Quiconque connaît la portée de l'esprit humain
tente quelquefois des moyens qui paraissent impraticables
aux autres hommes. C'est avoir l'esprit chimérique que de
négliger les facilités ordinaires pour suivre des hasards et des
apparences ; mais lorsqu'on sait bien allier les grands et les
petits moyens et les employer de concert, je crois qu'on aurait tort de craindre non-seulement l'opinion du monde, qui
rejette toute sorte de hardiesse dans les malheureux, mais
même les contradictions de la fortune.

Laissez croire à ceux qui le veulent croire, que l'on est
misérable dans les embarras des grands desseins. C'est dans
l'oisiveté et la petitesse que la vertu souffre, lorsqu'une prudence timide l'empêche de prendre l'essor et la fait ramper
dans ses liens, mais le malheur même a ses charmes dans
les grandes extrémités, car cette opposition de la fortune
élève un esprit courageux, et lui fait ramasser toutes ses
forces, qu'il n'employait pas.

XI.

Du faux jugement que l'on porte des choses.

Nous jugeons rarement des choses, mon aimable ami, par ce qu'elles sont en elles-mêmes, nous ne rougissons pas du vice, mais du déshonneur. Tel ne se ferait pas scrupule d'être fourbe, qui est honteux de passer pour tel, même injustement.

Nous demeurons flétris et avilis à nos propres yeux tant que nous croyons l'être à ceux du monde; nous ne mesurons pas nos fautes par la vérité, mais par l'opinion.

Je ne fais pas ces réflexions pour encourager les gens bas, car ils n'ont que trop d'impudence; je parle pour ces âmes fières et délicates qui s'exagèrent leurs propres faiblesses, et ne peuvent souffrir la conviction publique de leurs fautes.

Alexandre ne voulait plus vivre après avoir tué Clitus; sa grande âme était consternée d'un emportement si funeste. Je le loue d'être devenu par là plus tempérant; mais, s'il eût perdu le courage d'achever ses vastes desseins, et qu'il n'eût pu sortir de cet horrible abattement où d'abord il était plongé, le ressentiment de sa faute l'eût poussé trop loin.

Mon ami, n'oubliez jamais que rien ne nous peut garantir de commettre beaucoup de fautes. Sachez que le même génie qui fait la vertu produit quelquefois de grands vices. La valeur et la présomption, la justice et la dureté, la sagesse et la volupté, se sont mille fois confondues, succédé ou alliées. Les extrémités se rencontrent et se réunissent en nous. Ne nous laissons donc pas abattre. Consolons-nous de nos défauts, puisqu'ils nous laissent toutes nos vertus; que le sentiment de nos faiblesses ne nous fasse pas perdre celui de nos forces : il est de l'essence de l'esprit de se tromper; le cœur a aussi ses erreurs. Avant de rougir d'être faibles, mon très-cher ami, nous serions moins déraisonnables de rougir d'être hommes.

RÉFLEXIONS ET MAXIMES.

IL est plus aisé de dire des choses nouvelles que de concilier celles qui ont été dites.

❀

L'esprit de l'homme est plus pénétrant que conséquent, et embrasse plus qu'il ne peut lier.

❀

Lorsqu'une pensée est trop faible pour porter une expression simple, c'est la marque pour la rejeter.(1).

❀

La clarté orne les pensées profondes.

❀

L'obscurité est le royaume de l'erreur.

❀

Il n'y aurait point d'erreurs qui ne périssent d'elles-mêmes rendues clairement (2).

❀

Ce qui fait souvent le mécompte d'un écrivain, c'est qu'il

---

(1) Cette pensée *qui porte une expression* est hardi et beau. *C'est la marque;* expression négligée. (M.)

(2) *Il n'y aurait point d'erreurs*, etc. L'auteur veut parler des erreurs de raisonnement, de spéculation; cette maxime ne peut s'appliquer aux erreurs de fait. L'expression est trop générale. (S.)

croit rendre les choses telles qu'il les aperçoit ou qu'il les sent.

❧

On proscrirait moins de pensées d'un ouvrage si on les concevait comme l'auteur.

❧

Lorsqu'une pensée s'offre à nous comme une profonde découverte, et que nous prenons la peine de la développer, nous trouvons souvent que c'est une vérité qui court les rues.

❧

Il est rare qu'on approfondisse la pensée d'un autre; de sorte que s'il arrive dans la suite qu'on fasse la même réflexion, on se persuade aisément qu'elle est nouvelle, tant elle offre de circonstances et de dépendances qu'on avait laissé échapper.

❧

Si une pensée ou un ouvrage n'intéressent que peu de personnes, peu en parleront.

❧

C'est un grand signe de médiocrité de louer toujours modérément.

❧

Les fortunes promptes en tout genre sont les moins solides, parce qu'il est rare qu'elles soient l'ouvrage du mérite. Les fruits mûrs, mais laborieux de la prudence sont toujours tardifs.

❧

L'espérance anime le sage, et leurre le présomptueux et l'indolent, qui se repose inconsidérément sur ses promesses.

❧

Beaucoup de défiances et d'espérances raisonnables sont trompées.

❧

L'ambition ardente exile les plaisirs dès la jeunesse pour gouverner seule.

❧

La prospérité fait peu d'amis.

❧

Les longues prospérités s'écoulent quelquefois en un moment : comme les chaleurs de l'été sont emportées par un jour d'orage.

Le courage a plus de ressources contre les disgrâces que la raison.

La raison et la liberté sont incompatibles avec la faiblesse.

La guerre n'est pas si onéreuse que la servitude.

La servitude abaisse les hommes jusqu'à s'en faire aimer.

Les prospérités des mauvais rois sont fatales aux peuples.

Il n'est pas donné à la raison de réparer tous les vices de la Nature.

Avant d'attaquer un abus, il faut voir si on peut ruiner ses fondements.

Les abus inévitables sont des lois de la Nature.

Nous n'avons pas droit de rendre misérables ceux que nous ne pouvons rendre bons.

On ne peut être juste si on n'est pas humain (1).

Quelques auteurs traitent la morale comme on traite la nouvelle architecture, où l'on cherche avant toutes choses la commodité.

Il est fort différent de rendre la vertu facile pour l'établir, ou de lui égaler le vice pour la détruire.

---

(1) *On ne peut être*, etc. Il y a pourtant des exemples d'hommes durs qui sont justes. (M.)
Voltaire a dit :
Qui n'est que juste est dur, qui n'est que sage est triste.
(Épître au roi de Prusse, année 1740.)

Nos erreurs et nos divisions, dans la morale, viennent quelquefois de ce que nous considérons les hommes comme s'ils pouvaient être tout à fait vicieux ou tout à fait bons.

Il n'y a peut-être point de vérité qui ne soit à quelque esprit faux matière d'erreur.

Les générations des opinions sont conformes à celles des hommes, bonnes et vicieuses tour à tour.

Nous ne connaissons pas l'attrait des violentes agitations. Ceux que nous plaignons de leurs embarras méprisent notre repos.

Personne ne veut être plaint de ses erreurs.

Les orages de la jeunesse sont environnés de jours brillants.

Les femmes et les jeunes gens ne séparent point leur estime de leurs goûts.

Il y a peu de passions constantes; il y en a beaucoup de sincères : cela a toujours été ainsi. Mais les hommes se piquent d'être constants ou indifférents, selon la mode, qui excède toujours la nature.

La raison rougit des penchants dont elle ne peut rendre compte (1).

Le secret des moindres plaisirs de la Nature passe la raison.

C'est une preuve de petitesse d'esprit lorsqu'on distingue toujours ce qui est estimable de ce qui est aimable. Les

---

(1) *Var.* « La raison rougit des inclinations de la Nature, parce qu'elle n'a pas de quoi connaître la perfection de ses plaisirs. »

grandes âmes aiment naturellement ce qui est digne de leur estime (1).

❧

Quand on sent qu'on n'a pas de quoi se faire estimer de quelqu'un on est bien près de le haïr.

❧

Ceux qui manquent de probité dans les plaisirs n'en ont qu'une feinte dans les affaires. C'est la marque d'un naturel féroce lorsque le plaisir ne rend point humain (2).

❧

Les plaisirs enseignent aux princes à se familiariser avec les hommes.

❧

Le trafic de l'honneur n'enrichit pas.

❧

Ceux qui nous font acheter leur probité ne nous vendent ordinairement que leur honneur (3).

❧

La conscience, l'honneur, l'amour et l'estime des hommes sont à prix d'argent. La libéralité multiplie les avantages des richesses.

❧

Celui qui sait rendre ses profusions utiles a une grande et noble économie.

❧

Les sots ne comprennent pas les gens d'esprit.

❧

(1) *Var.* « C'est une preuve d'esprit et de mauvais goût lorsqu'on distingue toujours ce qui est estimable de ce qui est aimable ; rien n'est si aimable que la vertu pour les cœurs bien faits. »

(2) *Ceux qui manquent de probité*, etc. *C'est la marque d'un naturel*, etc. Ces deux pensées ne semblent pas bien liées l'une à l'autre. *Probité* et *humanité* n'ont pas un rapport assez immédiat. (S.)

(3) On pourrait peut-être accuser cette pensée d'un peu de subtilité, venant d'un défaut de précision dans les termes. Il est sûr que celui qui vend sa probité n'en a déjà plus, puisqu'il consent à la vendre. Ainsi on ne vend point sa probité, mais on se fait payer de n'en point avoir. (S.)

Personne ne se croit propre comme un sot à duper les gens d'esprit.

❧

Nous négligeons souvent les hommes sur qui la Nature nous donne quelque ascendant, qui sont ceux qu'il faut attacher et comme incorporer à nous, les autres ne tenant à nos amorces que par l'intérêt, l'objet du monde le plus changeant.

❧

Il n'y a guère de gens plus aigres que ceux qui sont doux par intérêt.

❧

L'intérêt fait peu de fortunes (1).

❧

Il est faux qu'on ait fait fortune lorsqu'on ne sait pas en jouir.

❧

L'amour de la gloire fait les grandes fortunes entre les peuples.

❧

Nous avons si peu de vertu, que nous nous trouvons ridicules d'aimer la gloire.

❧

La fortune exige des soins. Il faut être souple, amusant, cabaler, n'offenser personne, plaire aux hommes en place, se mêler des plaisirs et des affaires, cacher son secret, savoir s'ennuyer la nuit à table, et jouer trois quadrilles sans quitter sa chaise : même après tout cela, on n'est sûr de rien. Combien de dégoûts et d'ennuis ne pourrait-on pas s'épargner si on osait aller à la gloire par le seul mérite !

❧

Quelques fous se sont dit à table : Il n'y a que nous qui soyons bonne compagnie; et on les croit.

❧

Les joueurs ont le pas sur les gens d'esprit, comme ayant l'honneur de représenter les gens riches.

(1) Par intérêt Vauvenargues entend ici le vice ou la passion qui domine dans un caractère intéressé. Il n'est pas d'usage en ce sens. (S.)

Les gens d'esprit seraient presque seuls sans les sots qui s'en piquent.

Celui qui s'habille le matin avant huit heures pour entendre plaider à l'audience, ou pour voir des tableaux étalés au Louvre, ou pour se trouver aux répétitions d'une pièce prête à paraître, et qui se pique de juger en tout genre du travail d'autrui, est un homme auquel il ne manque souvent que de l'esprit et du goût.

Nous sommes moins offensés du mépris des sots, que d'être médiocrement estimés des gens d'esprit.

C'est offenser les hommes que de leur donner des louanges qui marquent les bornes de leur mérite; peu de gens sont assez modestes pour souffrir sans peine qu'on les apprécie.

Il est difficile d'estimer quelqu'un comme il veut l'être.

On doit se consoler de n'avoir pas les grands talents, comme on se console de n'avoir pas les grandes places. On peut être au-dessus de l'un et de l'autre par le cœur.

La raison et l'extravagance, la vertu et le vice ont leurs heureux. Le contentement n'est pas la marque du mérite.

La tranquillité d'esprit passerait-elle pour une meilleure preuve de la vertu? La santé la donne (1).

Si la gloire et le mérite ne rendent pas les hommes heureux, ce que l'on appelle bonheur mérite-t-il leurs regrets? Une âme un peu courageuse daignerait-elle accepter ou la fortune, ou le repos d'esprit, ou la modération, s'il fallait

(1) *La tranquillité d'esprit passerait-elle pour une meilleure preuve*, etc. *Meilleure* se rapporte ici à la maxime précédente, dont celle-ci est la suite. (S.)

leur sacrifier la vigueur de ses sentiments et abaisser l'essor de son génie.

☙❧

La modération des grands hommes ne borne que leurs vices.

☙❧

La modération des faibles est médiocrité.

☙❧

Ce qui est arrogance dans les faibles est élévation dans les forts ; comme la force des malades est frénésie, et celle des sains est vigueur.

☙❧

Le sentiment de nos forces les augmente.

☙❧

On ne juge pas si diversement des autres que de soi-même.

☙❧

Il n'est pas vrai que les hommes soient meilleurs dans la pauvreté que dans la richesse.

☙❧

Pauvres et riches, nul n'est vertueux ni heureux si la fortune ne l'a mis à sa place.

☙❧

Il faut entretenir la vigueur du corps pour conserver celle de l'esprit.

☙❧

On tire peu de service des vieillards.

☙❧

Les hommes ont la volonté de rendre service jusqu'à ce qu'ils en aient le pouvoir.

☙❧

L'avare prononce en secret : Suis-je chargé de la fortune des misérables ? Et il repousse la pitié qui l'importune.

☙❧

Ceux qui croient n'avoir plus besoin d'autrui deviennent intraitables.

☙❧

Il est rare d'obtenir beaucoup des hommes dont on a besoin.

On gagne peu de choses par habileté (1).

Nos plus sûrs protecteurs sont nos talents.

Tous les hommes se jugent dignes des plus grandes places; mais la Nature, qui ne les en a pas rendus capables, fait aussi qu'ils se tiennent très-contents dans les dernières.

On méprise les grands desseins lorsqu'on ne se sent pas capable des grands succès.

Les hommes ont de grandes prétentions et de petits projets.

Les grands hommes entreprennent de grandes choses parce qu'elles sont grandes, et les fous parce qu'ils les croient faciles.

Il est quelquefois plus facile de former un parti que de venir par degrés à la tête d'un parti déjà formé.

Il n'y a point de parti si aisé à détruire que celui que la prudence seule a formé. Les caprices de la Nature ne sont pas si frêles que les chefs-d'œuvre de l'art.

On peut dominer par la force, mais jamais par la seule adresse.

Ceux qui n'ont que de l'habileté ne tiennent en aucun lieu le premier rang.

La force peut tout entreprendre contre les habiles (2).

Le terme de l'habileté est de gouverner sans la force.

---

(1) Le mot d'*habileté* est un peu vague. Il signifie sans doute ici *adresse*, autrement cette maxime contredirait la suivante. (S.)

(2) Oui, mais l'habileté consiste à savoir diriger en sa faveur l'emploi de la force. (S.)

C'est être médiocrement habile que de faire des dupes.

La probité, qui empêche les esprits médiocres de parvenir à leurs fins, est un moyen de plus de réussir pour les habiles.

Ceux qui ne savent pas tirer parti des autres hommes sont ordinairement peu accessibles.

Les habiles ne rebutent personne.

L'extrême défiance n'est pas moins nuisible que son contraire. La plupart des hommes deviennent inutiles à celui qui ne veut pas risquer d'être trompé.

Il faut tout attendre et tout craindre du temps et des hommes.

Les méchants sont toujours surpris de trouver de l'habileté dans les bons.

Trop et trop peu de secret sur nos affaires témoignent également une âme faible.

La familiarité est l'apprentissage des esprits (1).

Nous découvrons en nous-même ce que les autres nous cachent, et nous reconnaissons dans les autres ce que nous nous cachons nous-même (2).

Les maximes des hommes décèlent leur cœur (3).

Les esprits faux changent souvent de maximes.

---

(1) Obscur; c'est dans la familiarité de la conversation que l'esprit se forme, ou bien qu'on connaît l'esprit de ceux avec qui on vit. (M.)

(2) *Var.* « L'auteur ajoute : il faut donc allier ces deux études. »

(3) Le proverbe indien a dit : *Parle, afin que je te connaisse.* (S.)

Les esprits légers sont disposés à la complaisance.

Les menteurs sont bas et glorieux (1).

Peu de maximes sont vraies à tous égards.

On dit peu de choses solides lorsqu'on cherche à en dire d'extraordinaires.

Nous nous flattons sottement de persuader aux autres ce que nous ne pensons pas nous-même.

On ne s'amuse pas longtemps de l'esprit d'autrui.

Les meilleurs auteurs parlent trop.

La ressource de ceux qui n'imaginent pas est de conter.

La stérilité de sentiment nourrit la paresse.

Un homme qui ne soupe ni ne dîne chez lui se croit occupé. Et celui qui passe la matinée à se laver la bouche et à donner audience à son brodeur se moque de l'oisiveté d'un nouvelliste qui se promène tous les jours avant dîner.

Il n'y aurait pas beaucoup d'heureux s'il appartenait à autrui de décider de nos occupations et de nos plaisirs.

Lorsqu'une chose ne peut pas nous nuire il faut nous moquer de ceux qui nous en détournent.

Il y a plus de mauvais conseils que de caprices.

---

(1) On pourrait, ce semble, retourner la pensée, et dire : *Les gens bas et glorieux sont menteurs;* car on est souvent *menteur* parce que l'on est *glorieux*, et non pas *glorieux* parce qu'on est *menteur*. (S.)

Il ne faut pas croire aisément que ce que la Nature a fait aimable soit vicieux. Il n'y a point de siècle et de peuple qui n'ait établi des vertus et des vices imaginaires.

❦

La raison nous trompe plus souvent que la nature (1).

❦

La raison ne connaît pas les intérêts du cœur.

❦

Si la passion conseille quelquefois plus hardiment que la réflexion, c'est qu'elle donne plus de force pour exécuter.

❦

Si les passions font plus de fautes que le jugement, c'est par la même raison que ceux qui gouvernent font plus de fautes que les hommes privés.

❦

Les grandes pensées viennent du cœur.

❦

Le bon instinct n'a pas besoin de la raison, mais il la donne.

❦

On paye chèrement les moindres biens lorsqu'on ne les tient que de la raison.

❦

La magnanimité ne doit pas compte à la prudence de ses motifs.

❦

Personne n'est sujet à plus de fautes que ceux qui n'agissent que par réflexion.

❦

On ne fait pas beaucoup de grandes choses par conseil.

❦

La conscience est la plus changeante des règles.

❦

(1) On ne péut entendre par la nature de l'homme que son organisation et l'impulsion qu'il reçoit de ses sens vers les objets. Or, c'est de là que viennent toutes nos fautes et toutes nos erreurs, et non pas de la raison, même quand elle s'égare. (M.)

La fausse conscience ne se connaît pas.

❧

La conscience est présomptueuse dans les forts, timide dans les faibles et les malheureux, inquiète dans les indécis, etc. : organe du sentiment qui nous domine et des opinions qui nous gouvernent.

❧

La conscience des mourants calomnie leur vie.

❧

La fermeté ou la faiblesse de la mort dépend de la dernière maladie.

❧

La nature, épuisée par la douleur, assoupit quelquefois le sentiment dans les malades, et arrête la volubilité de leur esprit ; et ceux qui redoutaient la mort sans péril la souffrent sans crainte.

❧

La maladie éteint dans quelques hommes le courage, dans quelques autres la peur, et jusqu'à l'amour de la vie.

❧

On ne peut juger de la vie par une plus fausse règle que la mort.

❧

Il est injuste d'exiger d'une âme attérée et vaincue par les secousses d'un mal redoutable, qu'elle conserve la même vigueur qu'elle a fait paraître en d'autres temps. Est-on surpris qu'un malade ne puisse plus ni marcher, ni veiller, ni se soutenir ? Ne serait-il pas plus étrange s'il était encore le même homme qu'en pleine santé ? Si nous avons eu la migraine et que nous ayons mal dormi, on nous excuse d'être incapables ce jour-là d'application, et personne ne nous soupçonne d'avoir toujours été inappliqués. Refuserons-nous à un homme qui se meurt le privilége que nous accordons à celui qui a mal à la tête ; et oserons-nous assurer qu'il n'a jamais eu de courage pendant sa santé parce qu'il en aura manqué à l'agonie ?

❧

Pour exécuter de grandes choses il faut vivre comme si on ne devait jamais mourir.

La pensée de la mort nous trompe, car elle nous fait oublier de vivre.

Je dis quelquefois en moi-même : La vie est trop courte pour mériter que je m'en inquiète. Mais si quelque importun me rend visite, et qu'il m'empêche de sortir et de m'habiller, je perds patience, et je ne puis supporter de m'ennuyer une demi-heure.

La plus fausse de toutes les philosophies est celle qui, sous prétexte d'affranchir les hommes des embarras des passions, leur conseille l'oisiveté, l'abandon et l'oubli d'eux-mêmes.

Si toute notre prévoyance ne peut rendre notre vie heureuse, combien moins notre nonchalance !

Personne ne dit le matin : Un jour est bientôt passé, attendons la nuit. Au contraire, on rêve la veille à ce que l'on fera le lendemain. On serait bien marri de passer un seul jour à la merci du temps et des fâcheux. On n'oserait laisser au hasard la disposition de quelques heures ; et on a raison : car qui peut se promettre de passer une heure sans ennui, s'il ne prend soin de remplir à son gré ce court espace ? Mais ce qu'on n'oserait se promettre pour une heure, on se le promet quelquefois pour toute la vie, et l'on dit : Nous sommes bien fous de nous tant inquiéter de l'avenir ; c'est-à-dire : Nous sommes bien fous de ne pas commettre au hasard nos destinées, et de pourvoir à l'intervalle qui est entre nous et la mort.

Ni le dégoût n'est une marque de santé, ni l'appétit n'est une maladie ; mais tout au contraire. Ainsi pense-t-on sur le corps. Mais on juge de l'âme sur d'autres principes. On suppose qu'une âme forte est celle qui est exempte de passions ; et comme la jeunesse est ardente et plus active que le dernier âge, on la regarde comme un temps de fièvre ; et on place la force de l'homme dans sa décadence.

L'esprit est l'œil de l'âme, non sa force. Sa force est dans le cœur, c'est-à-dire dans les passions. La raison la plus éclairée ne donne pas d'agir et de vouloir. Suffit-il d'avoir la vue bonne pour marcher? Ne faut-il pas encore avoir des pieds, et la volonté avec la puissance de les remuer?

❧

La raison et le sentiment se conseillent et se suppléent tour à tour. Quiconque ne consulte qu'un des deux et renonce à l'autre, se prive inconsidérément d'une partie des secours qui nous ont été accordés pour nous conduire.

❧

Nous devons peut-être aux passions les plus grands avantages de l'esprit.

❧

Si les hommes n'avaient pas aimé la gloire, ils n'avaient ni assez d'esprit ni assez de vertu pour la mériter.

❧

Aurions-nous cultivé les arts sans les passions? Et la réflexion toute seule nous aurait-elle fait connaître nos ressources, nos besoins et notre industrie?

❧

Les passions ont appris aux hommes la raison (1).

❧

Dans l'enfance de tous les peuples, comme dans celle des particuliers, le sentiment a toujours précédé la réflexion dont il a été le premier maître.

❧

Qui considérera la vie d'un seul homme y trouvera toute l'histoire du genre humain, que la science et l'expérience n'ont pu rendre bon.

❧

S'il est vrai qu'on ne peut anéantir le vice, la science de

(1) Cette maxime, un peu obscure, a besoin d'être éclaircie par celle qui suit. L'auteur a voulu dire, ce semble, que ce sont les passions qui, en portant l'esprit de l'homme sur un plus grand nombre d'objets, et en augmentant la somme de ses idées, lui fournissent les matériaux de la réflexion, qui est le chemin de la raison. Cela se rapporte à ce qu'il dit ailleurs, *que les passions fertilisent l'esprit.* (S.)

ceux qui gouvernent est de le faire concourir au bien public.

⁂

Les jeunes gens souffrent moins de leurs fautes que de la prudence des vieillards.

⁂

Les conseils de la vieillesse éclairent sans échauffer comme le soleil de l'hiver.

⁂

Le prétexte ordinaire de ceux qui font le malheur des autres est qu'ils veulent leur bien.

⁂

Il est juste d'exiger des hommes qu'ils fassent, par déférence pour nos conseils, ce qu'ils ne veulent par faire pour eux-mêmes.

⁂

Il faut permettre aux hommes de faire de grandes fautes contre eux-mêmes, pour éviter un plus grand mal, la servitude.

⁂

Quiconque est plus sévère que les lois est un tyran.

⁂

Ce qui n'offense pas la société n'est pas du ressort de la justice (1).

⁂

C'est entreprendre sur la clémence de Dieu, de punir sans nécessité.

⁂

• La morale austère anéantit la vigueur de l'esprit, comme les enfants d'Esculape détruisent le corps pour détruire un vice du sang souvent imaginaire.

⁂

La clémence vaut mieux que la justice.

⁂

Nous blâmons beaucoup les malheureux des moindres fautes, et les plaignons peu des plus grands malheurs.

---

(1) *Ce qui n'offense pas la société n'est pas du ressort de la justice.* Je crois que par la justice Vauvenargues entend ici les tribunaux. (S.)

Nous réservons notre indulgence pour les parfaits.

On ne plaint pas un homme d'être un sot, et peut-être qu'on a raison; mais il est fort plaisant d'imaginer que c'est sa faute.

Nul homme n'est faible par choix.

Nous querellons les malheureux pour nous dispenser de les plaindre.

La générosité souffre des maux d'autrui, comme si elle en était responsable.

L'ingratitude la plus odieuse, mais la plus commune et la plus ancienne, est celle des enfants envers leurs pères.

Nous ne savons pas beaucoup de gré à nos amis d'estimer nos bonnes qualités, s'ils osent seulement s'apercevoir de nos défauts.

On peut aimer de tout son cœur ceux en qui on reconnaît de grands défauts. Il y aurait de l'impertinence à croire que la perfection a seule le droit de nous plaire. Nos faiblesses nous attachent quelquefois les uns aux autres autant que pourrait faire la vertu.

Les princes font beaucoup d'ingrats, parce qu'ils ne donnent pas tout ce qu'ils peuvent.

La haine est plus vive que l'amitié, moins que la gloire (1).

Si nos amis nous rendent des services, nous pensons qu'à

(1) *La haine est plus vive que l'amitié, moins que la gloire.* Il faut, je crois, *moins que l'amour ou la passion de la gloire.* (S.)

titre d'amis ils nous les doivent, et nous ne pensons pas du tout qu'ils ne nous doivent pas leur amitié.

❧

On n'est pas né pour la gloire lorsqu'on ne connaît pas le prix du temps.

❧

L'activité fait plus de fortunes que la prudence.

❧

Celui qui serait né pour obéir obéirait jusque sur le trône.

❧

Il ne paraît pas que la Nature ait fait les hommes pour l'indépendance.

❧

Pour se soustraire à la force on a été obligé de se soumettre à la justice. La justice ou la force, il a fallu opter entre ces deux maîtres ; tant nous étions peu faits pour être libres.

❧

La dépendance est née de la société.

❧

Faut-il s'étonner que les hommes aient cru que les animaux étaient faits pour eux, s'ils pensent même ainsi de leurs semblables, et que la fortune accoutume les puissants à ne compter qu'eux sur la terre ?

❧

Entre rois, entre peuples, entre particuliers, le plus fort se donne des droits sur le plus faible, et la même règle est suivie par les animaux et les êtres inanimés : de sorte que tout s'exécute dans l'univers par la violence ; et cet ordre, que nous blâmons avec quelque apparence de justice, est la loi la plus générale, la plus immuable et la plus importante de la Nature.

❧

Les faibles veulent dépendre, afin d'être protégés. Ceux qui craignent les hommes aiment les lois.

❧

Qui sait tout souffrir peut tout oser.

Il est des injures qu'il faut dissimuler, pour ne pas compromettre son honneur.

Il est bon d'être ferme par tempérament, et flexible par réflexion.

Les faibles veulent quelquefois qu'on les croie méchants; mais les méchants veulent passer pour bons.

Si l'ordre domine dans le genre humain, c'est une preuve que la raison et la vertu y sont les plus forts.

La loi des esprits n'est pas différente de celle des corps, qui ne peuvent se maintenir que par une continuelle nourriture.

Lorsque les plaisirs nous ont épuisés, nous croyons avoir épuisé les plaisirs, et nous disons que rien ne peut remplir le cœur de l'homme.

Nous méprisons beaucoup de choses pour ne pas nous mépriser nous-même.

Notre dégoût n'est point un défaut et une insuffisance des objets extérieurs, comme nous aimons à le croire, mais un épuisement de nos propres organes et un témoignage de notre faiblesse.

Le feu, l'air, l'esprit, la lumière, tout vit par l'action. De là la communication et l'alliance de tous les êtres; de là l'unité et l'harmonie dans l'univers. Cependant cette loi de la Nature si féconde, nous trouvons que c'est un vice dans l'homme, et parce qu'il est obligé d'y obéir, ne pouvant subsister dans le repos, nous concluons qu'il est hors de sa place.

L'homme ne se propose le repos que pour s'affranchir de la

sujétion et du travail; mais il ne peut jouir que par l'action, et n'aime qu'elle.

⊷

Le fruit du travail est le plus doux des plaisirs.

⊷

Où tout est dépendant il y a un maître (1) : l'air appartient à l'homme, et l'homme à l'air; et rien n'est à soi ni à part.

⊷

O soleil! ô cieux! Qu'êtes-vous? Nous avons surpris le secret et l'ordre de vos mouvements. Dans la main de l'Être des êtres, instruments aveugles et ressorts peut-être insensibles, le monde sur qui vous régnez mériterait-il nos hommages? Les révolutions des empires, la diverse face des temps, les nations qui ont dominé, et les hommes qui ont fait la destinée de ces nations mêmes, les principales opinions et les coutumes qui ont partagé la créance des peuples dans la religion, les arts, la morale et les sciences, tout cela, que peut-il paraître? Un atome presque invisible, qu'on appelle l'homme, qui rampe sur la face de la terre, et qui ne dure qu'un jour, embrasse en quelque sorte d'un coup d'œil le spectacle de l'univers dans tous les âges.

⊷

Quand on a beaucoup de lumières (2), on admire peu; lorsque l'on en manque, de même. L'admiration marque le degré

(1) *Où tout est dépendant*, etc. Cette maxime paraît obscure. Il semble que Vauvenargues a voulu prouver l'existence de Dieu par la dépendance mutuelle des différentes parties de l'univers; dont aucune ne peut s'isoler des autres ni subsister par elle-même. On n'entend pas ce que veut dire *l'air appartient à l'homme, et l'homme à l'air*. L'homme ne peut se passer d'air : mais l'air existerait fort bien sans l'homme. *Appartient* veut-il dire *participe de la Nature*, etc.? Alors l'idée d'appartenir n'a plus de liaison sensible avec l'idée de *dépendance* exprimée dans la première phrase. Il y a, je crois, abus de mots. (S.)

(2) *Quand on a beaucoup de lumières*, etc. La liaison n'est pas assez marquée entre la première partie de cette maxime et la seconde; ce qui fait qu'au premier aspect elles paraissent se contredire, quoiqu'elles ne se contredisent pas en effet : parce que la première partie offre une maxime absolue et générale, la seconde une réflexion applicable seulement à quelques occasions. (S.)

de nos connaissances, et prouve moins, souvent, la perfection des choses que l'imperfection de notre esprit.

Ce n'est point un grand avantage d'avoir l'esprit vif, si on ne l'a juste. La perfection d'une pendule n'est pas d'aller vite, mais d'être réglée.

Parler imprudemment et parler hardiment est presque toujours la même chose; mais on peut parler sans prudence et parler juste; et il ne faut pas croire qu'un homme a l'esprit faux parce que la hardiesse de son caractère ou la vivacité de ses passions lui auront arraché, malgré lui-même, quelque vérité périlleuse.

Il y a plus de sérieux que de folie dans l'esprit des hommes. Peu sont nés plaisants; la plupart le deviennent par imitation, froids copistes de la vivacité et de la gaieté.

Ceux qui se moquent des penchants sérieux aiment sérieusement les bagatelles.

Différent génie, différent goût. Ce n'est pas toujours par jalousie que réciproquement on se rabaisse.

On juge des productions de l'esprit comme des ouvrages mécaniques. Lorsqu'on achète une bague, on dit : Celle-là est trop grande, l'autre est trop petite; jusqu'à ce qu'on en rencontre une pour son doigt. Mais il n'en reste pas chez le joaillier; car celle qui m'est trop petite va bien à un autre.

Lorsque deux auteurs ont également excellé en divers genres, on n'a pas ordinairement assez d'égards à la subordination de leurs talents, et Despréaux va de pair avec Racine : cela est injuste.

J'aime un écrivain qui embrasse tous les temps et tous les pays, et rapporte beaucoup d'effets à peu de causes; qui compare les préjugés et les mœurs des différents siècles; qui, par des exemples tirés de la peinture ou de la musique, me fait connaître les beautés de l'éloquence et l'étroite liaison des arts. Je dis d'un homme qui rapproche ainsi les choses humaines, qu'il a un grand génie, si ses conséquences sont justes. Mais s'il conclut mal, je présume qu'il distingue mal les objets, ou qu'il n'aperçoit pas d'un seul coup d'œil tout leur ensemble, et qu'enfin quelque chose manque à l'étendue ou à la profondeur de son esprit.

On discerne aisément la vraie de la fausse étendue d'esprit : car l'une agrandit ses sujets, et l'autre, par l'abus des épisodes et par le faste de l'érudition, les anéantit.

Quelques exemples rapportés en peu de mots et à leur place donnent plus d'éclat, plus de poids et plus d'autorité aux réflexions; mais trop d'exemples et trop de détails énervent toujours un discours. Les digressions trop longues ou trop fréquentes rompent l'unité du sujet, et lassent les lecteurs sensés, qui ne veulent pas qu'on les détourne de l'objet principal, et qui d'ailleurs ne peuvent suivre sans beaucoup de peine une trop longue chaîne de faits et de preuves. On ne saurait trop rapprocher les choses, ni trop tôt conclure. Il faut saisir d'un coup d'œil la véritable preuve de son discours, et courir à la conclusion. Un esprit perçant fuit les épisodes, et laisse aux écrivains médiocres le soin de s'arrêter à cueillir les fleurs qui se trouvent sur leur chemin. C'est à eux d'amuser le peuple, qui lit sans objet, sans pénétration et sans goût.

Le sot qui a beaucoup de mémoire est plein de pensées et de faits; mais il ne sait pas en conclure : tout tient à cela.

Savoir bien rapprocher les choses, voilà l'esprit juste. Le don de rapprocher beaucoup de choses et de grandes choses fait les esprits vastes. Ainsi la justesse paraît être le premier degré et une condition très-nécessaire de la vraie étendue d'esprit.

Un homme qui digère mal, et qui est vorace, est peut-
être une image assez fidèle du caractère d'esprit de la plupart
des savants.

Je n'approuve point la maxime qui veut *qu'un honnête
homme sache un peu de tout.* C'est savoir presque toujours
inutilement, et quelquefois pernicieusement, que de savoir
superficiellement et sans principes. Il est vrai que la plupart
des hommes ne sont guère capables de connaître profondément; mais il est vrai aussi que cette science superficielle
qu'ils recherchent ne sert qu'à contenter leur vanité. Elle
nuit à ceux qui possèdent un vrai génie, car elle les détourne
nécessairement de leur objet principal, consume leur application dans les détails et sur des objets étrangers à leurs
besoins et à leurs talents naturels, et enfin elle ne sert point,
comme ils s'en flattent, à prouver l'étendue de leur esprit.
De tout temps on a vu des hommes qui savaient beaucoup
avec un esprit très-médiocre; et au contraire, des esprits
très-vastes qui savaient fort peu. Ni l'ignorance n'est défaut
d'esprit, ni le savoir n'est preuve de génie.

La vérité échappe au jugement, comme les faits échappent
à la mémoire. Les diverses faces des choses s'emparent tour
à tour d'un esprit vif, et lui font quitter et reprendre successivement les mêmes opinions. Le goût n'est pas moins inconstant : il s'use sur les choses les plus agréables, et varie
comme notre humeur.

Il y a peut-être autant de vérités parmi les hommes que
d'erreurs, autant de bonnes qualités que de mauvaises, autant de plaisirs que de peines ; mais nous aimons à contrôler
la nature humaine, pour essayer de nous élever au-dessus
de notre espèce, et pour nous enrichir de la considération
dont nous tâchons de la dépouiller. Nous sommes si présomptueux, que nous croyons pouvoir séparer notre intérêt personnel de celui de l'humanité, et médire du genre humain
sans nous compromettre. Cette vanité ridicule a rempli les
livres des philosophes d'invectives contre la nature. L'homme

est maintenant en disgrâce chez tous ceux qui pensent, et c'est à qui le chargera de plus de vices. Mais peut-être est-il sur le point de se relever et de se faire restituer toutes ses vertus ; car la philosophie a ses modes comme les habits, la musique et l'architecture, etc. (1).

⊰⊱

Sitôt qu'une opinion devient commune, il ne faut point d'autre raison pour obliger les hommes à abandonner et à embrasser son contraire, jusqu'à ce que celle-ci vieillisse à son tour, et qu'ils aient besoin de se distinguer par d'autres choses. Ainsi, s'ils atteignent le but dans quelque art ou dans quelque science, on doit s'attendre qu'ils le passeront pour acquérir une nouvelle gloire : et c'est ce qui fait en partie que les plus beaux siècles dégénèrent si promptement, et qu'à peine sortis de la barbarie ils s'y replongent.

⊰⊱

Les grands hommes, en apprenant aux faibles à réfléchir, les ont mis sur la route de l'erreur.

⊰⊱

Où il y a de la grandeur, nous la sentons malgré nous. La gloire des conquérants a toujours été combattue ; les peuples en ont toujours souffert, et ils l'ont toujours respectée.

⊰⊱

Le contemplateur, mollement couché dans une chambre tapissée, invective contre le soldat qui passe les nuits de l'hiver au bord d'un fleuve, et veille en silence sous les armes pour la sûreté de sa patrie.

⊰⊱

Ce n'est pas à porter la faim et la misère chez les étrangers qu'un héros attache la gloire, mais à les souffrir pour l'État ; ce n'est pas à donner la mort, mais à la braver.

⊰⊱

---

(1) *Var.* « La philosophie a ses modes comme l'architecture, les habits, la danse, etc. L'homme est maintenant en disgrâce chez les philosophes, et c'est à qui le chargera de plus de vices ; mais peut-être est-il sur le point de se relever et de se faire restituer toutes ses vertus. »

Le vice fomente la guerre : la vertu combat. S'il n'y avait aucune vertu nous aurions pour toujours la paix.

❦

La vigueur d'esprit ou l'adresse ont fait les premières fortunes. L'inégalité des conditions est née de celle des génies et des courages.

❦

Il est faux que l'égalité soit une loi de la nature. La nature n'a rien fait d'égal. Sa loi souveraine est la subordination et la dépendance.

❦

Qu'on tempère comme on voudra la souveraineté dans un État, nulle loi n'est capable d'empêcher un tyran d'abuser de l'autorité de son emploi.

❦

On est forcé de respecter les dons de la nature, que l'étude ni la fortune ne peuvent donner.

❦

La plupart des hommes sont si resserrés dans la sphère de leur condition, qu'ils n'ont pas même le courage d'en sortir par leurs idées : et si on en voit quelques-uns que la spéculation des grandes choses rend en quelque sorte incapables des petites, on en trouve encore davantage à qui la pratique des petites a ôté jusqu'au sentiment des grandes.

❦

Les espérances les plus ridicules et les plus hardies ont été quelquefois la cause des succès extraordinaires.

❦

Les sujets font leur cour avec bien plus de goût que les princes ne la reçoivent (1). Il est toujours plus sensible d'acquérir que de jouir.

❦

Nous croyons négliger la gloire par pure paresse, tandis

---

(1) *Goût* veut dire ici *le plaisir qu'on éprouve à satisfaire un penchant. Faire avec goût*, dans ce sens, est *se porter de cœur, d'inclination*, à une action quelconque : c'est le *con amore* des Italiens. L'expression n'est peut-être pas bien exacte, mais il est difficile de la remplacer. (S.)

que nous prenons des peines infinies pour le plus petit intérêt.

๑᚛᚜๑

Nous aimons quelquefois jusqu'aux louanges que nous ne croyons pas sincères (1).

๑᚛᚜๑

Il faut de grandes ressources dans l'esprit et dans le cœur pour goûter la sincérité lorsqu'elle blesse, ou pour la pratiquer sans qu'elle offense. Peu de gens ont assez de fonds pour souffrir la vérité et pour la dire.

๑᚛᚜๑

Il y a des hommes qui sans y penser (2) se forment une idée de leur figure, qu'ils empruntent du sentiment qui les domine; et c'est peut-être par cette raison qu'un fat se croit toujours beau.

๑᚛᚜๑

Ceux qui n'ont que de l'esprit ont du goût pour les grandes choses, et de la passion pour les petites.

๑᚛᚜๑

La plupart des hommes vieillissent dans un petit cercle d'idées qu'ils n'ont pas tirées de leur fonds; il y a peut-être moins d'esprit faux que de stériles.

๑᚛᚜๑

Tout ce qui distingue les hommes paraît peu de chose. Qu'est-ce qui fait la beauté ou la laideur, la santé ou l'infirmité, l'esprit ou la stupidité? Une légère différence des organes, un peu plus ou un peu moins de bile, etc. Cependant ce plus ou ce moins est d'une importance infinie pour les hommes; et lorsqu'ils en jugent autrement, ils sont dans l'erreur.

๑᚛᚜๑

Deux choses peuvent à peine remplacer, dans la vieillesse, les talents et les agréments : la réputation ou les richesses.

๑᚛᚜๑

---

(1) *Var.* « Les hommes sont si sensibles à la flatterie, que, lors même qu'ils pensent que c'est une flatterie, ils ne laissent pas d'en être les dupes. »

(2) *Il y a des hommes qui sans y penser*, etc. Comment se forme-t-on une idée de soi sans y penser? J'aimerais mieux *sans s'en apercevoir*. (M.)

Nous n'aimons pas les zélés qui font profession de mépriser tout ce dont nous nous piquons, pendant qu'ils se piquent eux-mêmes de choses encore plus méprisables.

❧

Quelque vanité qu'on nous reproche, nous avons besoin quelquefois qu'on nous assure de notre mérite.

❧

Nous nous consolons rarement des grandes humiliations; nous les oublions.

❧

Moins on est puissant dans le monde, plus on peut commettre de fautes impunément, ou avoir inutilement un vrai mérite.

❧

Lorsque la fortune veut humilier les sages, elle les surprend dans ces petites occasions où l'on est ordinairement sans précaution et sans défense. Le plus habile homme du monde ne peut empêcher que de légères fautes n'entraînent quelquefois d'horribles malheurs; et il perd sa réputation ou sa fortune par une petite imprudence, comme un autre se casse la jambe en se promenant dans sa chambre.

❧

Soit vivacité, soit hauteur, soit avarice, il n'y a point d'homme qui ne porte dans son caractère une occasion continuelle de faire des fautes; et si elles sont sans conséquence, c'est à la fortune qu'il le doit.

❧

Nous sommes consternés de nos rechutes, et de voir que nos malheurs même n'ont pu nous corriger de nos défauts.

❧

La nécessité modère plus de peines que la raison.

❧

La nécessité empoisonne les maux qu'elle ne peut guérir.

❧

Les favoris de la fortune ou de la gloire malheureux à nos yeux ne nous détournent point de l'ambition.

❧

La patience est l'art d'espérer.

❦

Le désespoir comble non-seulement notre misère, mais notre faiblesse.

❦

Ni les dons ni les coups de la fortune n'égalent ceux de la nature, qui la passe en rigueur comme en bonté.

❦

Les biens et les maux extrêmes ne se font pas sentir aux âmes médiocres.

❦

Il y a peut-être plus d'esprits légers dans ce qu'on appelle le monde, que dans les conditions moins fortunées.

❦

Les gens du monde ne s'entretiennent pas de si petites choses que le peuple; mais le peuple ne s'occupe pas de choses si frivoles que les gens du monde.

❦

Le sot s'assoupit et fait la sieste en bonne compagnie, comme un homme que la curiosité a tiré de son élément, et qui ne peut ni respirer ni vivre dans un air subtil.

❦

Le sot est comme le peuple, qui se croit riche de peu.

❦

Lorsqu'on ne veut rien perdre ni cacher de son esprit, on en diminue d'ordinaire la réputation.

❦

Des auteurs sublimes n'ont pas négligé de primer encore par les agréments, flattés de remplir l'intervalle de ces deux extrêmes, et d'embrasser toute la sphère de l'esprit humain. Le public, au lieu d'applaudir à l'universalité de leurs talents, a cru qu'ils étaient incapables de se soutenir dans l'héroïque; et on n'ose les égaler à ces grands hommes qui, s'étant renfermés dans un seul et beau caractère, paraissent avoir dédaigné de dire tout ce qu'ils ont tu, et abandonné aux génies subalternes les talents médiocres.

❦

Ce qui paraît aux uns étendue d'esprit, n'est aux yeux des autres que mémoire et légèreté.

Il est aisé de critiquer un auteur, mais il est difficile de l'apprécier.

Je n'ôte rien à l'illustre Racine, le plus sage et le plus élégant des poëtes, pour n'avoir pas traité beaucoup de choses qu'il eût embellies, content d'avoir montré dans un seul genre la richesse et la sublimité de son esprit. Mais je me sens forcé de respecter un génie hardi et fécond, élevé, pénétrant, facile, infatigable; aussi ingénieux et aussi aimable dans les ouvrages de pur agrément, que vrai et pathétique dans les autres; d'une vaste imagination, qui a embrassé et pénétré rapidement toute l'économie des choses humaines, à qui ni les sciences abstraites, ni les arts, ni la politique, ni les mœurs des peuples, ni leurs opinions, ni leurs histoires, ni leur langue même, n'ont pu échapper; illustre en sortant de l'enfance, par la grandeur et par la force de sa poésie féconde en pensées; et bientôt après par les charmes et par le caractère original et plein de raison de sa prose, philosophe et peintre sublime, qui a semé avec éclat dans ses écrits tout ce qu'il y a de grand dans l'esprit des hommes; qui a représenté les passions avec des traits de feu et de lumière, et enrichi le théâtre de nouvelles grâces; savant à imiter le caractère et à saisir l'esprit des bons ouvrages de chaque nation par l'extrême étendue de son génie, mais n'imitant rien, d'ordinaire, qu'il ne l'embellisse; éclatant jusque dans les fautes qu'on a cru remarquer dans ses écrits, et tel que, malgré leurs défauts et les efforts de la critique, il a occupé sans relâche de ses veilles ses amis et ses ennemis, et porté chez les étrangers, dès sa jeunesse, la réputation de nos lettres, dont il a reculé toutes les bornes (1).

(1) C'est l'éloge, un peu exagéré, des talents de Voltaire. Cet esprit avait de la facilité pour tout; il n'a excellé en rien, excepté dans le sarcasme, mais il montre partout de la pénétration et de la souplesse.   (N. E.)

Si on ne regarde que certains ouvrages des meilleurs auteurs, on sera tenté de les mépriser. Pour les apprécier avec justice, il faut tout lire.

⁂

Il ne faut point juger des hommes par ce qu'ils ignorent, mais par ce qu'ils savent, et par la manière dont ils le savent.

⁂

On ne doit pas non plus demander aux auteurs une perfection qu'ils ne puissent atteindre. C'est faire trop d'honneur à l'esprit humain de croire que des ouvrages irréguliers n'aient pas droit de lui plaire, surtout si ces ouvrages peignent les passions. Il n'est pas besoin d'un grand art pour faire sortir les meilleurs esprits de leur assiette, et pour leur cacher les défauts d'un tableau hardi et touchant. Cette parfaite régularité qui manque aux auteurs ne se trouve point dans nos propres conceptions. Le caractère naturel de l'homme ne comporte pas tant de règle. Nous ne devons pas supposer dans le sentiment une délicatesse que nous n'avons que par réflexion. Il s'en faut de beaucoup que notre goût soit toujours aussi difficile à contenter que notre esprit.

⁂

Il nous est plus facile de nous teindre d'une infinité de connaissances que d'en bien posséder un petit nombre.

⁂

Jusqu'à ce qu'on rencontre le secret de rendre les esprits plus justes, tous les pas que l'on pourra faire dans la vérité n'empêcheront pas les hommes de raisonner faux; et plus on voudra les pousser au-delà des notions communes, plus on les mettra en péril de se tromper.

⁂

Il n'arrive jamais que la littérature et l'esprit de raisonnement deviennent le partage de toute une nation, qu'on ne voie aussitôt dans la philosophie et dans les beaux-arts ce qu'on remarque dans les gouvernements populaires, où il n'y a point de puérilités et de fantaisies qui ne se produisent et ne trouvent des partisans.

⁂

L'erreur ajoutée à la vérité ne l'augmente point. Ce n'est

pas étendre la carrière des arts que d'admettre de mauvais
genres : c'est gâter le goût; c'est corrompre le jugement des
hommes, qui se laissent aisément séduire par les nouveautés,
et qui, mêlant ensuite le vrai et le faux, se détourne bientôt, dans ses productions, de l'imitation de la Nature, et
s'appauvrit ainsi en peu de temps par la vaine ambition d'i-
maginer et de s'écarter des anciens modèles.

Ce que nous appelons une pensée brillante n'est ordinairement qu'une expression captieuse, qui, à l'aide d'un peu de
vérité, nous impose une erreur qui nous étonne.

La plupart des grands personnages ont été les hommes de
leur siècle les plus éloquents. Les auteurs des plus beaux
systèmes, les chefs de partis et de sectes, ceux qui ont eu
dans tous les temps le plus d'empire sur l'esprit des peuples,
n'ont dû la meilleure partie de leurs succès qu'à l'éloquence
vive et naturelle de leur âme. Il ne paraît pas qu'ils aient
cultivé la poésie avec le même bonheur. C'est que la poésie
ne permet guère que l'on se partage, et qu'un art si sublime
et si pénible se peut rarement allier avec l'embarras des affaires et les occupations tumultueuses de la vie : au lieu que
l'éloquence se mêle partout, et qu'elle doit la plus grande
partie de ses séductions à l'esprit de médiation et de manége,
qui forme les hommes d'État et les politiques, etc.

C'est une erreur dans les grands de croire qu'ils peuvent
prodiguer sans conséquence leurs paroles et leurs promesses.
Les hommes souffrent avec peine qu'on leur ôte ce qu'ils se
sont en quelque sorte approprié par l'espérance. On ne les
trompe pas longtemps sur leurs intérêts, et ils ne haïssent
rien tant que d'être dupes. C'est par cette raison qu'il est si
rare que la fourberie réussisse; il faut de la sincérité et de
la droiture, même pour séduire. Ceux qui ont abusé les
peuples sur quelque intérêt général étaient fidèles aux particuliers; leur habileté consistait à captiver les esprits par des
avantages réels. Quand on connaît bien les hommes, et qu'on

veut les faire servir à ses desseins, on ne compte point sur
un appât aussi frivole que celui des discours et des promesses. Ainsi les grands orateurs, s'il m'est permis de joindre
ces deux choses, ne s'efforcent pas d'imposer par un tissu de
flatteries et d'impostures, par une dissimulation continuelle,
et par un langage purement ingénieux ; s'ils cherchent à faire
illusion sur quelque point principal, ce n'est qu'à force de
sincérité et de vérités de détail, car le mensonge est faible
par lui-même : il faut qu'il se cache avec soin; et s'il arrive
qu'on persuade quelque chose par des discours captieux; ce
n'est pas sans beaucoup de peine. On aurait grand tort d'en
conclure que ce soit en cela que consiste l'éloquence. Jugeons,
au contraire, par ce pouvoir des simples apparences de la
vérité combien la vérité elle-même est éloquente et supérieure
à notre art.

⊛⊷⊛

Un menteur est un homme qui ne sait pas tromper; un flatteur celui qui ne trompe ordinairement que les sots. Celui
qui sait se servir avec adresse de la vérité, et qui en connaît
l'éloquence, peut seul se piquer d'être habile.

⊛⊷⊛

Est-il vrai que les qualités dominantes excluent les autres?
Qui a plus d'imagination que Bossuet, Montaigne, Descartes,
Pascal, tous grands philosophes? Qui a plus de jugement et
de sagesse que Racine, Boileau, La Fontaine, Molière, tous
poëtes pleins de génie?

⊛⊷⊛

Descartes a pu se tromper dans quelques-uns de ses principes, et ne se point tromper dans ses conséquences, sinon
rarement. On aurait donc tort, ce me semble, de conclure de
ses erreurs que l'imagination et l'invention ne s'accordent
point avec la justesse (1). La grande vanité de ceux qui n'imaginent pas est de se croire seuls judicieux. Ils ne font pas
attention que les erreurs de Descartes, génie créateur, ont été

---

(1) Il était de mode au dix-huitième siècle de n'accorder au précédent que
l'imagination, et non la justesse. On voit que Vauvenargues s'élevait au-
dessus des préjugés de son temps.   (N. E.)

celles de trois ou quatre mille philosophes, tous sans imagination. Les esprits subalternes n'ont point d'erreur en leur
privé nom, parce qu'ils sont incapables d'inventer, même en
se trompant; mais ils sont toujours entraînés sans le savoir
par l'erreur d'autrui; et lorsqu'ils se trompent d'eux-mêmes,
ce qui peut arriver souvent, c'est dans des détails et des conséquences. Mais leurs erreurs ne sont ni assez vraisemblables
pour être contagieuses, ni assez importantes pour faire du
bruit.

Ceux qui sont nés éloquents parlent quelquefois avec tant
de clarté et de brièveté des grandes choses, que la plupart
des hommes n'imaginent pas qu'ils en parlent avec profondeur. Les esprits pesants, les sophistes, ne reconnaissent pas
la philosophie lorsque l'éloquence la rend populaire et qu'elle
ose peindre le vrai avec des traits fiers et hardis. Ils traitent
de superficielle et de frivole cette splendeur d'expression qui
emporte avec elle la preuve des grandes pensées. Ils veulent
des définitions, des discussions, des détails et des argu-
ments. Si Locke eût rendu vivement en peu de pages les sages
vérités de ses écrits, ils n'auraient pas osé le compter parmi
les philosophes de son siècle.

C'est un malheur que les hommes ne puissent d'ordinaire
posséder aucun talent sans avoir quelque envie d'abaisser les
autres. S'ils ont la finesse, ils décrient la force; s'ils sont
géomètres ou physiciens, ils écrivent contre la poésie et l'éloquence : et les gens du monde, qui ne pensent pas que ceux
qui ont excellé dans quelque genre jugent mal d'un autre talent, se laissent prévenir par leurs décisions. Ainsi, quand la
métaphysique ou l'algèbre sont à la mode, ce sont des méta-
physiciens ou des algébristes qui font la réputation des poètes
et des musiciens, ou tout au contraire : l'esprit dominant
assujettit les autres à son tribunal, et la plupart du temps à
ses erreurs.

Qui peut se vanter de juger, ou d'inventer, ou d'entendre à
toutes les heures du jour? Les hommes n'ont qu'une petite

portion d'esprit, de goût, de talent, de vertu, de gaieté, de santé, de force, etc.; et ce peu qu'ils ont en partage, ils ne le possèdent point à leur volonté, ni dans le besoin, ni dans tous les âges.

⊗⊷⊛

C'est une maxime inventée par l'envie, et trop légèrement adoptée par les philosophes, *qu'il ne faut point louer les hommes avant leur mort*. Je dis, au contraire, que c'est pendant leur vie qu'il faut les louer, lorsqu'ils ont mérité de l'être. C'est pendant que la jalousie et la calomnie, animées contre leur vertu ou leurs talents, s'efforcent de les dégrader, qu'il faut oser leur rendre témoignage. Ce sont les critiques injustes qu'il faut craindre de hasarder, et non les louanges sincères.

⊗⊷⊛

L'envie ne saurait se cacher. Elle accuse et juge sans preuves; elle grossit les défauts; elle a des qualifications énormes pour les moindres fautes; son langage est rempli de fiel, d'exagération et d'injure. Elle s'acharne avec opiniâtreté et avec fureur contre le mérite éclatant. Elle est aveugle, emportée, insensée, brutale.

⊗⊷⊛

Il faut exciter dans les hommes le sentiment de leur prudence et de leur force, si on veut élever leur génie. Ceux qui par leurs discours ou leurs écrits ne s'attachent qu'à relever les ridicules et les faiblesses de l'humanité, sans distinction ni égards, éclairent bien moins la raison et les jugements du public, qu'ils ne dépravent ses inclinations.

⊗⊷⊛

Je n'admire point un sophiste qui réclame contre la gloire et contre l'esprit des grands hommes. En ouvrant mes yeux sur le faible des plus beaux génies, il m'apprend à l'apprécier lui-même ce qu'il peut valoir. Il est le premier que je raye du tableau des hommes illustres.

⊗⊷⊛

Nous avons grand tort de penser que quelque défaut que ce soit puisse exclure toute vertu, ou de regarder l'alliance du bien et du mal comme un monstre ou comme une énigme.

C'est faute de pénétration que nous concilions si peu de choses.

⚜

Les faux philosophes s'efforcent d'attirer l'attention des hommes, en faisant remarquer dans notre esprit des contrariétés et des difficultés qu'ils forment eux-mêmes ; comme d'autres amusent les enfants par des tours de cartes qui confondent leur jugement, quoique naturels et sans magie. Ceux qui nouent ainsi les choses pour avoir le mérite de les dénouer sont des charlatans de morale.

⚜

Il n'y a point de contradictions dans la nature.

⚜

Est-il contre la raison ou la justice de s'aimer soi-même? Et pourquoi voulons-nous que l'amour-propre (1) soit toujours un vice?

⚜

S'il y a un amour de nous-même naturellement officieux et compatissant, et un amour-propre sans humanité, sans équité, sans bornes, sans raison, faut-il les confondre?

⚜

Quand il serait vrai que les hommes ne seraient vertueux que par la raison, que s'ensuivrait-il? Pourquoi, si on nous loue avec justice de nos sentiments, ne nous louerait-on pas encore de notre raison? Est-elle moins nôtre que la volonté?

⚜

On suppose que ceux qui servent la vertu par réflexion la trahiraient pour le vice utile. Oui, si le vice pouvait être tel aux yeux d'un esprit raisonnable.

⚜

Il y a des semences de bonté et de justice dans le cœur de l'homme, si l'intérêt propre y domine. J'ose dire que cela est non-seulement selon la nature, mais aussi selon la justice, pourvu que personne ne souffre de cet amour-propre, ou que la société y perde moins qu'elle n'y gagne.

---

(1) *Pourquoi voulons-nous que l'amour-propre,* etc. *Amour-propre em-*ployé encore pour *amour de soi.* (S.)

Celui qui recherche la gloire par la vertu ne demande que ce qu'il mérite.

J'ai toujours trouvé ridicule que les philosophes aient fait une vertu incompatible avec la nature de l'homme; et qu'après l'avoir ainsi feinte, ils aient prononcé froidement qu'il n'y avait aucune vertu. Qu'ils parlent du fantôme de leur imagition, ils peuvent à leur gré l'abandonner ou le détruire, puisqu'ils l'ont créé ; mais la véritable vertu, celle qu'ils ne veulent pas nommer de ce nom, parce qu'elle n'est pas conforme à leurs définitions, celle qui est l'ouvrage de la Nature, non le leur, et qui consiste principalement dans la bonté et la vigueur de l'âme, celle-ci n'est point dépendante de leur fantaisie, et subsistera à jamais avec des caractères ineffaçables.

Le corps a ses grâces, l'esprit ses talents. Le cœur n'aurait-il que des vices? et l'homme, capable de raison, serait-il incapable de vertu?

Nous sommes susceptibles d'amitié, de justice, d'humanité, de compassion et de raison. O mes amis! qu'est-ce donc que la vertu?

Si l'illustre auteur des *Maximes* eût été tel qu'il a tâché de peindre tous les hommes, mériterait-il nos hommages et le culte idolâtre de ses prosélytes?

Ce qui fait que la plupart des livres de morale sont si insipides, et que leurs auteurs ne sont pas sincères, c'est que, faibles échos les uns des autres, ils n'oseraient produire leurs propres maximes et leurs secrets sentiments. Ainsi, non-seulement dans la morale, mais en quelque sujet que ce puisse être, presque tous les hommes passent leur vie à dire et à écrire ce qu'ils ne pensent point; et ceux qui conservent encore quelque amour de la vérité excitent contre eux la colère et les préventions du public.

Il n'y a guère d'esprits qui soient capables d'embrasser à la fois toutes les faces de chaque sujet : et c'est là, à ce qu'il me semble, la source la plus ordinaire des erreurs des hommes. Pendant que la plus grande partie d'une nation languit dans la pauvreté, l'opprobre et le travail, l'autre, qui abonde en honneurs, en commodités, en plaisirs, ne se lasse pas d'admirer le pouvoir de la politique, qui fait fleurir les arts et le commerce, et rend les États redoutables.

❦

Les plus grands ouvrages de l'esprit humain sont très-assurément les moins parfaits. Les lois, qui sont la plus belle invention de la raison, n'ont pu assurer le repos des peuples sans diminuer leur liberté.

❦

Quelle est quelquefois la faiblesse et l'inconséquence des hommes ! Nous nous étonnons de la grossièreté de nos pères, qui règne cependant encore dans le peuple, la plus nombreuse partie de la nation ; et nous méprisons en même temps les belles-lettres et la culture de l'esprit, le seul avantage qui nous distingue du peuple et de nos ancêtres.

❦

Le plaisir et l'ostentation l'emportent dans le cœur des grands sur l'intérêt. Nos passions se règlent ordinairement sur nos besoins.

❦

Le peuple et les grands n'ont ni les mêmes vertus ni les mêmes vices.

❦

C'est à notre cœur à régler le rang de nos intérêts, et à notre raison de les conduire.

❦

La médiocrité d'esprit et la paresse font plus de philosophes que la réflexion.

❦

Nul n'est ambitieux par raison, ni vicieux par défaut d'esprit.

❦

Tous les hommes sont clairvoyants sur leurs intérêts ; et il n'arrive guère qu'on les en détache par la ruse. On a admiré dans les négociations la supériorité de la maison d'Autriche, mais pendant l'énorme puissance de cette famille, non après. Les traités les mieux ménagés ne sont que la loi du plus fort.

❦

Le commerce est l'école de la tromperie.

❦

A voir comme en usent les hommes, on serait porté quelquefois à penser que la vie humaine et les affaires du monde sont un jeu sérieux, où toutes les finesses sont permises pour usurper le bien d'autrui à nos périls et fortunes, et où l'heureux dépouille en tout honneur le plus malheureux ou le moins habile.

❦

C'est un grand spectacle de considérer les hommes méditant en secret de s'entre-nuire, et forcés néanmoins de s'entr'aider contre leur inclination ou leur dessein.

❦

Nous n'avons ni la force ni les occasions d'exécuter tout le bien et tout le mal que nous projetons.

❦

Nos actions ne sont ni si bonnes ni si vicieuses que nos volontés.

❦

Dès que l'on peut faire du bien, on est à même de faire des dupes. Un seul homme en amuse alors une infinité d'autres, tous uniquement occupés de le tromper. Ainsi il en coûte peu aux gens en place pour surprendre leurs inférieurs; mais il est malaisé à des misérables d'imposer à qui que ce soit. Celui qui a besoin des autres les avertit de se défier de lui; un homme inutile a bien de la peine de leurrer personne.

❦

L'indifférence où nous sommes pour la vérité dans la morale vient de ce que nous sommes décidés à suivre nos passions, quoi qu'il en puisse être : et c'est ce qui fait que nous n'hésitons pas lorsqu'il faut agir, malgré l'incertitude de nos opinions. Peu m'importe, disent les hommes, de savoir où est la vérité, sachant où est le plaisir.

Les hommes se défient moins de la coutume et de la tradition de leurs ancêtres, que de leur raison (1).

La force ou la faiblesse de notre créance dépend plus de
notre courage que de nos lumières. Tous ceux qui se moquent
des augures n'ont pas toujours plus d'esprit que ceux qui y
croient.

Il est aisé de tromper les plus habiles, en leur proposant
des choses qui passent leur esprit, et qui intéressent leur
cœur.

Il n'y a rien que la crainte et l'espérance ne persuadent
aux hommes.

Qui s'étonnera des erreurs de l'antiquité s'il considère qu'encore aujourd'hui, dans le plus philosophe de tous les siècles,
bien des gens de beaucoup d'esprit n'oseraient se trouver à
une table de treize couverts.

L'intrépidité d'un homme incrédule, mais mourant, ne peut
le garantir de quelque trouble, s'il raisonne ainsi : Je me suis
trompé mille fois sur mes plus palpables intérêts, et j'ai pu
me tromper encore sur la religion. Or je n'ai plus le temps ni
la force de l'approfondir et je meurs.....

La foi est la consolation des misérables, et la terreur des
heureux.

La courte durée de la vie ne peut nous dissuader de ses
plaisirs, ni nous consoler de ses peines.

Ceux qui combattent les préjugés du peuple croient n'être
pas peuple. Un homme qui avait fait à Rome un argument

(1) *Var.* « Nous avons plus de foi à la coutume et à la tradition de nos
pères qu'à notre raison. »

contre les poulets sacrés se regardait peut-être comme un philosophe.

Lorsqu'on rapporte sans partialité les raisons des sectes
opposées, et qu'on ne s'attache à aucune, il semble qu'on
s'élève en quelque sorte au-dessus de tous les partis. Demandez cependant à ces philosophes neutres, qu'ils choisissent
une opinion, ou qu'ils établissent d'eux-mêmes quelque chose;
vous verrez qu'ils n'y sont pas moins embarrassés que tous les
autres. Le monde est peuplé d'esprits froids, qui, n'étant pas
capables par eux-mêmes d'inventer, s'en consolent en rejetant
toutes les inventions d'autrui, et qui, méprisant au-dehors
beaucoup de choses, croient se faire estimer.

Qui sont ceux qui prétendent que le monde est devenu vicieux? Je les crois sans peine. L'ambition, la gloire, en un
mot toutes les passions des premiers âges ne font plus les
mêmes désordres et le même bruit. Ce n'est pas peut-être que
ces passions soient aujourd'hui moins vives qu'autrefois;
c'est parce qu'on les désavoue et qu'on les combat. Je dis
donc que le monde est comme un vieillard qui conserve tous
les désirs de la jeunesse, mais qui en est honteux, et s'en
cache, soit parce qu'il est détrompé du mérite de beaucoup de
choses, soit parce qu'il veut le paraître.

Les hommes dissimulent par faiblesse, et par la crainte
d'être méprisés, leurs plus chères, leurs plus constantes et
quelquefois leurs plus vertueuses inclinations.

L'art de plaire est l'art de tromper.

Nous sommes trop inattentifs ou trop occupés de nous-mêmes pour nous approfondir les uns les autres. Quiconque a vu
des masques dans un bal danser amicalement ensemble, et
se tenir par la main sans se connaître, pour se quitter le moment d'après, et ne plus se voir ni se regretter, peut se faire
une idée du monde.

DE L'ART ET DU GOUT D'ÉCRIRE (1).

Les premiers écrivains travaillaient sans modèle, et n'empruntaient rien que d'eux-mêmes, ce qui fait qu'ils sont inégaux, et mêlés de mille endroits faibles avec un génie tout divin. Ceux qui ont réussi après eux ont puisé dans leurs inventions, et par là sont plus soutenus ; nul ne trouve tout dans son propre fonds.

Qui saura penser de lui-même et former de nobles idées, qu'il prenne, s'il peut, la manière et le tour élevé (2) des maîtres. Toutes les richesses de l'expression appartiennent de droit à ceux qui savent les mettre à leur place.

Il ne faut pas craindre non plus de redire une vérité ancienne, lorsqu'on peut la rendre plus sensible par un meilleur tour, ou la joindre à une autre vérité qui l'éclaircisse, et former un corps de raisons. C'est le propre des inventeurs de saisir le rapport des choses, et de savoir les rassembler ; et les découvertes anciennes sont moins à leurs premiers auteurs qu'à ceux qui les rendent utiles.

On fait un ridicule à un homme du monde du talent et du goût d'écrire (3). Je demande aux gens raisonnables : Que font ceux qui n'écrivent pas ?

On ne peut avoir l'âme grande ou l'esprit un peu pénétrant sans quelque passion pour les lettres. Les arts sont consacrés à peindre les traits de la belle nature ; les sciences, à la vérité.

---

(1) *Goût* signifie ici penchant, inclination qu'on éprouve pour une chose ; mais il ne peut s'employer en parlant d'une action. On peut dire, *avoir le goût de la peinture*, mais non pas *le goût de peindre*. Ainsi *le goût d'écrire* est une incorrection. (S.)

(2) *Le tour élevé ;* métaphore qui peut paraître incohérente. (S.)

(3) *Du goût d'écrire.* On a déjà observé que cette expression était incorrecte. (S.)

Les arts ou les sciences embrassent tout ce qu'il y a dans les objets de la pensée de noble ou d'utile : de sorte qu'il ne reste à ceux qui les rejettent que ce qui est indigne d'être peint ou enseigné.

Voulez-vous démêler, rassembler vos idées, les mettre sous un même point de vue, et les réduire en principes? jetez-les d'abord sur le papier. Quand vous n'auriez rien à gagner par cet usage du côté de la réflexion, ce qui est faux manifestement, que n'acquerriez-vous pas du côté de l'expression? Laissez dire ceux qui regardent cette étude comme au-dessous d'eux. Qui peut croire avoir plus d'esprit, un génie plus grand et plus noble que le cardinal de Richelieu? qui a été chargé de plus d'affaires et de plus importantes? Cependant nous avons des *Controverses* de ce grand ministre et un *Testament politique :* on sait même qu'il n'a pas dédaigné la poésie. Un esprit si ambitieux ne pouvait mépriser la gloire la moins empruntée et la plus à nous qu'on connaisse. Il n'est pas besoin de citer, après un si grand nom, d'autres exemples : le duc de La Rochefoucauld, l'homme de son siècle le plus poli et le plus capable d'intrigues, auteur du livre des *Maximes;* le fameux cardinal de Retz, le cardinal d'Ossat (1), le chevalier Guillaume Temple (2), et une infinité d'autres qui sont aussi connus par leurs écrits que par leurs actions immortelles. Si nous ne sommes pas à même d'exécuter de si grandes choses que ces hommes illustres, qu'il paraisse du moins par l'expression de nos pensées, et par ce qui dépend de nous, que nous n'étions pas incapables de les concevoir.

SUR LA VÉRITÉ ET L'ÉLOQUENCE.

Deux études sont importantes : l'éloquence et la vérité; la vérité pour donner un fondement solide à l'éloquence et bien

(1) Arnauld, cardinal d'Ossat, auteur de lettres célèbres relatives à ses négociations, mourut à Rome, le 13 mars 1601.

(2) Guillaume Temple, diplomate anglais, auteur d'ouvrages historiques, mourut dans le comté de Sussex, en février 1698.

disposer notre vie; l'éloquence, pour diriger la conduite des autres hommes et défendre la vérité.

⁂

La plupart des grandes affaires se traitent par écrit; il ne suffit donc pas de savoir parler : tous les intérêts subalternes, les engagements, les plaisirs, les devoirs de la vie civile, demandent qu'on sache parler; c'est donc peu de savoir écrire. Nous aurions besoin tous les jours d'unir l'une et l'autre éloquence : mais nulle ne peut s'acquérir si d'abord on ne sait penser; et on ne sait guère penser si l'on n'a des principes fixes et puisés dans la vérité. Tout confirme notre maxime : l'étude du vrai la première, l'éloquence après.

PENSÉES DIVERSES.

Est-ce force dans les hommes d'avoir des passions, ou insuffisance et faiblesse? Est-ce grandeur d'être exempt de passions, ou médiocrité de génie? Ou tout est-il mêlé de faiblesse et de force, de grandeur et de petitesse?

⁂

Qui est plus nécessaire au maintien d'une société d'hommes faibles, et que leur faiblesse a unis, la douceur ou l'austérité? Il faut employer l'une et l'autre. Que la loi soit sévère, et les hommes indulgents.

⁂

La sévérité dans les lois est humanité pour les peuples; dans les hommes, elle est la marque d'un génie étroit et cruel. Il n'y a que la nécessité qui puisse la rendre innocente.

⁂

Le projet de rapprocher les conditions a toujours été un beau songe : la loi ne saurait égaliser les hommes malgré la nature.

⁂

S'il n'y avait de domination légitime que celle qui s'exerce avec justice, nous ne devrions rien aux mauvais rois.

⊚⚬⚬⊚

Comptez rarement sur l'estime et sur la confiance d'un homme qui entre dans tous vos intérêts, s'il ne vous parle aussitôt des siens.

⊚⚬⚬⊚

Nous haïssons les dévots qui font profession de mépriser tout ce dont nous nous piquons, et se piquent souvent eux-mêmes de choses encore plus méprisables.

⊚⚬⚬⊚

C'est par la conviction manifeste de notre incapacité (1) que le hasard dispose si universellement et si absolument de tout. Il n'y a rien de plus rare dans le monde que les grands talents et que le mérite des emplois : la fortune est plus partiale qu'elle n'est injuste.

⊚⚬⚬⊚

Le mystère dont on enveloppe ses desseins marque quelquefois plus de faiblesse que l'indiscrétion, et souvent nous fait plus de tort.

⊚⚬⚬⊚

Ceux qui font des métiers infâmes, comme les voleurs, les femmes perdues, s'honorent de leurs crimes, et regardent les honnêtes gens comme des dupes. La plupart des hommes, dans le fond du cœur, méprisent la vertu, peu la gloire.

⊚⚬⚬⊚

Une mauvaise préface allonge considérablement un mauvais livre; mais ce qui est bien pensé est bien pensé, et ce qui est bien écrit est bien écrit.

⊚⚬⚬⊚

Ce sont les ouvrages médiocres qu'il faut abréger. Je n'ai jamais vu de préface ennuyeuse à la tête d'un bon livre.

---

(1) *C'est par la conviction manifeste de notre incapacité que le hasard dispose*, etc. Cette pensée est obscure; l'auteur veut dire, je crois, que c'est la conviction *que nous avons* de notre incapacité qui nous fait abandonner tant de choses au hasard. *Il n'y a rien de plus rare dans le monde*, dit-il ensuite, *que les grands talents et que le mérite des emplois :* le mérite des emplois est une ellipse forcée. L'auteur ajoute : *la fortune est plus partiale qu'elle n'est injuste*, c'est-à-dire qu'entre des concurrents sans moyens, elle n'est pas *injuste* en refusant un emploi à tel qui ne le mérite pas, mais *partiale* en l'accordant à tel autre qui ne le mérite pas davantage. (S.)

Toute hauteur (1) affectée est puérile; si elle se fonde sur des titres supposés, elle est ridicule; et si ces titres sont frivoles, elle est basse : le caractère de la vraie hauteur est d'être toujours à sa place.

Nous n'attendons pas d'un malade qu'il ait l'enjouement de la santé et la même force du corps; s'il conserve même sa raison jusqu'à la fin, nous nous en étonnons; et s'il fait paraître quelque fermeté, nous disons qu'il y a de l'affectation dans cette mort : tant cela est rare et difficile. Cependant, s'il arrive qu'un autre homme démente en mourant, ou la fermeté, ou les principes qu'il a professés pendant sa vie; si dans l'état du monde le plus faible, il donne quelque marque de faiblesse,.... ô aveugle malice de l'esprit humain ! Il n'y a pas de contradictions si manifestes que l'envie n'assemble pour nuire.

On n'est pas appelé à la conduite des grandes affaires, ni aux sciences, ni aux beaux-arts, ni à la vertu, quand on n'aime pas ces choses pour elles-mêmes, indépendamment de la considération qu'elles attirent. On les cultiverait donc inutilement dans ces dispositions : ni l'esprit ni la vanité ne peuvent donner le génie.

Une femme qui croit se bien mettre ne soupçonne pas, dit un auteur, que son ajustement deviendra un jour aussi ridicule que la coiffure de Catherine de Médicis. Toutes les modes dont nous sommes prévenus vieilliront peut-être avant nous, et même le *bon ton.*

Il y a peu de choses que nous sachions bien.

Si on n'écrit point parce qu'on pense, il est inutile de penser pour écrire.

(1) *Toute hauteur,* etc. Je crois qu'*orgueil* est ici le mot propre. *Hauteur,* pris à l'absolu, ne peut s'entendre dans un sens favorable. (S.)

Tout ce qu'on n'a pensé que pour les autres est ordinairement peu naturel.

La clarté est la bonne foi des philosophes.

La netteté est le vernis des maîtres.

La netteté épargne les longueurs, et sert de preuve aux idées.

La marque d'une expression propre est que même dans les équivoques on ne puisse lui donner qu'un sens.

Il semble que la raison, qui se communique aisément et se perfectionne quelquefois, devrait perdre d'autant plus vite tout son lustre et le mérite de la nouveauté ; cependant les ouvrages des grands hommes, copiés avec tant de soin par d'autres mains, conservent, malgré le temps, un caractère toujours original : car il n'appartient pas aux autres hommes de concevoir et d'exprimer aussi parfaitement les choses qu'ils savent le mieux. C'est cette manière de concevoir si vive et si parfaite qui distingue dans tous les genres le génie, et qui fait que les idées les plus simples et les plus connues ne peuvent vieillir.

Les grands philosophes sont les génies de la raison.

Pour savoir si une pensée est nouvelle, il n'y a qu'à l'exprimer bien simplement.

Il y a peu de pensées synonymes, mais beaucoup d'approchantes.

Lorsqu'un bon esprit ne voit pas qu'une pensée puisse être utile, il y a grande apparence qu'elle est fausse.

Nous recevons de grandes louanges avant d'en mériter de raisonnables.

'Les feux de l'aurore ne sont pas si doux que les premiers regards de la gloire.

Les réputations mal acquises se changent en mépris.

L'espérance est le plus utile ou le plus pernicieux des biens.

L'adversité fait beaucoup de coupables et d'imprudents.

La raison est presque impuissante pour les faibles.

Le courage est la lumière de l'adversité.

L'erreur est la nuit des esprits et le piége de l'innocence.

Les demi-philosophes ne louent l'erreur que pour faire les honneurs de la vérité.

C'est être bien impertinent de vouloir faire croire qu'on n'a pas assez d'erreurs pour être heureux.

Celui qui souhaiterait sérieusement des illusions aurait au-delà de ses vœux.

Les corps politiques ont leurs défauts inévitables, comme les divers âges de la vie humaine. Qui peut garantir la vieillesse des infirmités, hors la mort ?

La sagesse est le tyran des faibles.

Les regards affables ornent le visage des rois.

La licence étend toutes les vertus et tous les vices.

La paix rend les peuples plus heureux et les hommes plus faibles.

Le premier soupir de l'enfance est pour la liberté.

La liberté est incompatible avec la faiblesse.

L'indolence est le sommeil des esprits.

Les passions les plus vives sont celles dont l'objet est le plus prochain, comme dans le jeu, etc.

Notre intempérance loue les plaisirs.

Des hommes simples et vertueux mêlent de la délicatesse et de la probité jusque dans leurs plaisirs.

Les premiers jours du printemps ont moins de grâce que la vertu naissante d'un jeune homme.

L'utilité de la vertu est si manifeste, que les méchants la pratiquent par intérêt.

Rien n'est si utile que la réputation, et rien ne donne la réputation si sûrement que le mérite.

La gloire est la preuve de la vertu.

La trop grande économie fait plus de dupes que la profusion.

La profusion avilit ceux qu'elle n'illustre pas.

Si un homme obéré et sans enfants se fait quelques rentes viagères, et jouit par cette conduite des commodités de la vie, nous disons que c'est un fou qui a mangé son bien.

Les sots admirent qu'un homme à talents ne soit pas une bête sur ses intérêts.

⊱⊰

'La libéralité et l'amour des lettres ne ruinent personne ; mais les esclaves de la fortune trouvent toujours la vertu trop achetée.

⊱⊰

On fait bon marché d'une médaille, lorsqu'on n'est pas curieux d'antiquités : ainsi ceux qui n'ont pas de sentiments pour le mérite ne tiennent presque pas de compte des plus grands talents.

⊱⊰

Le grand avantage des talents paraît en ce que la fortune sans mérite est presque inutile.

⊱⊰

D'ordinaire on tente fortune par des talents qu'on n'a pas.

⊱⊰

Il vaut mieux déroger à sa qualité qu'à son génie. Ce serait être fou de conserver un état médiocre au prix d'une grande fortune ou de la gloire.

⊱⊰

Il n'y a pas de vice qui ne soit nuisible, dénué d'esprit.

⊱⊰

J'ai cherché s'il n'y avait point de moyen de faire sa fortune sans mérite, et je n'en ai trouvé aucun.

⊱⊰

Moins on veut mériter sa fortune, plus il faut se donner de peine pour la faire.

⊱⊰

Les beaux esprits ont une place dans la bonne compagnie, mais la dernière.

⊱⊰

Les sots usent des gens d'esprit comme les petits hommes portent de grands talons.

⊱⊰

Il y a des hommes dont il vaut mieux se taire que de les louer selon leur mérite (1).

----

(1) *Il y a des hommes dont il vaut mieux se taire que de les louer selon leur mérite.* C'est-à-dire, je crois, qu'il y a des gens dont le mérite est dans un genre si frivole et si misérable, que les louer selon leur mérite serait les rendre ridicules. (S.)

Il ne faut pas tenter de contenter les envieux.

L'avarice ne s'assouvit pas par les richessses, ni l'intempérance par la volupté, ni la paresse par l'oisiveté, ni l'ambition par la fortune; mais si la vertu même et si la gloire ne nous rendent heureux, ce que l'on appelle bonheur vaut-il nos regrets?

Il y a plus de faiblesse que de raison à être humilié de ce qui nous manque, et c'est la source de toute faiblesse.

Le mépris de notre nature est une erreur de notre raison.

Un peu de café après le repas fait qu'on s'estime. Il ne faut aussi quelquefois qu'une petite plaisanterie pour abattre une grande présomption.

On oblige les jeunes gens à user de leurs biens comme s'il était sûr qu'ils dussent vieillir.

A mesure que l'âge multiplie les besoins de la nature, il réserve ceux de l'imagination (1).

Tout le monde empiète sur un malade, prêtres, médecins, domestiques, étrangers, amis; et il n'y a pas jusqu'à sa garde qui ne se croie en droit de le gouverner.

Quand on devient vieux il faut se parer.

L'avarice annonce le déclin de l'âge et la fuite précipitée des plaisirs.

L'avarice est la dernière et la plus absolue de nos passions.

---

(1) *Il réserve ceux de l'imagination. Réserve* n'est pas, je crois, le mot propre. Il faut *diminue.* (S.)

Personne ne peut mieux prétendre aux grandes places que ceux qui en ont les talents.

❦

Les plus grands ministres ont été ceux que la fortune avait placés plus loin du ministère.

❦

La science des projets consiste à prévenir les difficultés de l'exécution.

❦

La timidité dans l'exécution fait échouer les entreprises téméraires.

❦

Le plus grand de tous les projets est celui de prendre un parti.

❦

On promet beaucoup pour se dispenser de donner peu.

❦

L'intérêt et la paresse anéantissent les promesses, quelquefois sincères, de la vanité.

❦

Il ne faut pas trop craindre d'être dupe.

❦

La patience obtient quelquefois des hommes ce qu'ils n'ont jamais eu intention d'accorder. L'occasion peut même obliger les plus trompeurs à effectuer de fausses promesses.

❦

Les dons intéressés sont importuns.

❦

S'il était possible de donner sans perdre, il se trouverait encore des hommes inaccessibles.

❦

L'impie endurci dit à Dieu : Pourquoi as-tu fait des misérables ?

❦

Les avares ne se piquent pas ordinairement de beaucoup de choses.

❦

La folie de ceux qui vont à leurs fins est de se croire habiles.

꘎꘎

La raillerie est l'épreuve de l'amour-propre.

꘎꘎

La gaîté est la mère des saillies.

꘎꘎

Les sentences sont les saillies des philosophes.

꘎꘎

Les hommes pesants sont opiniâtres.

꘎꘎

Nos idées sont plus imparfaites que la langue.

꘎꘎

La langue et l'esprit ont leurs bornes. La vérité est inépuisable.

꘎꘎

La Nature a donné aux hommes des talents divers. Les uns naissent pour inventer, et les autres pour embellir; mais le doreur attire plus de regard que l'architecte.

꘎꘎

Un peu de bon sens ferait évanouir beaucoup d'esprit.

꘎꘎

Le caractère du faux esprit est de ne paraître qu'aux dépens de la raison.

꘎꘎

On est d'autant moins raisonnable sans justesse, qu'on a plus d'esprit (1).

꘎꘎

L'esprit a besoin d'être occupé, et c'est une raison de parler beaucoup que de penser peu.

꘎꘎

Quand on ne sait pas s'entretenir et s'amuser soi-même, on veut entretenir et amuser les autres.

꘎꘎

Vous trouverez fort peu de paresseux que l'oisiveté n'incommode, et si vous entrez dans un café vous verrez qu'on y joue aux dames.

---

(1) C'est-à-dire que lorsqu'on n'a point de jugement, plus on a d'esprit et plus on déraisonne.

Les paresseux ont toujours envie de faire quelque chose.

La raison ne doit pas régler, mais suppléer la vertu.

Nous jugeons de la vie d'une manière trop désintéressée quand nous sommes forcés de la quitter.

Socrate savait moins que Bayle (1) : il y a peu de sciences utiles.

Aidons-nous des mauvais motifs pour nous fortifier dans les bons desseins.

Les conseils faciles à pratiquer sont les plus utiles.

Conseiller, c'est donner aux hommes des motifs d'agir qu'ils ignorent.

C'est être injuste d'exiger des autres qu'ils fassent pour nous ce qu'ils ne veulent pas faire pour eux-mêmes.

Nous nous défions de la conduite des meilleurs esprits, et nous ne nous défions pas de nos conseils.

L'âge peut-il donner le droit de gouverner la raison?

Nous croyons avoir droit de rendre un homme heureux à ses dépens, et nous ne voulons pas qu'il l'ait lui-même.

Si un homme est souvent malade, et qu'ayant mangé une cerise il soit enrhumé le lendemain, on ne manque pas de lui dire, pour le consoler, que c'est sa faute.

Il y a plus de sévérité que de justice.

---

(1) Vauvenargues avait peu d'érudition; ses réflexions morales lui suffi-saient : voilà ce qui explique cette pensée.   (N. E.)

La libéralité de l'indigent est nommée prodigalité.

Il faudrait qu'on nous pardonnât au moins les fautes qui n'en seraient pas sans nos malheurs (1).

On n'est pas toujours si injuste envers ses ennemis qu'envers ses proches.

On peut penser assez de mal d'un homme et être tout à fait de ses amis; car nous ne sommes pas si délicats que nous ne puissions aimer que la perfection, et il y a bien des vices qui nous plaisent, même dans autrui.

La haine des faibles n'est pas si dangereuse que leur amitié.

En amitié, en mariage, en tel autre commerce que ce soit, nous voulons gagner; et comme le commerce des amis, des parents, des frères, etc., est plus étendu que tout autre, il ne faut pas être surpris d'y trouver plus d'ingratitude et d'injustice.

La haine n'est pas moins volage que l'amitié.

Les choses que l'on sait le mieux sont celles qu'on n'a pas apprises.

Au défaut des choses extraordinaires, nous aimons qu'on nous propose à croire celles qui en ont l'air.

L'esprit développe la simplicité du sentiment, pour s'en attribuer l'honneur.

On tourne une pensée comme un habit, pour s'en servir plusieurs fois.

_____

(1) *Il faudrait qu'on nous pardonnât au moins les fautes qui n'en seraient pas sans nos malheurs. Les fautes qui n'en seraient pas est incorrect. Il faut les fautes qui ne seraient pas des fautes.* (M.)

Nous sommes flattés qu'on nous propose comme un mystère ce que nous avons pensé naturellement.

Ce qui fait qu'on goûte médiocrement les philosophes est qu'ils ne nous parlent pas assez des choses que nous savons.

La paresse et la crainte de se compromettre ont introduit l'honnêteté dans la dispute.

Les grandes placés dispensent quelquefois des moindres talents.

Quelque mérite qu'il puisse y avoir à négliger les grandes places, il y en a peut-être encore plus à les bien remplir.

Si les grandes pensées nous trompent, elles nous amusent.

Il n'y a point de faiseur de stances qui ne se préfère à Bossuet, simple auteur de prose ; et dans l'ordre de la nature, nul ne doit penser aussi peu juste qu'un génie manqué.

Un versificateur ne connaît point de juge compétent de ses écrits : si on ne fait pas de vers, on ne s'y connaît pas ; si on en fait, on est son rival.

Le même croit parler la langue des dieux, lorsqu'il ne parle pas celle des hommes. C'est comme un mauvais comédien, qui ne peut déclamer comme l'on parle.

Un autre défaut de la mauvaise poésie est d'allonger la prose, comme le caractère de la bonne est de l'abréger.

Il n'y a personne qui ne pense d'un ouvrage en prose : Si je me donnais de la peine, je le ferais mieux. Je dirais à beaucoup de gens : Faites une seule réflexion digne d'être écrite.

Tout ce que nous prenons dans la morale pour défaut n'est pas tel.

Nous remarquons peu de vices pour admettre peu de vertus.

L'esprit est borné jusque dans l'erreur, qu'on dit son domaine.

L'intérêt d'une seule passion, souvent malheureuse, tient quelquefois toutes les autres en captivité; et la raison porte ses chaines sans pouvoir les rompre.

Il y a des faiblesses, si on l'ose dire, inséparables de notre nature.

Si on aime la vie, on craint la mort.

La gloire et la stupidité cachent la mort sans triompher d'elle (1).

Le terme du courage est l'intrépidité dans le péril (2).

La noblesse est un monument de la vertu, immortelle comme la gloire.

Lorsque nous appelons les réflexions, elles nous fuient; et quand nous voulons les chasser, elles nous obsèdent, et tiennent malgré nous nos yeux ouverts pendant la nuit.

Trop de dissipation et trop d'étude épuisent également l'esprit et le laissent à sec; les traits hardis en tout genre ne s'offrent pas à un esprit tendu et fatigué.

Comme il y a des âmes volages que toutes les passions do-

---

(1) *La gloire et la stupidité cachent la mort sans triompher d'elle.* Il faut, je crois, *l'amour de la gloire. Sans triompher d'elle*, c'est-à-dire, je pense sans la faire mépriser. (S.)

(2) *Le terme du courage*, etc. Il semble qu'il faut dire, *le dernier terme.* (M.)

minent tour à tour, on voit des esprits vifs et sans assiette que toutes les opinions entraînent successivement, ou qui se partagent entre les contraires, sans oser décider.

Les héros de Corneille étalent des maximes fastueuses et parlent magnifiquement d'eux-mêmes, et cette enflure de leurs discours passe pour vertu parmi ceux qui n'ont point de règle dans le cœur pour distinguer la grandeur d'âme de l'ostentation (1).

L'esprit ne fait pas connaître la vertu.

Il n'y a point d'homme qui ait assez d'esprit pour n'être jamais ennuyeux.

La plus charmante conversation lasse l'oreille d'un homme occupé de quelque passion.

Les passions nous séparent quelquefois de la société, et nous rendent tout l'esprit qui est au monde aussi inutile que nous le devenons nous-même aux plaisirs d'autrui.

Le monde est rempli de ces hommes qui imposent aux autres par leur réputation ou leur fortune; s'ils se laissent trop approcher, on passe tout à coup à leur égard de la curiosité jusqu'au mépris.

On est encore bien éloigné de plaire lorsqu'on n'a que de l'esprit.

L'esprit ne nous garantit pas des sottises de notre humeur.

Le désespoir est la plus grande de nos erreurs.

La nécessité de mourir est la plus amère de nos afflictions.

----

(1) Voir plus loin : *Réflexions sur Corneille.*

Si la vie n'avait point de fin, qui désespérerait de sa fortune? La mort comble l'adversité.

Combien les meilleurs conseils sont-ils peu utiles, si nos
propres expériences nous instruisent si rarement!

Les conseils qu'on croit les plus sages sont les moins pro-
portionnés à notre état.

Nous avons des règles pour le théâtre qui passent peut-être
les forces de l'esprit humain.

Lorsqu'une pièce est faite pour être jouée, il est injuste de
n'en juger que par la lecture.

Le but des poëtes tragiques est d'émouvoir. C'est faire trop
d'honneur à l'esprit humain de croire que des ouvrages irréguliers ne peuvent produire cet effet. Il n'est pas besoin de
tant d'art pour tirer les meilleurs esprits de leur assiette et
leur cacher de grands défauts dans un ouvrage qui peint les
passions. Il ne faut pas supposer dans le sentiment une délicatesse que nous n'avons que par réflexion, ni imposer aux
auteurs une perfection qu'ils ne puissent atteindre; notre
goût se contente à moins. Pourvu qu'il n'y ait pas plus d'ir-
régularité dans un ouvrage que dans nos propres conceptions,
rien n'empêche qu'il ne puisse plaire, s'il est bon d'ailleurs.
N'avons-nous pas des tragédies monstrueuses qui entraînent
toujours les suffrages, malgré les critiques, et qui sont les
délices du peuple, je veux dire de la plus grande partie des
hommes? Je sais que le succès de ces ouvrages prouve moins
le génie de leurs auteurs que la faiblesse de leurs partisans :
c'est aux hommes délicats à choisir de meilleurs modèles, et
à s'efforcer, dans tous les genres, d'égaler la belle nature;
mais comme elle n'est pas exempte de défauts, toute belle
qu'elle paraît, nous avons tort d'exiger des auteurs plus
qu'elle ne peut leur fournir. Il s'en faut de beaucoup que

notre goût soit toujours aussi difficile à contenter que notre esprit.

❦

Il peut plaire à un traducteur d'admirer jusqu'aux défauts de son original, et d'attribuer toutes ses sottises à la barbarie de son siècle. Lorsque je crois toujours apercevoir dans un auteur les mêmes beautés et les mêmes défauts, il me paraît plus raisonnable d'en conclure que c'est un écrivain qui joint de grands défauts à des qualités éminentes, une grande imagination et peu de jugement, ou beaucoup de force et peu d'art, etc.; et quoique je n'admire pas beaucoup l'esprit humain, je ne puis cependant le dégrader jusqu'à mettre dans le premier rang un génie si défectueux, qui choque continuellement le sens commun.

❦

C'est faute de pénétration que nous concilions si peu de choses.

❦

Nous voudrions dépouiller de ses vertus l'espèce humaine, pour nous justifier nous-mêmes de nos vices, et les mettre à la place des vertus détruites : semblables à ceux qui se révoltent contre les puissances légitimes, non pour égaliser tous les hommes par la liberté, mais pour usurper la même autorité qu'ils calomnient.

❦

Un peu de culture et beaucoup de mémoire, avec quelque hardiesse dans les opinions et contre les préjugés, font paraître l'esprit étendu.

❦

Il ne faut pas jeter du ridicule sur les opinions respectées; car on blesse par là leurs partisans, sans les confondre.

❦

La plaisanterie la mieux fondée ne persuade point, tant on est accoutumé qu'elle s'appuie sur de faux principes.

❦

L'incrédulité a ses enthousiastes, ainsi que la superstition; et comme l'on voit des dévots qui refusent à Cromwell jusqu'au bon sens, on trouve d'autres hommes qui traitent Pascal et Bossuet de petits esprits.

❦

Le plus sage et le plus courageux de tous les hommes, M. de Turenne, a respecté la religion; et une infinité d'hommes obscurs se placent au rang des génies et des âmes fortes, seulement à cause qu'ils la méprisent.

❦

Ainsi, nous tirons vanité de nos faiblesses et de nos fausses erreurs. La raison fait des philosophes, et la gloire fait des héros; la seule vertu fait des sages.

❦

Si nous avons écrit quelque chose pour notre instruction ou pour le soulagement de notre cœur, il y a grande apparence que nos réflexions seront encore utiles à beaucoup d'autres : car personne n'est seul dans son espèce; et jamais nous ne sommes ni si vrais, ni si vifs, ni si pathétiques que lorsque nous traitons les choses pour nous-mêmes.

❦

Lorsque notre âme est pleine de sentiments nos discours sont pleins d'intérêt.

❦

Le faux présenté avec art nous surprend et nous éblouit; mais le vrai nous persuade et nous maîtrise.

❦

On ne peut contrefaire le génie.

❦

Il ne faut pas beaucoup de réflexions pour faire cuire un poulet; et cependant nous voyons des hommes qui sont toute leur vie mauvais rôtisseurs : tant il est nécessaire, dans tous les métiers, d'y être appelé par un instinct particulier et comme indépendant de la raison.

❦

Lorsque les réflexions se multiplient, les erreurs et les connaissances augmentent dans la même proportion.

❦

Ceux qui viendront après nous sauront peut-être plus que

nous, et ils s'en croiront plus d'esprit, mais seront-ils plus heureux ou plus sages? Nous-mêmes, qui savons beaucoup, sommes-nous meilleurs que nos pères, qui savaient si peu?

❧

Nous sommes tellement occupés de nous et de nos semblables, que nous ne faisons pas la moindre attention à tout le reste, quoique sous nos yeux et autour de nous.

❧

Qu'il y a peu de choses dont nous jugions bien !

❧

Nous n'avons pas assez d'amour-propre pour dédaigner le mépris d'autrui.

❧

Personne ne nous blâme aussi sévèrement que nous ne nous condamnons souvent nous-mêmes.

❧

Nous prenons ordinairement sur nos bons et mauvais succès; et nous nous accusons ou nous louons des caprices de la fortune.

❧

Personne ne peut se vanter de n'avoir jamais été méprisé.

❧

Il s'en faut bien que toutes nos habiletés ou que toutes nos fautes portent coup : tant il y a peu de choses qui dépendent de notre conduite.

❧

Combien de vertus et de vices sont sans conséquence.

❧

Nous ne sommes pas contents d'être habiles si on ne sait pas que nous le sommes; et pour ne pas en perdre le mérite, nous en perdons quelquefois le fruit.

❧

Les gens vains ne peuvent être habiles; car ils n'ont pas la force de se taire.

❧

C'est souvent un grand avantage pour un négociateur, s'il peut faire croire qu'il n'entend pas les intérêts de son maître et que la passion le conseille; il évite par là qu'on le pénètre, et réduit ceux qui ont envie de finir à se relâcher de leurs prétentions. Les plus habiles se croient quelquefois obligés de céder à un homme qui résiste lui-même à la raison, et qui échappe à toutes leurs prises.

※

Tout le fruit qu'on a pu tirer de mettre quelques hommes dans les grandes places s'est réduit à savoir qu'ils étaient habiles.

※

Il ne faut pas autant d'acquis pour être habile que pour le paraître.

※

Rien n'est plus facile aux hommes en place que de s'approprier le savoir d'autrui.

※

Il est peut-être plus utile, dans les grandes places, de savoir et de vouloir se servir de gens instruits que de l'être soi-même.

※

Celui qui a un grand sens sait beaucoup.

※

Quelque amour qu'on ait pour les grandes affaires, il y a peu de lectures si ennuyeuses et si fatigantes que celle d'un traité entre les princes.

※

L'essence de la paix est d'être éternelle, et cependant nous n'en voyons durer aucune l'âge d'un homme, et à peine y a-t-il quelque règne où elle n'ait été renouvelée plusieurs fois. Mais faut-il s'étonner que ceux qui ont eu besoin de lois pour être justes soient capables de les violer?

※

La politique fait entre les princes ce que les tribunaux de la justice font entre les particuliers. Plusieurs faibles ligués contre un puissant lui imposent la nécessité de modérer son ambition et ses violences.

※

Il était plus facile aux Romains et aux Grecs de subjuguer

de grandes nations, qu'il ne l'est aujourd'hui de conserver
une petite province justement conquise, au milieu de tant de
voisins jaloux, et de peuples également instruits dans la
politique et dans la guerre, et aussi liés par leurs intérêts,
par les arts, ou par le commerce, qu'ils sont séparés par leurs
limites.

❧

M. de Voltaire ne regarde l'Europe que comme une république formée de différentes souverainetés. Ainsi un esprit
étendu diminue en apparence les objets en les confondant
dans un tout qui les réduit à leur juste étendue; mais il les
agrandit réellement en développant leurs rapports, et en ne
formant de tant de parties irrégulières qu'un seul et magnifique tableau (1).

❧

C'est une politique utile, mais bornée, de se déterminer
toujours par le présent, et de préférer le certain à l'incertain,
quoique moins flatteur; et ce n'est pas ainsi que les États s'é-
lèvent, ni même les particuliers.

❧

Qui sait tout souffrir peut tout oser.

❧

Les hommes sont ennemis nés les uns des autres, non à
cause qu'ils se haïssent, mais parce qu'ils ne peuvent s'a-
grandir sans se traverser; de sorte qu'en observant religieu-
sement les bienséances, qui sont les lois de la guerre tacite
qu'ils se font, j'ose dire que c'est presque toujours injustement qu'ils se taxent de part et d'autre d'injustice.

❧

Les particuliers négocient, font des alliances, des traités,
des ligues, la paix et la guerre, en un mot, tout ce que les
rois et les plus puissants peuples peuvent faire.

❧

(1) C'est très-bien, mais comment Voltaire pouvait-il regarder l'Europe
comme une seule république, quand il n'y avait entre les diverses souverainetés que des alliances fondées sur l'intérêt particulier? L'Europe ne forma
une république qu'au moyen âge, avant la Réforme, quand c'était la *chré-
tienté.*   (N. E.)

Dire également du bien de tout le monde est une petite et une mauvaise politique.

La méchanceté tient lieu d'esprit.

La fatuité dédommage du défaut de cœur.

Celui qui s'impose à soi-même impose à d'autres.

La nature n'ayant pas égalisé tous les hommes par le mérite, il semble qu'elle n'a pu ni dû les égaliser par la fortune.

L'espérance fait plus de dupes que l'habileté.

Le lâche a moins d'affronts à dévorer que l'ambitieux.

On ne manque jamais de raisons, lorsqu'on a fait fortune, pour oublier un bienfaiteur ou un ancien ami ; et on rappelle alors avec dépit tout ce que l'on a si longtemps dissimulé de leur humeur.

Tel que soit un bienfait, et quoi qu'il en coûte, lorsqu'on l'a reçu à ce titre, on est obligé de s'en revancher, comme on tient un mauvais marché quand on a donné sa parole.

Il n'y a point d'injure qu'on ne pardonne quand on s'est vengé.

On oublie un affront qu'on a souffert, jusqu'à s'en attirer un autre par son insolence.

S'il est vrai que nos joies soient courtes, la plupart de nos afflictions ne sont pas longues.

La plus grande force d'esprit nous console moins promptement que sa faiblesse.

Peu d'affligés sàvent feindre tout le temps qu'il faut pour leur honneur.

❧

Nos consolations sont une flatterie envers les affligés.

❧

Si les hommes ne se flattaient pas les uns les autres, il n'y aurait guère de société.

❧

Il ne tient qu'à nous d'admirer la religieuse franchise de nos pères, qui nous ont appris à nous égorger pour un démenti ; un tel respect de la vérité, parmi les barbares qui ne connaissaient que la loi de la nature, est glorieux pour l'humanité.

❧

Nous souffrons peu d'injures par bonté.

❧

Nous nous persuadons quelquefois nos propres mensonges pour n'en avoir pas le démenti ; et nous nous trompons nous-même pour tromper les autres.

❧

La vérité est le soleil des intelligences.

❧

Pendant qu'une partie de la nation atteint le terme de la politesse et du bon goût, l'autre moitié est barbare à nos yeux, sans qu'un spectacle si singulier puisse nous ôter le mépris de la culture.

❧

Tout ce qui flatte le plus notre vanité n'est fondé que sur la culture, que nous méprisons.

❧

L'expérience que nous avons des bornes de notre raison nous rend dociles aux préjugés.

❧

Comme il est naturel de croire beaucoup de choses sans démonstrations, il ne l'est pas moins de douter de quelques autres malgré leurs preuves.

❧

La conviction de l'esprit n'entraîne pas toujours celle du cœur.

⁂

Les hommes ne se comprennent pas les uns les autres. Il y a moins de fous qu'on ne croit.

⁂

Pour peu qu'on se donne carrière sur la religion et sur les misères de l'homme, on ne fait pas difficulté de se placer parmi les esprits supérieurs.

⁂

Des hommes inquiets et tremblants pour les plus petits intérêts affectent de braver la mort.

⁂

Si les moindres périls dans les affaires nous donnent de vaines terreurs, dans quelles alarmes la mort ne doit-elle pas nous plonger, lorsqu'il est question pour toujours de tout notre être, et que l'unique intérêt qui nous reste, il n'est plus en notre puissance de le ménager, ni même quelquefois de le connaître!

⁂

Newton, Pascal, Bossuet, Racine, Fénelon, c'est-à-dire les hommes de la terre les plus éclairés, dans le plus philosophe de tous les siècles, et dans la force de leur esprit et de leur âge, ont cru Jésus-Christ; et le grand Condé, en mourant, répétait ces nobles paroles : « Oui, nous verrons Dieu comme il est, *sicuti est, facie ad faciem.* »

⁂

Les maladies suspendent nos vertus et nos vices.

⁂

La nécessité comble les maux qu'elle ne peut soulager.

⁂

Le silence et la réflexion épuisent les passions, comme le travail et le jeûne consomment les humeurs.

⁂

La solitude est à l'esprit ce que la diète est au corps.

⁂

Les hommes actifs supportent plus impatiemment l'ennui que le travail.

❧

Toute peinture vraie nous charme, jusqu'aux louanges d'autrui.

❧

Les images embellissent la raison, et le sentiment la persuade.

❧

L'éloquence vaut mieux que le savoir.

❧

Ce qui fait que nous préférons très-justement l'esprit au savoir est que celui-ci est mal nommé, et qu'il n'est ordinairement ni si utile ni si étendu que ce que nous connaissons par expérience, ou que nous pouvons acquérir par réflexion. Nous regardons aussi l'esprit comme la cause du savoir, et nous estimons plus la cause que son effet : cela est raisonnable. Cependant, celui qui n'ignorerait rien aurait tout l'esprit qu'on peut avoir, le plus grand esprit du monde n'étant que science, ou capacité d'en acquérir.

❧

Les hommes ne s'approuvent pas assez pour s'attribuer les uns aux autres la capacité des grands emplois. C'est tout ce qu'ils peuvent, pour ceux qui les occupent avec succès, de les en estimer après leur mort. Mais proposez l'homme du monde qui a le plus d'esprit : Oui, dit-on, s'il avait plus d'expérience, ou s'il était moins paresseux, ou s'il n'avait pas de l'humeur, ou tout au contraire; car il n'y a point de prétexte qu'on ne prenne pour donner l'exclusion à l'aspirant, jusqu'à dire qu'il est trop honnête homme, supposé qu'on ne puisse rien lui reprocher de plus plausible : tant cette maxime est peu vraie, *qu'il est plus aisé de paraître digne des grandes places que de les remplir.*

❧

Ceux qui méprisent l'homme ne sont pas de grands hommes.

❧

Nous sommes bien plus appliqués à noter les contradictions, souvent imaginaires, et les autres fautes d'un auteur, qu'à profiter de ses vues, vraies ou fausses.

❧

Pour décider qu'un auteur se contredit, il faut qu'il soit impossible de le concilier.

❧

La grande faiblesse de ceux qui n'imaginent point est de se croire seuls judicieux et raisonnables.

❧

Les esprits subalternes n'ont point d'erreurs en leur privé nom, parce qu'ils sont incapables d'inventer, même en se trompant; mais ils sont toujours entraînés, sans le savoir, par l'erreur d'autrui.

❧

La vanité est ce qu'il y a de plus naturel dans les hommes, et ce qui les fait sortir le plus souvent de la Nature.

❧

Les grands hommes dogmatisent; le peuple croit.

❧

C'est une chose remarquable que presque tous les poëtes se servent des expressions de Racine, et que Racine n'ait jamais répété ses propres expressions.

❧

Les vertus règnent plus glorieusement que la prudence. La magnanimité est l'esprit des rois.

❧

L'opinion ne gouverne que les faibles; mais l'espérance trompe les plus grandes âmes.

❧

Un prince qui n'est que bon aime ses domestiques, ses ministres, sa famille et son favori, et n'est point attaché à son État. Il faut être un grand roi pour aimer un peuple.

❧

On ne corrigera jamais les hommes d'apprendre des choses inutiles.

❧

Plaisante fortune pour Bossuet d'être chapelain de Versailles! Fénelon était à sa place : il était né pour être le précepteur des rois; mais Bossuet devait être un grand ministre sous un roi ambitieux (1).

⁎⁎⁎

C'est une marque de férocité et de bassesse d'insulter à un homme dans l'ignominie, principalement s'il est misérable; il n'y a point d'infamie dont la misère ne fasse un objet de pitié. L'opprobre est une loi de la pauvreté.

⁎⁎⁎

J'ai la sévérité en horreur, et ne la crois pas trop utile. Les Romains étaient-ils sévères? N'exila-t-on pas Cicéron pour avoir fait mourir Lentulus, manifestement convaincu de trahison? Le sénat ne fit-il pas grâce à tous les autres complices de Catilina? Ainsi se gouvernait le plus puissant et le plus redoutable peuple de la terre. Et nous, petit peuple barbare, nous croyons qu'il n'y a pas assez de gibets et de supplices.

⁎⁎⁎

Il est plus aisé de dire des choses nouvelles que de concilier parfaitement et de réunir sous un seul point de vue toutes celles qui ont été dites.

⁎⁎⁎

La netteté des pensées leur tient lieu de preuves.

⁎⁎⁎

La raison est presque inutile à la faiblesse.

⁎⁎⁎

La solitude tente puissamment la chasteté.

⁎⁎⁎

La libéralité augmente le prix des richesses.

⁎⁎⁎

Les passions des hommes sont autant de chemins ouverts pour aller à eux.

⁎⁎⁎

Entre rois, entre peuples, entre particuliers, le plus fort e donne des droits sur le plus faible; et la même règle est

---

(1) On ne voit pas bien pourquoi Bossuet ne pouvait être précepteur des rois, étant capable de faire un grand ministre. (N. E.)

suivie par les animaux, par la matière, par les éléments, etc. : de sorte que tout s'exécute dans l'univers par violence; et cet ordre, que nous blâmons avec quelque apparence de justice, est la loi la plus générale, la plus absolue, la plus ancienne et la plus immuable de la nature.

Si l'on découvrait le secret de proscrire à jamais la guerre, de multiplier le genre humain, et d'assurer à tous les hommes de quoi subsister, combien nos meilleures lois paraîtraient-elles ignorantes et barbares!

Il n'y a point de violence ni d'usurpation qui ne s'autorise de quelque loi.

Rien de grand ne comporte la médiocrité.

Tous les hommes naissent sincères et meurent trompeurs.

Il n'appartient qu'aux âmes fortes et pénétrantes de faire de la vérité le principal objet de leurs passions.

Pour avoir l'esprit toujours juste, il ne suffit pas de l'avoir droit, il faut encore l'avoir étendu.

Ni la pauvreté ne peut avilir les âmes fortes, ni la richesse ne peut élever les âmes basses. On cultive la gloire dans l'obscurité; on souffre l'opprobre dans la grandeur. La fortune, qu'on croit si souveraine, ne peut presque rien sans la Nature.

Les grandes places instruisent promptement les grands esprits.

La conscience est présomptueuse dans les saints, timide dans les faibles et les malheureux, inquiète dans les indécis, etc.; organe obéissant du sentiment qui nous domine, plus trompeuse que la raison et la nature.

La science des mœurs ne donne pas celle des hommes.

RÉFLEXIONS CRITIQUES

SUR QUELQUES POÈTES.

~~~~~~~~~~~~~~~~~~~~~~~

.

I.

LA FONTAINE.

ᴸᴼᴿꜱQᴜ'ᴏɴ a entendu parler de La Fontaine, et qu'on vient à lire ses ouvrages, on est étonné d'y trouver, je ne dis pas plus de génie, mais plus même de ce qu'on appelle de l'esprit, qu'on n'en trouve dans le monde le plus cultivé. On remarque avec la même surprise la profonde intelligence qu'il fait paraître de son art; et on admire qu'un esprit si fin ait été en même temps si naturel.

Il serait superflu de s'arrêter à louer l'harmonie variée et légère de ses vers; la grâce, le tour, l'élégance, les charmes naïfs de son style et de son badinage. Je remarquerai seulement que le bon sens et la simplicité sont les caractères dominants de ses écrits. Il est bon d'opposer un tel exemple à ceux qui cherchent la grâce et le brillant hors de la raison et de la nature. La simplicité de La Fontaine donne de la grâce à son bon sens, et son bon sens rend sa simplicité piquante : de sorte que le brillant de ses ouvrages naît peut-être essentiellement de ces deux sources réunies. Rien n'em-

pêche au moins de le croire; car pourquoi le bon sens, qui
est un don de la nature, n'en aurait-il pas l'agrément? La
raison ne déplaît, dans la plupart des hommes, que parce
qu'elle leur est étrangère. Un bon sens naturel est presque
inséparable d'une grande simplicité; et une simplicité éclairée
est un charme que rien n'égale.

Je ne donne pas ces louanges aux grâces d'un homme si
sage pour dissimuler ses défauts, je crois qu'on peut trouver
dans ses écrits plus de style que d'invention, et plus de né-
gligence que d'exactitude. Le nœud et le fond de ses contes
ont peu d'intérêt, et les sujets en sont bas. On y remarque
quelquefois bien des longueurs, et un air de crapule qui ne
saurait plaire. Ni cet auteur n'est parfait en ce genre, ni ce
genre n'est assez noble.

II.

BOILEAU.

Boileau prouve, autant par son exemple que par ses préceptes, que toutes les beautés des bons ouvrages naissent
de la vive expression et de la peinture du vrai; mais cette
expression si touchante appartient moins à la réflexion, su-
jette à l'erreur, qu'à un sentiment très-intime et très-fidèle
de la nature. La raison n'était pas distincte, dans Boileau,
du sentiment : c'était son instinct. Aussi a-t-elle animé ses
écrits de cet intérêt qu'il est si rare de rencontrer dans les
ouvrages didactiques.

Cela met, je crois, dans son jour, ce que je viens de toucher en parlant de La Fontaine. S'il n'est pas ordinaire de
trouver de l'agrément parmi ceux qui se piquent d'être raisonnables, c'est peut-être parce que la raison est entrée dans
leur esprit, où elle n'a qu'une vie artificielle et empruntée;
c'est parce qu'on honore trop souvent du nom de raison une
certaine médiocrité de sentiment et de génie, qui assujettit
les hommes aux lois de l'usage, et les détourne des grandes
hardiesses, sources ordinaires des grandes fautes.

Boileau ne s'est pas contenté de mettre de la vérité et de la poésie dans ses ouvrages, il a enseigné son art aux autres. Il a éclairé tout son siècle; il en a banni le faux goût, autant qu'il est permis de le bannir chez les hommes. Il fallait qu'il fût né avec un génie bien singulier, pour échapper, comme il a fait, aux mauvais exemples de ses contemporains, et pour leur imposer ses propres lois. Ceux qui bornent le mérite de sa poésie à l'art et à l'exactitude de la versification ne font pas peut-être attention que ses vers sont pleins de pensées, de vivacité, de saillies, et même d'invention de style. Admirable dans la justesse, dans la solidité et la netteté de ses idées, il a su conserver ces caractères dans ses expressions, sans perdre de son feu et de sa force : ce qui témoigne incontestablement un grand talent.

Je sais bien que quelques personnes, dont l'autorité est respectable, ne nomment génie dans les poëtes que l'invention dans le dessein de leurs ouvrages. Ce n'est, disent-ils, ni l'harmonie, ni l'élégance des vers, ni l'imagination dans l'expression, ni même l'expression du sentiment, qui caractérisent le poëte : ce sont, à leur avis, les pensées mâles et hardies, jointes à l'esprit créateur. Par là on prouverait que Bossuet et Newton ont été les plus grands poëtes de la terre; car certainement l'invention, la hardiesse et les pensées mâles ne leur manquaient pas. J'ose leur répondre que c'est confondre les limites des arts que d'en parler de la sorte. J'ajoute que les plus grands poëtes de l'antiquité, tels qu'Homère, Sophocle, Virgile, se trouveraient confondus avec une foule d'écrivains médiocres, si on ne jugeait d'eux que par le plan de leurs poëmes et par l'invention du dessein, et non par l'invention du style, par leur harmonie, par la chaleur de leur versification, et enfin par la vérité de leurs images.

Si l'on est donc fondé à reprocher quelque défaut à Boileau, ce n'est pas, à ce qu'il me semble, le défaut de génie. C'est au contraire d'avoir eu plus de génie que d'étendue ou de profondeur d'esprit, plus de feu et de vérité que d'élévation et de délicatesse, plus de solidité et de sel dans la critique que de finesse ou de gaieté, et plus d'agrément que de grâce : on l'attaque encore sur quelques-uns de ses ju-

gements, qui semblent injustes; et je ne prétends pas qu'il
fût infaillible.

III.

CHAULIEU.

Chaulieu a su mêler avec une simplicité noble et touchante
l'esprit et le sentiment. Ses vers, négligés mais faciles et
remplis d'imagination, de vivacité et de grâce, m'ont toujours paru supérieurs à sa prose, qui n'est le plus souvent
qu'ingénieuse. On ne peut s'empêcher de regretter qu'un auteur si aimable n'ait pas plus écrit, et n'ait pas travaillé avec
le même soin tous ses ouvrages.

Quelque différence que l'on ait mise, avec beaucoup de
raison, entre l'esprit et le génie, il semble que le génie de
l'abbé de Chaulieu ne soit essentiellement que beaucoup d'esprit naturel. Cependant il est remarquable que tout cet esprit
n'a pu faire d'un poëte, d'ailleurs si aimable, un grand homme
ni un grand génie.

IV.

MOLIÈRE.

Molière me paraît un peu répréhensible d'avoir pris des
sujets trop bas (1). La Bruyère, animé à peu près du même

(1) Il semble que les *Femmes Savantes*, le *Misanthrope*, ne sont pas assurément des sujets bas; la comédie n'en peut guère traiter de plus relevés.
Pourquoi *l'Avare* encore serait-il un sujet trop bas pour la comédie! Passe
pour *les Fourberies de Scapin*, le *Médecin malgré lui*, *Sganarelle*, et si l'on
veut même *Georges Dandin*. Mais c'est d'après les chefs-d'œuvre d'un grand
homme qu'on doit juger de son génie et en déterminer le caractère. On sait
d'ailleurs que Molière, forcé d'abord de se conformer au goût de son siècle
pour en obtenir le droit de le ramener au sien, forcé souvent de faire servir
son travail au soutien de la troupe dont il était le directeur, ne fut pas toujours le maître de choisir les sujets de ses comédies, ni d'en soigner l'exécution. (S.)

génie, a peint avec la même vérité et la même véhémence
que Molière les travers des hommes (1); mais je crois que
l'on peut trouver plus d'éloquence et d'élévation dans ses
peintures.

On peut mettre encore ce poëte en parallèle avec Racine.
L'un et l'autre ont parfaitement connu le cœur de l'homme;
l'un et l'autre se sont attachés à peindre la nature : Racine la
saisit dans les passions des grandes âmes ; Molière, dans
l'humeur et les bizarreries des gens du commun (2). L'un a
joué avec un agrément inexplicable les petits sujets; l'autre
a traité les grands avec une sagesse et une majesté touchantes.
Molière a ce bel avantage que ses dialogues jamais ne lan-
guissent : une forte,et continuelle imitation des mœurs pas-
sionne ses moindres discours. Cependant, à considérer simplement ces deux auteurs comme poëtes, je crois qu'il ne
serait pas juste d'en faire comparaison. Sans parler de la supériorité du genre sublime (3) donné à Racine, on trouve
dans Molière tant de négligences et d'expressions bizarres
et impropres, qu'il y a peu de poëtes, si j'ose le dire, moins
corrects et moins purs que lui.

On peut se convaincre de ce que je dis en lisant le poëme
du *Val-de-Grâce*, où Molière n'est que poëte : on n'est pas
toujours satisfait: *En pensant bien, il parle souvent mal*, dit
l'illustre archevêque de Cambrai; *il se sert des phrases les
plus forcées et les moins naturelles. Térence dit en quatre mots,
avec la plus élégante simplicité, ce que celui-ci ne dit qu'avec*

(1) On ne peut pas dire que La Bruyère fût animé du même génie que Molière. Vauvenargues disait autrement dans la première édition, toujours en
donnant à La Bruyère une sorte de supériorité : *aussi est-il plus facile de caractériser les hommes que de faire qu'ils se caractérisent eux-mêmes.* On ne
voit pas trop pourquoi il a retranché cette phrase, qui était du moins une
espèce de correctif. (S.)

(2) Alceste n'est certainemen pas un *homme du commun* ; il y a peu de caractères plus nobles. (S.)

(3) Cette préférence presque exclusive que donne Vauvenargues au genre
sublime, et qui tenait à son caractère, explique son injustice envers Molière;
injustice qui sans cela serait difficile à concevoir dans un homme d'un esprit
aussi juste et d'un goût généralement aussi sûr que le sien. (S.)

*une multitude de métaphores qui approchent du galimatias.
J'aime bien mieux sa prose que ses vers* (1), etc.

Cependant l'opinion commune est qu'aucun des auteurs de
notre théâtre n'a porté aussi loin son genre que Molière a
poussé le sien ; et la raison en est, je crois, qu'il est plus naturel que tous les autres.

C'est une leçon importante pour tous ceux qui veulent écrire.

(1) Voici en entier le jugement de Fénelon sur Molière :

« Il faut avouer que Molière est un grand poëte comique. Je ne crains pas
de dire qu'il a enfoncé plus avant que Térence dans certains caractères ; il a
embrassé une plus grande variété de sujets ; il a peint par des traits forts
tout ce que nous voyons de déréglé et de ridicule. Térence se borne à représenter des vieillards avares et ombrageux, des jeunes hommes prodigues et
étourdis, des courtisanes avides et impudentes, des parasites bas et flatteurs,
des esclaves imposteurs et scélérats. Ces caractères méritaient sans doute
d'être traités suivant les mœurs des Grecs et des Romains. De plus, nous
n'avons que six pièces de ce grand auteur. Mais enfin Molière a ouvert un
chemin tout nouveau. Encore une fois, je le trouve grand ; mais ne puis-je
pas parler en toute liberté sur ses défauts!

» En pensant bien, il parle souvent mal ; il se sert des phrases les plus
forcées et les moins naturelles. Térence dit en quatre mots, avec la plus
élégante simplicité, ce que celui-ci ne dit qu'avec une multitude de métaphores qui approchent du galimatias. J'aime bien mieux sa prose que ses
vers, etc. Par exemple *l'Avare* est moins mal écrit que les pièces qui sont
en vers. Il est vrai que la versification française l'a gêné ; il est vrai même
qu'il a mieux réussi pour les vers dans *l'Amphitryon,* où il a pris la liberté
de faire des vers irréguliers. Mais en général il me paraît, jusque dans la
prose, ne parler point assez simplement pour exprimer toutes les passions.

» D'ailleurs, il a outré souvent les caractères : il a voulu par cette liberté
plaire au parterre, frapper les spectateurs les moins délicats, et rendre le
ridicule plus sensible. Mais, quoiqu'on doive marquer chaque passion dans
son plus fort degré et par les traits les plus vifs, pour en mieux montrer
l'excès et la difformité, on n'a pas besoin de forcer la nature et d'abandonner le vraisemblable. Ainsi, malgré l'exemple de Plaute, où nous lisons *cedo
tertiam,* je soutiens, contre Molière, qu'un avare qui n'est point fou ne va
jamais jusqu'à vouloir regarder dans la troisième main de l'homme qu'il
soupçonne de l'avoir volé.

» Un autre défaut de Molière, que beaucoup de gens d'esprit lui pardon-
nent, et que je n'ai garde de lui pardonner, est qu'il a donné un tour gracieux
au vice, avec une austérité ridicule et odieuse à la vertu. Je comprends que
ses défenseurs ne manqueront pas de dire qu'il a traité avec honneur la vraie
probité, qu'il n'a attaqué qu'une vertu chagrine et qu'une hypocrisie détes-
table ; mais, sans entrer dans cette longue discussion, je soutiens que Platon

V, VI.

CORNEILLE ET RACINE.

Je dois à la lecture des ouvrages de M. de Voltaire (1) le peu de connaissance que je puis avoir de la poésie. Je lui proposai mes idées lorsque j'eus envie de parler de Corneille et de Racine; et il eut la bonté de me marquer les endroits de Corneille qui méritent le plus d'admiration (2), pour répondre à une critique que j'en avais faite. Engagé par là à

et les autres législateurs de l'antiquité païenne n'auraient jamais admis dans leurs républiques un tel jeu sur les mœurs.

» Enfin je ne puis m'empêcher de croire, avec M. Despréaux, que Molière, qui peint avec tant de force et de beauté les mœurs de son pays, tombe trop bas quand il imite le badinage de la comédie italienne (1) : »

> *Dans ce sac ridicule où Scapin s'enveloppe*
> *Je ne reconnais plus l'auteur du* Misanthrope.
> BOILEAU, *Art poétique*, chant III.

(1) S'il y a quelquefois profit à lire Voltaire, c'est en matière de goût et de critique littéraire. Dans notre édition de Corneille, nous avons donné les notes qu'il a faites sur les œuvres de ce grand tragique.   (N. E.)

(2) C'est une chose digne d'être remarquée que ce fut Voltaire qui força en quelque sorte Vauvenargues à admirer Corneille, dont celui-ci avoue lui-même qu'il n'avait pas senti d'abord les beautés. On est même étonné en lisant ses lettres à Voltaire, de son aveuglement à cet égard, et de la singularité de ses opinions. Elles cédèrent à l'autorité de Voltaire; mais il n'en revint jamais bien entièrement. On le voit dans ce parallèle moins occupé à caractériser Corneille et Racine, qu'à se justifier son extrême prédilection pour ce dernier, dont le genre de beautés était plus conforme à son caractère.

Corneille, à qui il a été donné, comme dit Vauvenargues, de *peindre les vertus austères, dures, inflexibles*, devait produire bien moins d'effet que Racine sur l'âme d'un homme tel que Vauvenargues, qui, naturellement doux et facile, mêlant toujours l'indulgence aux sentiments les plus élevés, tempérait encore par l'habitude d'une certaine élégance de mœurs ce que la morale a de plus austère. D'ailleurs, à cette préférence pour Racine se joignait

(1) Œuvres choisies de Fénelon, *Lettre sur l'Éloquence*. § VII.

relire ses meilleures tragédies, j'y trouvai sans peine les rares
beautés que m'avait indiquées M. de Voltaire. Je ne m'y étais
pas arrêté en lisant autrefois Corneille, refroidi ou prévenu
par ses défauts, et né, selon toute apparence, moins sensible
au caractère de ses perfections. Cette nouvelle lumière me fit
craindre de m'être trompé encore sur Racine et sur les défauts
même de Corneille : mais, ayant relu l'un et l'autre avec
quelque attention, je n'ai pas changé de pensée à cet égard;
et voici ce qu'il me semble de ces hommes illustres.

Les héros de Corneille disent souvent de grandes choses
sans les inspirer; ceux de Racine les inspirent sans les dire.
Les uns parlent, et toujours trop, afin de se faire connaître;
les autres se font connaître parce qu'ils parlent. Surtout Corneille paraît ignorer que les grands hommes se caractérisent
souvent davantage par les choses qu'ils ne disent pas que par
celles qu'ils disent.

Lorsque Racine veut peindre Acomat, Osmin l'assure de
l'amour des janissaires; ce vizir répond :

> Quoi! tu crois, cher Osmin, que ma gloire passée
> Flatte encor leur valeur, et vit dans leur pensée?
> Crois-tu qu'ils me suivraient encore avec plaisir,
> Et qu'ils reconnaîtraient la voix de leur vizir?
>
> *Bajazet*, acte I, scène I.

On voit dans les deux premiers vers un général disgracié

---

encore pour Vauvenargues le sentiment de l'injustice qu'on faisait à ce grand
poëte, que généralement on plaçait encore au-dessous de Corneille. Vauvenargues et Voltaire sont les premiers qui lui aient assigné son véritable rang,
et ses admirateurs les plus vifs et les plus sincères sont de l'école de Voltaire, qui ainsi défendait Corneille contre Vauvenargues, et Racine contre
les partisans exclusifs de Corneille. C'est surtout à combattre ces derniers
que s'attache Vauvenargues dans son parallèle de Corneille et de Racine, ce
qui fait qu'il a dû nécessairement relever davantage les beautés, alors moins
senties, du dernier de ces poëtes, et les défauts, moins avoués, de l'autre.
Si l'on trouve, dit-il à la fin de cet article, en parlant des jugements qu'il a
portés sur la plupart de nos grands écrivains, *si l'on trouve que je relève davantage les défauts des uns que ceux des autres, je déclare que c'est à cause
que les uns me sont plus sensibles que les autres, ou pour éviter de répéter
des choses qui sont trop connues.* (S.)

que le souvenir de sa gloire et l'attachement des soldats at-
tendrissent sensiblement; dans les deux derniers, un rebelle
qui médite quelque dessein : voilà comme il échappe aux
hommes de se caractériser sans en avoir l'intention. On en
trouverait dans Racine beaucoup d'exemples plus sensibles
que celui-ci. Voilà la manière de peindre de Racine : il est
rare qu'il s'en écarte; et j'en rapporterais de grands exemples
si ses ouvrages étaient moins connus.

Il est vrai qu'il la quitte un peu, par exemple lorsqu'il met
dans la bouche du même Acomat :

> Et s'il faut que je meure,
> Mourons : moi, cher Osmin, comme un vizir; et toi,
> Comme le favori d'un homme tel que moi.
>
> *Bajazet*, acte IV, scène VII.

Ces paroles ne sont peut-être pas d'un grand homme ; mais
je les cite, parce qu'elles sont imitées du style de Corneille;
c'est là ce que j'appelle, en quelque sorte, parler pour se faire
connaître, et dire de grandes choses sans les inspirer.

Mais écoutons Corneille même, et voyons de quelle manière il caractérise ses personnages. C'est le comte qui parle
dans *le Cid* :

> Les exemples vivants sont d'un autre pouvoir;
> Un prince dans un livre apprend mal son devoir.
> Et qu'a fait, après tout, ce grand nombre d'années,
> Que ne puisse égaler une de mes journées?
> Si vous fûtes vaillant, je le suis aujourd'hui;
> Et ce bras du royaume est le plus ferme appui.
> Grenade et l'Aragon tremblent quand ce fer brille :
> Mon nom sert de rempart à toute la Castille;
> Sans moi vous passeriez bientôt sous d'autres lois,
> Et vous auriez bientôt vos ennemis pour rois.
> Chaque jour, chaque instant, pour rehausser ma gloire,
> Met laurier sur laurier, victoire sur victoire.
> Le prince à mes côtés ferait, dans les combats,
> L'essai de son courage à l'ombre de mon bras;
> Il apprendrait à vaincre en me regardant faire,
> Et...
>
> *Le Cid*, acte I, scène VI.

Il n'y a personne peut-être aujourd'hui qui ne sente la ridicule ostentation de ces paroles, et je crois qu'elles ont été citées longtemps avant moi. Il faut les pardonner au temps où Corneille a écrit, et aux mauvais exemples qui l'environnaient. Mais voici d'autres vers, qu'on loue encore, et qui, n'étant pas aussi affectés, sont plus propres, par cet endroit même, à faire illusion. C'est Cornélie, veuve de Pompée, qui parle à César :

> César; car le destin, que dans tes fers je brave,
> Me fait ta prisonnière et non pas ton esclave,
> Et tu ne prétends pas qu'il m'abatte le cœur
> Jusqu'à te rendre hommage et te nommer seigneur,
> De quelque rude trait qu'il m'ose avoir frappée,
> Veuve du jeune Crasse, et veuve de Pompée,
> Fille de Scipion, et pour dire encor plus,
> Romaine, mon courage est encore au-dessus.
> . . . .
> Je te l'ai déjà dit, César, je suis Romaine :
> Et quoique ta captive, un cœur comme le mien,
> De peur de s'oublier, ne te demande rien.
> Ordonne; et, sans vouloir qu'il tremble ou s'humilie,
> Souviens-toi seulement que je suis Cornélie.
>
> *Pompée*, acte III, scène IV.

Et dans un autre endroit, où la même Cornélie parle de César, qui punit les meurtriers du grand Pompée :

> Tant d'intérêts sont joints à ceux de mon époux,
> Que je ne devrais rien à ce qu'il fait pour nous,
> Si, comme par soi-même un grand cœur juge un autre
> Je n'aimais mieux juger sa vertu par la nôtre,
> Et croire que nous seuls armons ce combattant,
> Parce qu'au point qu'il est j'en voudrais faire autant.
>
> *Pompée*, acte V, scène I.

Il me paraît, dit encore Fénelon (1), *qu'on a donné souvent aux Romains un discours trop fastueux... Je ne trouve point*

(1) Œuvres choisies de Fénelon, *Lettre sur l'Éloquence*, § VI.

de proportion entre l'emphase avec laquelle Auguste parle dans la tragédie de Cinna, et la modeste simplicité avec laquelle Suétone le dépeint dans tous le détail de ses mœurs. Tout ce que nous voyons dans Tite-Live, dans Plutarque, dans Cicéron, dans Suétone, nous représente les Romains comme des hommes hautains dans leurs sentiments, mais simples, naturels et modestes dans leurs paroles, etc.

Cette affectation de grandeur que nous leur prêtons m'a toujours paru le principal défaut de notre théâtre et l'écueil ordinaire des poëtes. Je n'ignore pas que la hauteur est en possession d'en imposer à l'esprit humain; mais rien ne décèle plus parfaitement aux esprits fins une hauteur fausse et contrefaite, qu'un discours fastueux et emphatique.

Il est aisé d'ailleurs aux moindres poëtes de mettre dans la bouche de leurs personnages des paroles fières. Ce qui est difficile, c'est de leur faire tenir ce langage hautain avec vérité et à propos. C'était le talent admirable de Racine, et celui qu'on a le moins remarqué dans ce grand homme. Il y a toujours si peu d'affectation dans ses discours, qu'on ne s'aperçoit pas de la hauteur qu'on y rencontre. Ainsi, lorsque Agrippine, arrêtée par l'ordre de Néron, et obligée de se justifier, commence par ces mots si simples :

> Approchez-vous, Néron, et prenez votre place.
> On veut, sur vos soupçons, que je vous satisfasse.
>> *Britannicus*, acte IV, scène II.

je ne crois pas que beaucoup de personnes fassent attention qu'elle commande en quelque manière à l'empereur de s'approcher et de s'asseoir, elle qui était réduite à rendre compte de sa vie, non à son fils, mais à son maître. Si elle eût dit, comme Cornélie :

> Néron; car le destin, que dans tes fers je brave,
> Me fait ta prisonnière, et non pas ton esclave,
> Et tu ne prétends pas qu'il m'abatte le cœur
> Jusqu'à te rendre hommage et te nommer seigneur.

alors je ne doute pas que bien des gens n'eussent applaudi à ces paroles, et ne les eussent trouvées fort élevées.

Corneille est tombé trop souvent dans ce défaut de prendre
l'ostentation pour la hauteur, et la déclamation pour l'éloquence ; et ceux qui se sont aperçus qu'il était peu naturel à
beaucoup d'égards ont dit, pour le justifier, qu'il s'était attaché
à peindre les hommes tels qu'ils devaient être. Il est donc
vrai du moins qu'il ne les a pas peints tels qu'il étaient : c'est
un grand aveu que cela. Corneille a cru donner sans doute à
ses héros un caractère supérieur à celui de la nature. Les
peintres n'ont pas eu la même présomption. Lorsqu'ils ont
voulu peindre les anges, ils ont pris les traits de l'enfance ;
ils ont rendu cet hommage à la nature, leur riche modèle.
C'était néanmoins un beau champ pour leur imagination ; mais
c'est qu'ils étaient persuadés que l'imagination des hommes,
d'ailleurs si féconde en chimères, ne pouvait donner de la vie
à ses propres inventions. Si Corneille eût fait attention que
tous les panégyriques étaient froids, il en aurait trouvé la
cause en ce que les orateurs voulaient accommoder les hommes à leurs idées, au lieu de former leurs idées sur les
hommes.

Mais l'erreur de Corneille ne me surprend point : le bon
goût n'est qu'un sentiment fin et fidèle de la belle nature, et
n'appartient qu'à ceux qui ont l'esprit naturel. Corneille, né
dans un siècle plein d'affectation, ne pouvait avoir le goût
juste : aussi l'a-t-il fait paraître, non-seulement dans ses ouvrages, mais encore dans le choix de ses modèles, qu'il a
pris chez les Espagnols et les Latins, auteurs pleins d'enflure,
dont il a préféré la force gigantesque à la simplicité plus
noble et plus touchante des poëtes grecs.

De là ses antithèses affectées, ses négligences basses, ses
licences continuelles, son obscurité, son emphase, et enfin
ces phrases synonymes, où la même pensée est plus remaniée
que la division d'un sermon.

De là encore ces disputes opiniâtres qui refroidissent quelquefois les plus fortes scènes, et où l'on croit assister à une
thèse publique de philosophie, qui noue les choses pour les
dénouer. Les premiers personnages de ses tragédies argu-
mentent alors avec les tournures et les subtilités de l'école,
et s'amusent à faire des jeux frivoles de raisonnements et

de mots, comme des écoliers ou des légistes. C'est ainsi que Cinna dit : •

> Que le peuple aux tyrans ne soit plus exposé :
> S'il eût puni Sylla, César eût moins osé.
> *Cinna*, acte II, scène II.

Car il n'y a personne qui ne prévienne la réponse de Maxime :

> Mais la mort de César, que vous trouvez si juste,
> A servi de prétexte aux cruautés d'Auguste.
> Voulant nous affranchir, Brute s'est abusé ;
> S'il n'eût puni César, Auguste eût moins osé.
> *Cinna*, acte II, scène II.

Cependant je suis moins choqué de ces subtilités que des grossièretés de quelques scènes. Par exemple, lorsque Horace quitte Curiace, c'est-à-dire dans un dialogue d'ailleurs admirable, Curiace parle ainsi d'abord :

> Je vous connais encore, et c'est ce qui me tue.
> Mais cette âpre vertu ne m'était point connue :
> Comme notre malheur, elle est au plus haut point ;
> Souffrez que je l'admire et ne l'imite point.
> *Horace*, acte II, scène III.

Horace, le héros de cette tragédie, lui répond :

> Non, non, n'embrassez pas de vertu par contrainte ;
> Et puisque vous trouvez plus de charme à la plainte,
> En toute liberté goûtez un bien si doux.
> Voici venir ma sœur pour se plaindre avec vous.
> *Horace*, acte II, scène III.

Ici Corneille veut peindre apparemment une valeur féroce ; mais la férocité s'exprime-t-elle ainsi contre un ami et un rival modeste ? La fierté est une passion fort théâtrale ; mais elle dégénère en vanité et en petitesse sitôt qu'elle se montre sans qu'on la provoque.

Me permettra-t-on de le dire ? il me semble que l'idée des caractères de Corneille est presque toujours assez grande ; mais l'exécution en est quelquefois bien faible, et le coloris

faux ou peu agréable. Quelques-uns des caractères de Racine
peuvent bien manquer de grandeur dans le dessein; mais les
expressions sont toujours de main de maître, et puisées dans
la vérité et la nature. J'ai cru remarquer encore qu'on ne
trouvait guère dans les personnages de Corneille de ces traits
simples qui annoncent une grande étendue d'esprit. Ces traits
se rencontrent en foule dans Roxane, dans Agrippine, Joad,
Acomat, Athalie.

Je ne puis cacher ma pensée : il était donné à Corneille de
peindre des vertus austères, dures et inflexibles; mais il appartient à Racine de caractériser les esprits supérieurs, et de
les caractériser sans raisonnements et sans maximes, par la
seule nécessité où naissent les grands hommes d'imprimer
leur caractère dans leurs expressions. Joad ne se montre jamais avec plus d'avantage que lorsqu'il parle avec une simplicité majestueuse et tendre au petit Joas, et qu'il semble
cacher tout son esprit pour se proportionner à cet enfant; de
même Athalie. Corneille, au contraire, se guinde souvent
pour élever ses personnages; et on est étonné que le même
pinceau ait caractérisé quelquefois l'héroïsme avec des traits
si naturels et si énergiques.

Que dirai-je encore de la pesanteur qu'il donne quelquefois
aux plus grands hommes? Auguste, en parlant à Cinna, fait
d'abord un exorde de rhéteur. Remarquez que je prends
l'exemple de tous ses défauts dans les scènes les plus admirées.

> Prends un siége, Cinna, prends, et sur toute chose
> Observe exactement la loi que je t'impose;
> Prête, sans me troubler, l'oreille à mes discours;
> D'aucun mot, d'aucun cri n'en interromps le cours
> Tiens ta langue captive; et si ce grand silence
> A ton émotion fait trop de violence,
> Tu pourras me répondre après tout à loisir :
> Sur ce point seulement contente mon désir.
>
> *Cinna*, acte V, scène I.

De combien la simplicité d'Agrippine, dans *Britannicus*
est-elle plus noble et plus naturelle!

Approchez-vous, Néron, et prenez votre place.
On veut sur vos soupçons que je vous satisfasse.

Britannicus, acte IV, scène II.

Cependant, lorsqu'on fait le parallèle de ces deux poëtes, il semble qu'on ne convienne de l'art de Racine que pour donner à Corneille l'avantage du génie. Qu'on emploie cette distinc-tion pour marquer le caractère d'un faiseur de phrases, je la trouverai raisonnable; mais lorsqu'on parle de l'art de Racine, l'art qui met toutes les choses à leur place, qui caractérise les hommes, leurs passions, leurs mœurs, leur génie; qui chasse les obscurités, les superfluités, les faux brillants; qui peint la nature avec feu, avec sublimité et avec grâce, que peut-on penser d'un tel art, si ce n'est qu'il est le génie des hommes extraordinaires et l'original même de ces règles que les écri-vains sans génie embrassent avec tant de zèle et avec si peu de succès? Qu'est-ce, dans *la Mort de César* (1), que l'art des harangues d'Antoine, si ce n'est le génie d'un esprit supérieur et celui de la vraie éloquence?

C'est le défaut trop fréquent de cet art qui gâte les plus beaux ouvrages de Corneille. Je ne dis pas que la plupart de ses tragédies ne soient très-bien imaginées et très-bien con-duites. Je crois même qu'il a connu mieux que personne l'art des situations et des contrastes. Mais l'art des expressions et l'art des vers, qu'il a si souvent négligés ou pris à faux, dé-parent ses autres beautés. Il paraît avoir ignoré que pour être lu avec plaisir, ou même pour faire illusion à tout le monde dans la représentation d'un poëme dramatique, il fallait, par une éloquence continue, soutenir l'attention des spectateurs, qui se relâche et se rebute nécessairement quand les détails sont négligés. Il y a longtemps qu'on a dit que l'expression était la principale partie de tout ouvrage écrit en vers. C'est le sentiment des grands maîtres, qu'il n'est pas besoin de justi-fier. Chacun sait ce qu'on souffre, je ne dis pas à lire de mau-vais vers, mais même à entendre mal réciter un bon poëme. Si l'emphase d'un comédien détruit le charme naturel de la poé-

(1) Tragédie de Voltaire.

sie, comment l'emphase même du poëte ou l'impropriété de
ses expressions ne dégoûteraient-elles pas les esprits justes
de sa fiction et de ses idées?

Racine n'est pas sans défauts. Il n'a pas conçu assez fortement la tragédie. Il n'a point assez fait agir ses personnages.
On ne remarque pas dans ses écrits autant d'énergie que d'é-
lévation, ni autant de hardiesse que d'égalité. Plus savant
encore à faire naître la pitié que la terreur, et l'admiration
que l'étonnement, il n'a pu atteindre au tragique de quelques
poëtes. Nul homme n'a eu en partage tous les dons. Si d'ailleurs on veut être juste, on avouera que personne ne donna
jamais au théâtre plus de pompe, n'éleva plus haut la parole,
et n'y versa plus de douceur. Qu'on examine ses ouvrages
sans prévention : quelle facilité! quelle abondance! quelle
poésie! quelle imagination dans l'expression! Qui créa jamais
une langue ou plus magnifique, ou plus simple, ou plus variée, ou plus noble, ou plus harmonieuse et plus touchante?
Qui mit jamais autant de vérité dans ses dialogues, dans ses
images, dans ses caractères, dans l'expression des passions?
Serait-il trop hardi de dire que c'est le plus beau génie que la
France ait eu et le plus éloquent de ses poëtes?

Corneille a trouvé le théâtre vide, et a eu l'avantage de
former le goût de son siècle sur son caractère. Racine a paru
après lui, et a partagé les esprits. S'il eût été possible de
changer cet ordre, peut être qu'on aurait jugé de l'un et de
l'autre fort différemment.

Oui, dit-on; mais Corneille est venu le premier, il a créé
le théâtre. Je ne puis souscrire à cela. Corneille avait de
grands modèles parmi les anciens; Racine ne l'a point suivi :
personne n'a pris une route, je ne dis pas plus différente,
mais plus opposée; personne n'est plus original à meilleur
titre. Si Corneille a droit de prétendre à la gloire des inventeurs, on ne peut l'ôter à Racine. Mais si l'un et l'autre ont
eu des maîtres, lequel a choisi les meilleurs et les a le mieux
imités?

On reproche à Racine de n'avoir pas donné à ses héros le
caractère de leur siècle et de leur nation; mais les grands
hommes sont de tous les âges et de tous les pays. On rendrait

le vicomte de Turenne et le cardinal de Richelieu méconnaissables en leur donnant le caractère de leur siècle. Les âmes véritablement grandes ne sont telles que parce qu'elles se trouvent en quelque manière supérieures à l'éducation et aux coutumes. Je sais qu'elles retiennent toujours quelque chose de l'une et de l'autre; mais le poëte peut négliger ces bagatelles, qui ne touchent pas plus au fond du caractère que la coiffure et l'habit du comédien, pour ne s'attacher qu'à peindre vivement les traits d'une nature forte et éclairée et ce génie élevé qui appartient également à tous les peuples. Je ne vois point d'ailleurs que Racine ait manqué à ces prétendues bienséances du théâtre. Ne parlons pas des tragédies faibles de ce poëte, *Alexandre*, *la Thébaïde*, *Bérénice*, *Esther*, dans lesquelles on pourrait citer encore de grandes beautés. Ce n'est point par les essais d'un auteur, et par le plus petit nombre de ses ouvrages, qu'on doit en juger; mais par le plus grand nombre de ses ouvrages et par ses chefs-d'œuvre. Qu'on observe cette règle avec Racine, et qu'on examine ensuite ses écrits. Dira-t-on qu'Acomat, Roxane, Joad, Athalie, Mithridate, Néron, Agrippine, Burrhus, Narcisse, Clytemnestre, Agamemnon, etc., n'aient pas le caractère de leur siècle et celui que les historiens leur ont donné? Parce que Bajazet et Xipharès ressemblent à Britannicus, parce qu'ils ont un caractère faible pour le théâtre, quoique naturel, sera-t-on fondé à prétendre que Racine n'ait pas su caractériser les hommes, lui dont le talent éminent était de les peindre avec vérité et avec noblesse?

Bajazet, Xipharès, Britannicus, caractères si critiqués, ont la douceur et la délicatesse de nos mœurs, qualités qui ont pu se rencontrer chez d'autres hommes, et n'en ont pas le ridicule, comme on l'insinue. Mais je veux qu'ils soient plus faibles qu'ils ne me paraissent : quelle tragédie a-t-on vue où tous les personnages fussent de la même force? Cela ne se peut : Mathan et Abner sont peu considérables dans *Athalie*, et cela n'est pas un défaut, mais privation d'une beauté plus achevée. Que voit-on d'ailleurs de plus sublime que toute cette tragédie?

Je reviens encore à Corneille, afin de finir ce discours. Je

crois qu'il a connu mieux que Racine le pouvoir des situations et des contrastes. Ses meilleures tragédies, toujours
fort au-dessous, par l'expression, de celles de son rival, sont
moins agréables à lire, mais plus intéressantes quelquefois
dans la représentation, soit par le choc des caractères, soit
par l'art des situations, soit par la grandeur des intérêts.
Moins intelligent que Racine, il concevait peut-être moins
profondément, mais plus fortement ses sujets. Il n'était ni
si grand poëte ni si éloquent; mais il s'exprimait quelquefois
avec une grande énergie. Personne n'a des traits plus élevés
et plus hardis; personne n'a laissé l'idée d'un dialogue si serré
et si véhément; personne n'a point avec le même bonheur
l'inflexibilité et la force d'esprit qui naissent de la vertu. De
ces disputes mêmes que je lui reproche sortent quelquefois des
éclairs qui laissent l'esprit étonné, et des combats qui véritablement élèvent l'âme; et enfin, quoiqu'il lui arrive continuellement de s'écarter de la nature, on est obligé d'avouer
qu'il la peint naïvement et bien fortement dans quelques endroits; et c'est uniquement dans ces morceaux naturels qu'il
est admirable. Voilà ce qu'il me semble qu'on peut dire sans
partialité de ses talents. Mais lorsqu'on a rendu justice à son
génie, qui a surmonté si souvent le goût barbare de son siècle, on ne peut s'empêcher de rejeter, dans ses ouvrages, ce
qu'ils retiennent de ce mauvais goût, et ce qui servirait à le
perpétuer dans les admirateurs trop passionnés de ce grand
maître.

Les gens du métier sont plus indulgents que les autres à
ces défauts, parce qu'ils ne regardent qu'aux traits originaux
de leurs modèles, et qu'ils connaissent mieux le prix de l'invention et du génie. Mais le reste des hommes juge des
ouvrages tels qu'ils sont, sans égard pour le temps et pour
les auteurs : et je crois qu'il serait à désirer que les gens de
lettres voulussent bien séparer les défauts des plus grands
hommes de leurs perfections; car si l'on confond leurs beautés
avec leurs fautes par une admiration superstitieuse, il pourra
bien arriver que les jeunes gens imiteront les défauts de leurs
maîtres, qui sont aisés à imiter, et n'atteindront jamais à leur
génie.

Pour moi, quand je fais la critique de tant d'hommes illustres, mon objet est de prendre des idées plus justes de leur caractère.

Je ne crois pas qu'on puisse raisonnablement me reprocher cette hardiesse : la nature a donné aux grands hommes de faire, et laissé aux autres de juger.

Si l'on trouve que je relève davantage les défauts des uns que ceux des autres, je déclare que c'est à cause que les uns me sont plus sensibles que les autres, ou pour éviter de répéter des choses qui sont trop connues.

Pour finir, et marquer chacun de ces poëtes par ce qu'ils ont eu de plus propre, je dirai que Corneille a éminemment la force, Boileau la justesse, La Fontaine la naïveté, Chaulieu les grâces et l'ingénieux, Molière les saillies et la vive imitation des mœurs, Racine la dignité et l'éloquence.

Ils n'ont pas ces avantages à l'exclusion les uns des autres ; ils les ont seulement dans un degré plus éminent, avec une infinité d'autres perfections que chacun y peut remarquer.

VII.

J.-B. ROUSSEAU.

On ne peut disputer à Rousseau d'avoir connu parfaitement la mécanique des vers. Égal peut-être à Despréaux par cet endroit, on pourrait le mettre à côté de ce grand homme si celui-ci, né à l'aurore du bon goût, n'avait été le maître de Rousseau et de tous les poëtes de son siècle.

Ces deux excellents écrivains se sont distingués l'un et l'autre par l'art difficile de faire régner dans les vers une extrême simplicité, par le talent d'y conserver le tour et le génie de notre langue, et enfin par cette harmonie continue sans laquelle il n'y a point de véritable poésie.

On leur a reproché, à la vérité, d'avoir manqué de délicatesse et d'expression pour le sentiment. Ce dernier défaut me paraît peu considérable dans Despréaux, parce que, s'étant attaché uniquement à peindre la raison, il lui suffisait de la peindre avec vivacité et avec feu, comme il a fait; mais l'expression des passions ne lui était pas nécessaire. Son *Art poétique* et quelques autres de ses ouvrages approchent de la perfection qui leur est propre, et on n'y regrette point la langue du sentiment, quoiqu'elle puisse entrer peut-être dans tous les genres et les embellir de ses charmes.

Il n'est pas tout à fait si facile de justifier Rousseau à cet égard. L'ode étant, comme il dit lui-même, *le véritable champ du pathétique et du sublime*, on voudrait toujours trouver dans les siennes ce haut caractère; mais, quoiqu'elles soient dessinées avec une grande noblesse, je ne sais si elles sont toutes assez passionnées. J'excepte quelques-unes des odes sacrées, dont le fonds appartient à de plus grands maîtres. Quant à celles qu'il a tirées de son propre fonds, il me semble qu'en général les fortes images qui les embellissent ne produisent pas de grands mouvements, et n'excitent ni la pitié, ni l'étonnement, ni la crainte, ni ce sombre saisissement que le vrai sublime fait naître.

La marche impétueuse de l'ode n'est pas celle de l'esprit tranquille : il faut donc qu'elle soit justifiée par un enthousiasme véritable. Lorsqu'un auteur se jette de sang-froid dans ces écarts qui n'appartiennent qu'aux grandes passions, il court risque de marcher seul; car le lecteur se lasse de ces transitions forcées, et de ces fréquentes hardiesses que l'art s'efforce d'imiter du sentiment, et qu'il imite toujours sans succès. Les endroits où le poëte paraît s'égarer devraient être, à ce qu'il me semble, les plus passionnés de son ouvrage; il est même d'autant plus nécessaire de mettre du sentiment dans nos odes, que ces petits poëmes sont ordinairement vides de pensées, et qu'un ouvrage vide de pensées sera toujours faible s'il n'est rempli de passion. Or, je ne crois pas qu'on puisse dire que les odes de Rousseau soient fort passionnées. Il est tombé quelquefois dans le défaut de ces poëtes qui semblent s'être proposé dans leurs écrits, non d'exprimer plus fortement par des images, des passions violentes, mais seulement d'assembler des images magnifiques, plus occupés de chercher de grandes figures que de faire naître dans les âmes de grandes pensées. Les défenseurs de

Rousseau répondent qu'il a surpassé Horace et Pindare, auteurs illustres dans le même genre et de plus rendus respectables par l'estime dont ils sont en possession depuis tant de
siècles. Si cela est ainsi, je ne m'étonne point que Rousseau
ait emporté tous les suffrages. On ne juge que par comparaison de toutes choses, et ceux qui font mieux que les autres dans leur genre passent toujours pour excellents, personne n'osant leur contester d'être dans le bon chemin. Il
m'appartient moins qu'à tout autre de dire que Rousseau
n'a pu atteindre le but de son art; mais je crains bien que si
on n'aspire pas à faire de l'ode une imitation plus fidèle de la
nature, ce genre ne demeure enseveli dans une espèce de
médiocrité.

S'il m'est permis d'être sincère jusqu'à la fin, j'avouerai
que je trouve encore des pensées bien fausses dans les meilleures odes de Rousseau. Cette fameuse *Ode à la Fortune*,
qu'on regarde comme le triomphe de la raison, présente, ce
me semble, peu de réflexions qui ne soient plus éblouissantes
que solides. Écoutons ce poëte philosophe :

> Quoi! Rome et l'Italie en cendre
> Me feront honorer Sylla?

Non vraiment, *l'Italie en cendre* ne peut faire *honorer*
Sylla, mais ce qui doit, je crois, le faire respecter avec justice, c'est ce génie supérieur et puissant qui vainquit le génie de Rome, qui lui fit défier dans sa vieillesse les ressentiments de ce même peuple qu'il avait soumis, et qui sut
toujours subjuguer, par les bienfaits ou par la force, le courage ailleurs indomptable de ses ennemis.

Voyons ce qui suit :

> J'admirerais en Alexandre
> Ce que j'abhorre en Attila?

Je ne sais quel était le caractère d'Attila; mais je me sens
forcé d'admirer les rares talents d'Alexandre, et cette hauteur
de génie qui, soit dans le gouvernement, soit dans la guerre,
soit dans les sciences, soit même dans sa vie privée, l'a

toujours fait paraître comme un homme extraordinaire et qu'un instinct grand et sublime dispensait des moindres vertus (1). Je veux révérer un héros qui, parvenu au faîte des grandeurs humaines ne dédaignait pas l'amitié, qui dans cette haute fortune respectait encore le mérite; qui aima mieux s'exposer à mourir que de soupçonner son médecin de quelque crime, et d'affliger par une défiance qu'on n'aurait pas blâmée la fidélité d'un sujet qu'il estimait; le maître le plus libéral qu'il y eut jamais, jusqu'à ne réserver pour lui que l'*espérance;* plus prompt à réparer ses injustices qu'à les commettre, et plus pénétré de ses fautes que de ses triomphes; né pour conquérir l'univers, parce qu'il était digne de lui commander, et en quelque sorte excusable de s'être fait rendre les honneurs divins dans un temps où toute la terre adorait des dieux moins aimables. Rousseau paraît donc trop injuste lorsqu'il ose ajouter d'un si grand homme :

> Mais à la place de Socrate,
> Le fameux vainqueur de l'Euphrate
> Sera le dernier des mortels.

Apparemment que Rousseau ne voulait épargner aucun conquérant; et voici comme il parle encore :

> L'inexpérience indocile
> Du compagnon de Paul-Émile
> Fit tout le succès d'Annibal.

Combien toutes ces réflexions ne sont-elles pas superficielles! Qui ne sait que la science de la guerre consiste à profiter des fautes de ses ennemis? Qui ne sait qu'Annibal s'est montré aussi grand dans ses défaites que dans ses victoires?

S'il était reçu de tous les poëtes, comme il l'est du reste des hommes, qu'il n'y a rien de beau dans aucun genre que le vrai, et que les fictions mêmes de la poésie n'ont été inventées que pour peindre plus vivement la vérité, que pourrait-on penser des invectives que je viens de rapporter? Se-

(1) Pour *dispensait des vertus d'un ordre moins relevé,* paraît amphibologique. (S.)

rait-on trop sévère de juger que l'*Ode à la Fortune* n'est qu'une pompeuse déclamation et un tissu de lieux communs énergiquement exprimés?

Je ne dirai rien des allégories et de quelques autres ouvrages de Rousseau. Je n'oscrais surtout juger d'aucun ouvrage allégorique, parce que c'est un genre que je n'aime pas; mais je louerai volontiers ses épigrammes, où l'on trouve toute la naïveté de Marot avec une énergie que Marot n'avait pas. Je louerai des morceaux admirables dans ses épîtres, où le génie de ses épigrammes se fait singulièrement apercevoir. Mais en admirant ces morceaux, si dignes de l'être, je ne puis m'empêcher d'être choqué de la grossièreté insupportable qu'on remarque en d'autres endroits. Rousseau voulant dépeindre, dans l'*Épître aux Muses*, je ne sais quel mauvais poëte, il le compare à un oison que la flatterie enhardit à préférer sa voix au chant du cygne. Un autre oison lui fait un long discours pour l'obliger à chanter, et Rousseau continue ainsi :

> A ce discours notre oiseau tout gaillard
> Perce le ciel de son cri nasillard ;
> Et tout d'abord, oubliant leur mangeaille,
> Vous eussiez vu canards, dindons, poulaille
> De toutes parts accourir, l'entourer,
> Battre de l'aile, applaudir, admirer,
> Vanter la voix dont nature le doue,
> Et faire nargue au cygne de Mantoue.
> Le chant fini, le pindarique oison,
> Se rengorgeant, rentre dans la maison
> Tout orgueilleux d'avoir, par son ramage.
> Du poulailler mérité le suffrage.

On ne nie pas qu'il n'y ait quelque force dans cette peinture; mais combien en sont basses les images! La même épître est remplie de choses qui ne sont ni plus agréables ni plus délicates. C'est un dialogue avec les Muses, qui est plein de longueurs, dont les transitions sont forcées et trop ressemblantes; où l'on trouve à la vérité de grandes beautés de détails, mais qui en rachètent à peine les défauts. J'ai choisi cette épître exprès, ainsi que l'*Ode à la Fortune*, afin qu'on

ne m'accusât pas de rapporter les ouvrages les plus faibles
de Rousseau pour diminuer l'estime que l'on doit aux autres.
Puis-je me flatter en cela d'avoir contenté la délicatesse de
tant de gens de goût et de génie qui respectent tous les écrits
de ce poëte? Quelque crainte que je doive avoir de me tromper en m'écartant de leur sentiment et de celui du public,
je hasarderai encore ici une réflexion. C'est que le vieux
langage employé par Rousseau dans ses meilleures épîtres
ne me paraît ni nécessaire pour écrire naïvement, ni assez
noble pour la poésie. C'est à ceux qui font profession eux-
mêmes de cet art à prononcer là-dessus : je leur soumets sans
répugnance toutes les remarques que j'ai osé faire sur les
plus illustres écrivains de notre langue. Personne n'est plus
passionné que je ne le suis pour les véritables beautés de
leurs ouvrages. Je ne connais peut-être pas tout le mérite
de Rousseau, mais je ne serai pas fâché qu'on me détrompe
des défauts que j'ai cru pouvoir lui reprocher (1). On ne saurait trop honorer les grands talents d'un auteur dont la célébrité a fait les disgrâces, comme c'est la coutume chez les
hommes, et qui n'a pu jouir dans sa patrie de la réputation
qu'il méritait que lorsque, accablé sous le poids de l'humiliation et de l'exil, la longueur de son infortune a désarmé
la haine de ses ennemis et fléchi l'injustice de l'envie.

VIII.

QUINAULT.

On ne peut trop aimer la douceur, la mollesse, la facilité
et l'harmonie tendre et touchante de la poésie de Quinault.
On peut même estimer beaucoup l'art de quelques-uns de
ses opéras, intéressants par le spectacle dont ils sont remplis,
par l'invention ou la disposition des faits qui les composent,
par le merveilleux qui y règne, et enfin par le pathétique des
situations, qui donne lieu à celui de la musique, et qui l'aug-

(1) Incorrect. Reconnaître qu'on s'est trompé en regardant comme un défaut ce qui n'en est pas un, ce n'est pas se détromper des défauts. (M.)

mente nécessairement. Ni la grâce, ni la noblesse, ni le naturel, n'ont manqué à l'auteur de ces poëmes singuliers. Il y a presque toujours de la naïveté dans son dialogue, et quelquefois du sentiment. Ses vers sont semés d'images charmantes et de pensées ingénieuses. On admirerait trop les fleurs dont il se pare s'il eût évité les défauts qui font languir quelquefois ses beaux ouvrages. Je n'aime pas les familiarités qu'il a introduites dans ses tragédies : je suis fâché qu'on trouve dans beaucoup de scènes, qui sont faites pour inspirer la terreur et la pitié, des personnages qui, par le contraste de leurs discours avec les intérêts des malheureux, rendent ces mêmes scènes ridicules et en détruisent tout le pathétique. Je ne puis m'empêcher encore de trouver ses meilleurs opéras trop vides de choses, trop négligés dans les détails, trop fades même dans bien des endroits. Enfin, je pense qu'on a dit de lui avec vérité qu'il n'avait fait qu'effleurer d'ordinaire les passions. Il me paraît que Lulli a donné à sa musique un caractère supérieur à la poésie de Quinault. Lulli s'est élevé souvent jusqu'au sublime par la grandeur et par le pathétique de ses expressions ; et Quinault n'a d'autre mérite à cet égard que celui d'avoir fourni les situations et les canevas auxquels le musicien a fait recevoir la profonde empreinte de son génie. Ce sont sans doute les défauts de ce poëte et la faiblesse de ses premiers ouvrages qui ont fermé les yeux de Despréaux sur son mérite ; mais Despréaux peut être excusable de n'avoir pas cru que l'opéra, théâtre plein d'irrégularités et de licences, eût atteint en naissant sa perfection. Ne penserions-nous pas encore qu'il manque quelque chose à ce spectacle, si les efforts inutiles de tant d'auteurs renommés ne nous avaient fait supposer que le défaut de ces poëmes était peut-être un vice irréparable? Cependant je conçois sans peine qu'on ait fait à Despréaux un grand reproche de sa sévérité trop opiniâtre. Avec des talents si aimables que ceux de Quinault, et la gloire qu'il a d'être l'inventeur de son genre, on ne saurait être surpris qu'il ait des partisans très-passionnés, qui pensent qu'on doit respecter ses défauts même. Mais cette excessive indulgence de ses admirateurs me fait comprendre encore l'extrême rigueur de ses critiques.

Je vois qu'il n'est point dans le caractère des hommes de
juger du mérite d'un autre homme par l'ensemble de ses
qualités : on envisage sous divers aspects le génie d'un auteur
illustre; on le méprise ou l'admire avec une égale apparence
de raison, selon les choses que l'on considère en ses ouvrages. Les beautés que Quinault a imaginées demandent
grâce pour ses défauts; mais j'avoue que je voudrais bien
qu'on se dispensât de copier jusqu'à ses fautes. Je suis fâché
qu'on désespère de mettre plus de passion, plus de conduite,
plus de raison et plus de force dans nos opéras, que leur
inventeur n'y en a mis. J'aimerais qu'on en retranchât le
nombre excessif des refrains qui s'y rencontrent, qu'on ne
refroidît pas les tragédies par des puérilités, et qu'on n'en fît
pas des paroles pour le musicien, entièrement vides de sens.
Les divers morceaux qu'on admire dans Quinault prouvent
qu'il y a peu de beautés incompatibles avec la musique; et
que c'est la faiblesse des poëtes ou celle du genre qui fait
languir tant d'opéras, faits à la hâte et aussi mal écrits qu'ils
sont frivoles.

IX.

SUR QUELQUES OUVRAGES DE VOLTAIRE.

Après avoir parlé de Rousseau et des plus grands poëtes
du siècle passé, je crois que ce peut être ici la place de dire
quelque chose des ouvrages d'un homme qui honore notre
siècle, et qui n'est ni moins grand ni moins célèbre que tous
ceux qui l'ont précédé, quoique sa gloire, plus près de nos
yeux, soit plus exposée à l'envie (1).

Il ne m'appartient pas de faire une critique raisonnée de
tous ses écrits, qui passent de bien loin mes connaissances

(1) Nous avons déjà dit en quoi Voltaire honore son siècle et pourquoi il
en fut la honte et le fléau. Vauvenargues est ici au point de vue convenable, et l'on peut dire seulement qu'il est un peu entraîné par l'admiration et
l'amitié.   (N. E.)

et la faible étendue de mes lumières ; ce soin me convient d'autant moins, qu'une infinité d'hommes plus instruits que moi ont déjà fixé les idées qu'on doit en avoir. Ainsi je ne parlerai pas de *la Henriade*, qui, malgré les défauts qu'on lui impute, et ceux qui y sont en effet, passe néanmoins, sans contestation, pour le plus grand ouvrage de ce siècle, et le seul poëme en ce genre de notre nation.

Je dirai peu de choses encore de ses tragédies : comme il n'y en a aucune qu'on ne joue au moins une fois chaque année, tous ceux qui ont quelque étincelle de bon goût peuvent y remarquer d'eux-mêmes le caractère original de l'auteur, les grandes pensées qui y règnent, les morceaux éclatants de poésie qui les embellissent, la manière forte dont les passions y sont ordinairement traitées, et les traits hardis et sublimes dont elles sont pleines.

Je ne m'arrêterai donc pas à faire remarquer dans *Mahomet* cette expression grande et tragique du genre terrible, qu'on croyait épuisée par l'auteur d'*Électre* (1). Je ne parlerai pas de la tendresse répandue dans *Zaïre*, ni du caractère théâtral des passions violentes d'Hérode (2), ni de la singulière et noble nouveauté d'*Alzire*, ni des éloquentes harangues qu'on voit dans la *Mort de César*, ni enfin de tant d'autres pièces, toutes différentes, qui font admirer le génie et la fécondité de leur auteur.

Mais parce que la tragédie de *Mérope* me paraît encore mieux écrite, plus touchante et plus naturelle que les autres, je n'hésiterai pas à lui donner la préférence. J'admire les grands caractères qui y sont décrits, le vrai qui règne dans les sentiments et les expressions, la simplicité sublime, et tout à fait nouvelle sur notre théâtre, du rôle d'Égisthe ; la tendresse impétueuse de Mérope, ses discours coupés, véhéments, et tantôt remplis de violence, tantôt de hauteur. Je ne suis pas assez tranquille à une pièce qui produit de si grands mouvements, pour examiner si les règles et les vraisemblances sévères n'y sont pas blessées. La pièce me serre

(1) L'*Électre* de Voltaire, et non celle de Crébillon.
(2) Dans la tragédie de *Marianne*.

le cœur dès le commencement, et me mène jusqu'à la catas-
trophe sans me laisser la liberté de respirer.

S'il y a donc quelqu'un qui prétende que la conduite de
l'ouvrage est peu régulière, et qui pense qu'en général M. de
Voltaire n'est pas heureux dans la fiction ou dans le tissu de
ses pièces; sans entrer dans cette question, trop longue à
discuter, je me contenterai de lui répondre que ce même défaut dont on accuse M. de Voltaire a été reproché très-justement à plusieurs pièces excellentes, sans leur faire tort. Les
dénoûments de Molière sont peu estimés, et *le Misanthrope*,
qui est le chef-d'œuvre de la comédie, est une comédie sans
action. Mais c'est le privilége des hommes comme Molière et
M. de Voltaire d'être admirables malgré leurs défauts, et
souvent dans leurs défauts mêmes.

La manière dont quelques personnes, d'ailleurs éclairées,
parlent aujourd'hui de la poésie me surprend beaucoup. Ce
n'est pas, disent-ils, la beauté des vers et des images qui caractérise le poëte, ce sont les pensées mâles et hardies; ce
n'est pas l'expression du sentiment et de l'harmonie, c'est
l'invention. Par là on prouverait que Bossuet et Newton ont
été les plus grands poëtes de leur siècle; car assurément l'invention, la hardiesse et les pensées mâles ne leur manquaient
point.

Reprenons *Mérope*. Ce que j'admire encore dans cette tragédie, c'est que les personnages y disent toujours ce qu'ils
doivent dire, et sont grands sans affectation. Il faut lire la
seconde scène du second acte pour comprendre ce que je dis.
Qu'on me permette d'en citer la fin, quoiqu'on pût trouver
dans la même pièce de plus beaux endroits.

ÉGISTHE.

Un vain désir de gloire a séduit mes esprits.
On me parlait souvent des troubles de Messène
Des malheurs dont le ciel avait frappé la reine,
Surtout de ses vertus, dignes d'un autre prix :
Je me sentais ému par ces tristes récits.
De l'Élide en secret dédaignant la mollesse,
J'ai voulu dans la guerre exercer ma jeunesse,

Servir sous vos drapeaux, et vous offrir mon bras :
Voilà le seul dessein qui conduisit mes pas.
Ce faux instinct de gloire égara mon courage :
A mes parents, flétris par les rides de l'âge,
J'ai de mes jeunes ans dérobé les secours;
C'est ma première faute, elle a troublé mes jours.
Le ciel m'en a puni; le ciel inexorable
M'a conduit dans le piége, et m'a rendu coupable.

MÉROPE.

Il ne l'est point, j'en crois son ingénuité;
Le mensonge n'a point cette simplicité.
Tendons à sa jeunesse une main bienfaisante;
C'est un infortuné que le ciel me présente :
Il suffit qu'il soit homme et qu'il soit malheureux.
Mon fils peut éprouver un sort plus rigoureux.
Il me rappelle Egisthe, Egisthe est de son âge :
Peut-être comme lui, de rivage en rivage,
Inconnu, fugitif, et partout rebuté,
Il souffre le mépris qui suit la pauvreté.
L'opprobre avilit l'âme et flétrit le courage.

Mérope, acte II, scène II.

Cette dernière réflexion de Mérope est bien naturelle et bien sublime. Une mère aurait pu être touchée de toute autre crainte dans une telle calamité; et néanmoins Mérope paraît pénétrée de ce sentiment. Voilà comme les sentences sont grandes dans la tragédie, et comme il faudrait toujours les y placer.

C'est, je crois, cette sorte de grandeur qui est propre à Racine, et que tant de poëtes après lui ont négligée, ou parce qu'ils ne la connaissaient pas, ou parce qu'il leur a été bien plus facile de dire des choses guindées, et d'exagérer la nature. Aujourd'hui on croit avoir fait un caractère lorsqu'on a mis dans la bouche d'un personnage ce qu'on veut faire penser de lui, et qui est précisément ce qu'il doit taire. Une mère affligée dit qu'elle est affligée, et un héros dit qu'il est un héros. Il faudrait que les personnages fissent penser tout cela d'eux, et que rarement ils le disent; mais, tout au contraire, ils le disent, et le font rarement penser. Le grand Corneille n'a pas été exempt de ce défaut, et cela a gâté tous ses caractères. Car enfin ce qui forme un caractère, ce n'est pas, je crois, quelques traits, ou hardis, ou forts, ou sublimes, c'est l'ensemble de tous les traits et des moindres discours d'un personnage. Si on fait parler un héros, qui mêle partout de l'ostentation, de la vanité, et des choses basses à de grandes choses, j'admire ces traits de grandeur qui appartiennent au poëte, mais je sens du mépris pour son héros, dont le caractère est manqué. L'éloquent Racine, qu'on accuse de stérilité dans ses caractères, est le seul de son temps qui ait fait des caractères; et ceux qui admirent la variété du grand Corneille sont bien indulgents de lui pardonner l'invariable ostentation de ses personnages, et le caractère toujours dur des vertus qu'il a su décrire.

C'est pourquoi quand M. de Voltaire a critiqué (1) les caractères d'Hippolyte, Bajazet, Xipharès, Britannicus, il n'a pas prétendu, je crois, diminuer l'estime de ceux d'Athalie, Joad, Acomat, Agrippine, Néron, Burrhus, Mithridate, etc. Mais, puisque cela me conduit à parler du *Temple du Goût*, je suis bien aise d'avoir occasion de dire que j'en estime grandement les décisions. J'excepte ces mots : *Bossuet, le seul éloquent entre tant d'écrivains qui ne sont qu'élégants* (2) : car je ne crois pas que M. de Voltaire lui-même voulût sérieusement

(1) Dans son *Temple du Goût*, Voltaire, après avoir parlé de Pierre Corneille, s'exprime ainsi sur Racine :

> Plus pur, plus élégant, plus tendre,
> Et parlant au cœur de plus près,
> Nous attachant sans nous surprendre,
> Et ne se démentant jamais,
> Racine observe les portraits
> De Bajazet, de Xipharès,
> De Britannicus, d'Hippolyte.
> A peine il distingue leurs traits ;
> Ils ont tous le même mérite.

(2) Dans l'édition faite sous les yeux de Voltaire, à Genève, en 1768, et dans les réimpressions faites depuis sa mort, cette phrase ne se trouve point; on lit seulement : *L'éloquent Bossuet voulait bien rayer quelques familiarités échappées à son génie vaste, impétueux et facile, lesquelles déparent un peu la sublimité de ses Oraisons funèbres.*

réduire à ce petit mérite d'élégance les ouvrages de M. Pascal, l'homme de la terre qui savait mettre la vérité dans un plus beau jour et raisonner avec plus de force. Je prends la liberté de défendre encore contre son autorité le vertueux auteur de *Télémaque*, homme né véritablement pour enseigner aux rois l'humanité, dont les paroles tendres et persuasives pénètrent le cœur, et qui, par la noblesse et par la vérité de ses peintures, par les grâces touchantes de son style, se fait aisément pardonner d'avoir employé trop souvent les lieux communs de la poésie et un peu de déclamation.

Mais, quoi qu'il puisse être de cette trop grande partialité de M. de Voltaire pour Bossuet, que je respecte d'ailleurs plus que personne, je déclare que tout le reste du *Temple du Goût* m'a frappé par la vérité des jugements, par la vivacité, la variété et le tour aimable du style; et je ne puis comprendre que l'on juge si sévèrement d'un ouvrage si peu sérieux, et qui est un modèle d'agréments.

Dans un genre assez différent, l'*Épître aux mânes de Génonville* et celle *sur la mort de mademoiselle Lecouvreur* m'ont paru deux morceaux remplis de charmes, et où la douleur, l'amitié, l'éloquence et la poésie parlaient avec la grâce la plus ingénue et la simplicité la plus touchante. J'estime plus deux petites pièces faites de génie, comme celles-ci, et qui ne respirent que la passion, que beaucoup d'assez longs poëmes.

Je finirai sur les ouvrages de M. de Voltaire en disant quelque chose de sa prose. Il n'y a guère de mérite essentiel qu'on ne puisse trouver dans ses écrits. Si l'on est bien aise de voir toute la politesse de notre siècle, avec un grand art pour faire sentir la vérité dans les choses de goût, on n'a qu'à lire la préface d'*Œdipe*, écrite contre M. de La Motte avec une délicatesse inimitable. Si on cherche du sentiment, de l'harmonie jointe à une noblesse singulière, on peut jeter les yeux sur la préface d'*Alzire*, et sur l'*Épître à madame la marquise du Châtelet*. Si on souhaite une littérature universelle, un goût étendu, qui embrasse le caractère de plusieurs nations, et qui peigne les manières différentes des plus grands poëtes, on trouvera cela dans les *Réflexions sur les poëtes épiques*, et les divers morceaux traduits par M. de Voltaire des

poëtes anglais, d'une manière qui passe peut-être les originaux. Je ne parle pas de l'*Histoire de Charles XII*, qui, par la
faiblesse des critiques que l'on a faites, a dû acquérir une autorité incontestable, et qui me paraît être écrite avec une
force, une précision et des images dignes d'un tel peintre.
Mais quand on n'aurait vu de M. de Voltaire que son *Essai
sur le siècle de Louis XIV* et ses *Réflexions sur l'Histoire*, ce
serait déjà trop (1) pour reconnaître en lui, non-seulement un
écrivain du premier ordre, mais encore un génie sublime,
qui voit tout en grand, une vaste imagination, qui rapproche
de loin les choses humaines, enfin un esprit supérieur aux
préjugés, et qui joint à la politesse et à l'esprit philosophique
de son siècle la connaissance des siècles passés, de leurs
mœurs, de leur politique, de leurs religions, et de toute l'é-
conomie du genre humain.

Si pourtant il se trouve encore des gens prévenus, qui
s'attachent à relever ou les erreurs ou les défauts de ses
ouvrages, et qui demandent à un homme si universel la même
correction et la même justesse qu'à ceux qui se sont renfermés dans un seul genre, et souvent dans un genre assez petit, que peut-on répondre à des critiques si peu raisonnables?
J'espère que le petit nombre des juges désintéressés me saura
du moins quelque gré d'avoir osé dire les choses que j'ai
dites, parce que je les ai pensées, et que la vérité m'a été
chère.

C'est le témoignage que l'amour des lettres m'oblige de
rendre à un homme qui n'est ni en place, ni puissant, ni
favorisé, et auquel je ne dois que la justice que tous les
hommes lui doivent comme moi et que l'ignorance ou l'envie
s'efforcent inutilement de lui ravir (2).

---

(1) *Trop* emporte toujours l'idée d'*excès*, et l'auteur ne veut exprimer ici
que *surabondance*. (S.) — Disons plutôt que l'*Essai* est de trop pour la gloire
de Voltaire. Cet ouvrage manque d'impartialité, d'exactitude et de philosophie.   (N. E.)

(2) Toute cette fin est non-seulement excessive mais erronée. On convient
aujourd'hui que Voltaire n'avait que le vernis de l'érudition : il ne fut pas
vraiment historien. Quant à la sincérité de Vauvenargues et à la pureté
de ses intentions, il est impossible de les mettre en doute.   (N. E.)

FRAGMENTS.

————

BOSSUET. — PASCAL. — FÉNELON.

Qui n'admire la majesté, la pompe, la magnificence, l'enthousiasme de Bossuet, et la vaste étendue de ce génie impétueux, fécond, sublime? Qui conçoit sans étonnement la profondeur incroyable de Pascal, son raisonnement invincible, sa mémoire surnaturelle, sa connaissance universelle et prématurée? Le premier élève l'esprit, l'autre le confond et le trouble. L'un éclate comme un tonnerre dans un tourbillon orageux, et par ses soudaines hardiesses échappe aux génies trop timides; l'autre presse, étonne, illumine, fait sentir despotiquement l'ascendant de la vérité; et, comme si c'était un être d'une autre nature que nous, sa vive intelligence explique toutes les conditions, toutes les affections et toutes les pensées des hommes, et paraît toujours supérieure à leurs conceptions incertaines. Génie simple et puissant, il assemble des choses qu'on croyait être incompatibles, la véhémence, l'enthousiasme, la naïveté, avec les profondeurs les plus cachées de l'art; mais d'un art, qui, bien loin de gêner la nature, n'est lui-même qu'une nature plus parfaite et l'original des préceptes. Que dirai-je encore? Bossuet fait voir plus de fécondité, et Pascal a plus d'invention; Bossuet est plus impétueux, et Pascal plus transcendant : l'un excite l'admiration par de plus fréquentes sail-

lies; l'autre, toujours plein et solide, l'épuise par un caractère
plus concis et plus soutenu.

Mais toi (1) qui les as surpassés en aménités et en grâces,
ombre illustre, aimable génie; toi qui fis régner la vertu par
l'onction et par la douceur, pourrais-je oublier la noblesse et
le charme de ta parole, lorsqu'il est question d'éloquence?
Né pour cultiver la sagesse et l'humanité dans les rois, ta voix
ingénue fit retentir au pied du Trône les calamités du genre
humain foulé par les tyrans, et défendit contre les artifices
de la flatterie la cause abandonnée des peuples. Quelle bonté
de cœur, quelle sincérité se remarque dans tes écrits! Quel
éclat de paroles et d'images! Qui sema jamais tant de fleurs
dans un style si naturel, si mélodieux et si tendre? Qui orna
jamais la raison d'une si touchante parure? Ah! que de trésors, d'abondance, dans ta riche simplicité!

O noms consacrés par l'amour et par les respects de tous
ceux qui chérissent l'honneur des lettres! restaurateurs des
arts, pères de l'éloquence, lumières de l'esprit humain, que
n'ai-je un rayon du génie qui échauffa vos profonds discours,
pour vous expliquer dignement et marquer tous les traits qui
vous ont été propres!

Si l'on pouvait mêler des talents si divers, peut-être qu'on
voudrait penser comme Pascal, écrire comme Bossuet, parler comme Fénelon. Mais parce que la différence de leur style
venait de la différence de leurs pensées et de leur manière de
sentir les choses, ils perdraient beaucoup tous les trois si l'on
voulait rendre les pensées de l'un par les expressions de
l'autre. On ne souhaite point cela en les lisant; car chacun
d'eux s'exprime dans les termes les plus assortis au caractère
de ses sentiments et de ses idées : ce qui est la véritable marque du génie. Ceux qui n'ont que de l'esprit empruntent nécessairement toutes sortes de tours et d'expressions : ils
n'ont pas un caractère distinctif.

(1) Fénelon.

SUR LA BRUYÈRE.

Il n'y a presque point de tour dans l'éloquence qu'on ne trouve dans La Bruyère; et si on y désire quelque chose, ce ne sont pas certainement les expressions, qui sont d'une force infinie et toujours les plus propres et les plus précises qu'on puisse employer. Peu de gens l'ont compté parmi les orateurs, parce qu'il n'y a pas une suite sensible dans ses *Caractères*. Nous faisons trop peu d'attention à la perfection de ces fragments, qui contiennent souvent plus de matière que de longs discours, plus de proportion et plus d'art.

On remarque dans tout son ouvrage un esprit juste, élevé, nerveux, pathétique, également capable de réflexion et de sentiment, et doué avec avantage de cette invention qui distingue la main des maîtres et qui caractérise le génie.

Personne n'a point les détails avec plus de feu, plus de force, plus d'imagination dans l'expression, qu'on n'en voit dans ses *Caractères*. Il est vrai qu'on n'y trouve pas aussi souvent que dans les écrits de Bossuet et de Pascal de ces traits qui caractérisent une passion ou les vices d'un particulier, mais le genre humain. Ses portraits les plus élevés ne sont jamais aussi grands que ceux de Fénelon et de Bossuet : ce qui vient en grande partie de la différence des genres qu'il a traités. La Bruyère a cru, ce me semble, qu'on ne pouvait peindre les hommes assez petits; et il s'est bien plus attaché à relever leurs ridicules que leur force. Je crois qu'il est permis de présumer qu'il n'avait ni l'élévation, ni la sagacité, ni la profondeur de quelques esprits du premier ordre ; mais on ne lui peut disputer sans injustice une forte imagination, un caractère véritablement original et un génie créateur.

FIN.

TABLE DES MATIÈRES.

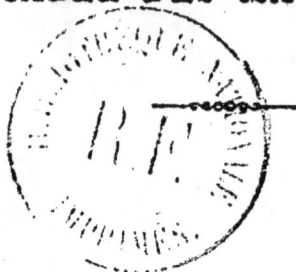

VAUVENARGUES.

Conseils a un jeune homme.

Réflexions et Maximes.

Réflexions critiques sur quelques poëtes.

FIN DE LA TABLE DES MATIÈRES.

BAR-LE-DUC, IMPRIMERIE CONTANT-LAGUERRE.

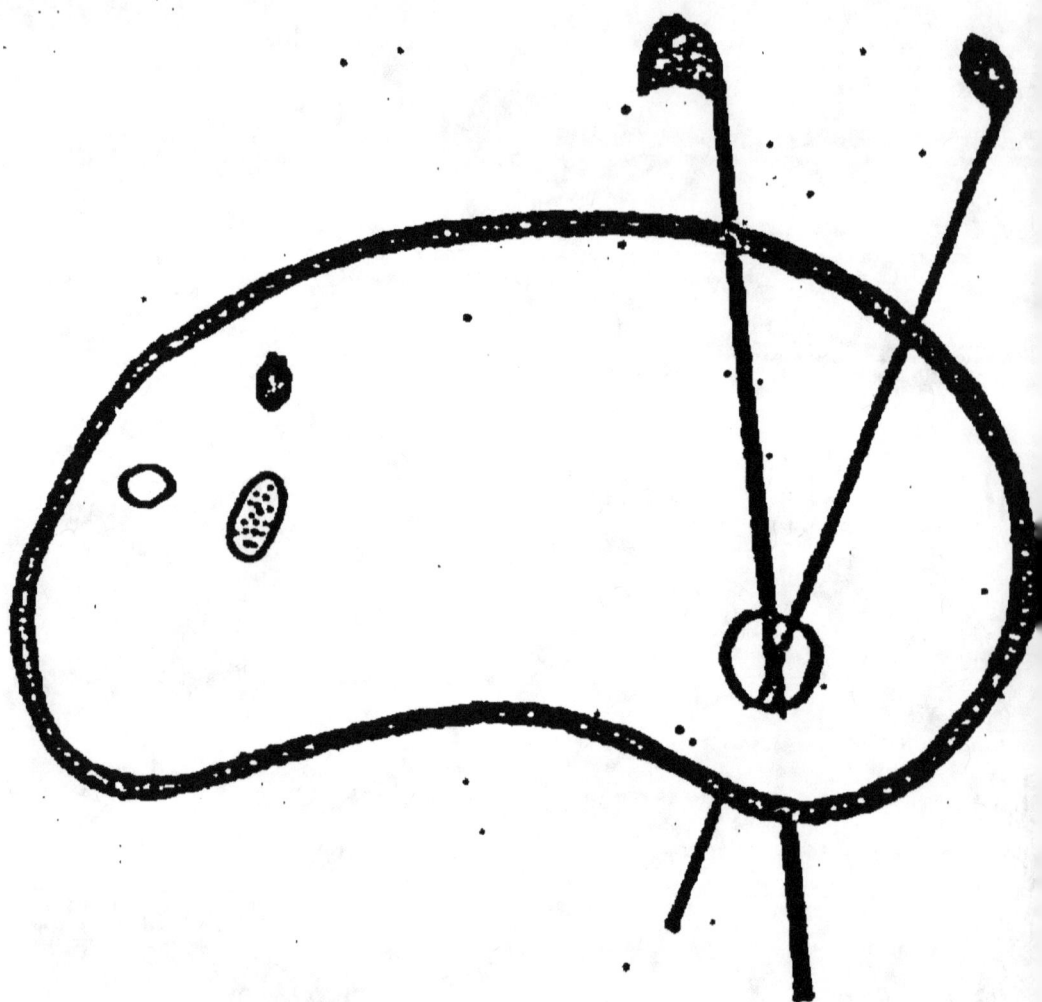

ORIGINAL EN COULEUR
NF Z 43-120-8

www.ingramcontent.com/pod-product-compliance
Lightning Source LLC
Chambersburg PA
CBHW050457270326
41927CB00009B/1797